청소년 미술치료

허선욱

Adolescent
Art
Therapy

박영story

서문 /

우리는 모두 청소년 시기를 지나 성인이 된다. 아직 다가오지 않은 아동들도 있고, 이제 막 지나온 초기 성인들도 있을 테고, '언제였더라?' 하는 분들도 계실 것이다. 가물가물한 기억을 떠올려 그 시기를 생각해보면 몇 가지 특징들이 기억난다. 무표정, 대답 대신 고갯짓, 엄마가 하시는 말씀엔 꼭 토 달기(한 번에 '네'라고 대답하면 자존심 상할 것처럼), 친구 따라 지구 밖에라도 갈 듯한 우정 등등이 있다. 이것이 청소년들의 특징이다.

그래도 이 정도는 무난하다. 그런데 무난하지 못한 청소년 친구들도 상당히 많다. 이들이 건강하게 청소년기를 보낼 수 있도록 우리 어른들은 도움을 준다. 요즘은 심리치료가 큰 도움이 되고 있으며 그중에서 미술치료는 다양한 연구를 통해 그 효과성이 입증되고 있다.

지금은 청소년이 중요한 시대이다. 우리나라는 초저출산·초고령화 시대로 청소년들이 급격히 줄어들고 있다. 따라서 한 사람 한 사람의 청소년은 국가의 경쟁력이 될 수 있다. 청소년기를 지나 성인기에 진입하면 이들은 사회인으로 그들의 몫을 해나가며 나라의 핵심 인적 자원으로 자리매김할 것이기 때문이다.

청소년기를 일컬을 때 변화로 인해 불안정한 시기라는 의미로 과도기란 말을 많이 쓴다. 청소년기는 아동에서 성인이 되는 과정에서 신체적, 사회적, 심리적 발달을 이루어야 하는 격변의 시기이다. 따라서 청소년들은 이러한 시기적 특성에서 오는 심리적 갈등을 겪을 수 있다. 게다가 4차 산업혁명 이후 과학기술은 발전의 속도와 내용 면에서 우리의 예측을 뛰어넘고 있다. 이러한 예측 불가능한 사회에 적응해야 하고 이전보다 많은 것들을 익히고 배워야 하는 청소년들은 자칫 심리적 부적응을 경험할 수도 있다.

이렇게 발달적, 사회적 혼란 속에서 마음이 힘든 청소년들을 위해 심리치료를 진행하여 그들을 돕고 있지만 청소년들은 도움에 협조적이지 않다. 그들은 그들 또래와

소통하고 의지하며 고민을 나누려고 할 뿐 치료사의 도움은 거부한다. 치료사가 교사나 부모와 같은 어른이기 때문에 치료사에게 자신의 이야기를 하고 싶지 않다는 이유가 크다.

이럴 때, 이들에게 미술치료는 매우 효과적인 접근 방법이 될 수 있다. 언어로 자신을 표현하는 것에서 오는 거부감을 미술매체가 줄여줄 수 있기 때문이다. 또한 미술활동을 통해 자신도 모르는 자신의 속마음을 발견할 수 있고 활동 자체가 이들에게 카타르시스를 경험하게 하며 통찰을 이루도록 이끌어 줄 수 있다는 점이 치료 효과를 높여준다.

청소년 미술치료에 대한 책을 써야겠다고 생각한 것은 재작년 여름이다. 청소년 미술치료 강의를 맡으면서 교재를 찾다가 청소년 문제를 심층적으로 다룬 미술치료 교재가 많이 부족하다는 사실에 아쉬움이 컸다. 청소년 미술치료를 강의하자면 청소년의 발달에 대해서도 논해야 하고 상담이론도 소개해야 하며 또 미술치료에 대해서도 전반적인 설명을 해야 한다. 그리고 청소년 미술치료가 필요한 영역들에 대해서 다루어야 한다. 또한 그 영역들에서 행해지는 미술치료의 사례도 제시해야 한다.

나는 학생들에게 현실적인 도움을 줄 수 있는 충실한 강의를 하기 위해서 각 분야별 자료를 취합하고 나의 미술치료 사례를 다시 들여다보는 작업을 하게 되었다. 그러한 과정을 거치면서 청소년 미술치료 교재를 쓰고자 하는 생각을 굳히게 되었다. 그리고 이제 막 책을 탈고했다.

이 책에서는 미술치료의 기본적인 이론과 청소년의 발달적 특징, 청소년의 주제별 문제영역, 문제에 대한 미술치료의 적용방법과 사례를 제시하였다. 곧 다가올 미래에 현장에서 치료사로 일하게 될 예비 치료사인 학생들에게 실질적인 도움이 되는 청소년 미술치료의 기본서가 될 수 있도록 구성하려고 나름의 최선을 다했다.

1장에서는 미술치료의 전반적인 이론에 대해서 설명을 하였고, 2장에서는 청소년을 대상으로 하는 미술치료에 대한 이해를 돕기 위한 내용을 수록하였다. 3장에서는 심리치료이론을 근거로 한 미술치료 이론에 대해서 살펴보았으며, 4장에서는 청소년 미술치료의 과정인 면담과 심리검사, 사례개념화 등에 대해서 자세히 다루었다. 5

장에서는 청소년을 대상으로 하는 개인미술치료와 집단미술치료, 가족미술치료에 대한 이론적 설명과 사례를 제시하였다. 6장에서는 미술치료에 사용하는 매체와 기법에 대해서 알아보았다.

이렇게 전반부에는 미술치료의 이론적인 부분과 청소년 발달에 대해 살펴보았으며 후반부에서는 영역별 청소년 문제와 미술치료적 접근 방법에 대해 제시하였다.

7장에서는 청소년 문제영역 중에서 인간관계에 대한 이론적 설명과 집단미술치료 사례를 보여주었다. 8장에서는 청소년의 불안과 우울에 대한 이론적 설명과 미술치료의 적용 사례에 대해 소개하였다. 9장에서는 학업문제의 이론과 학업 문제의 심리치료적 개입방법, 미술치료적 접근방법과 사례를 다루었다. 10장에서는 학교폭력 문제의 이론적 설명과 피해자 미술치료 사례를 제시하였으며 가해자를 위한 집단미술치료 과정을 소개하였다. 11장에서는 청소년의 진로문제를 살펴보기 위해 진로이론과 진로탐색을 위한 집단미술치료 과정을 수록하였다. 12장에서는 섭식문제에 대해 알아보고 이에 대한 미술치료 방법을 살펴보았으며 사례를 제시하였다. 13장에서는 청소년의 자살과 비자살적 자해 문제의 원인과 치료 방법, 미술치료적 접근 방안과 미술치료 사례를 소개하였다.

이 책이 미술치료를 공부하는 전공생들, 또는 현장에서 일하시는 심리치료사, 미술치료사들, 그리고 청소년 관련 분야에 종사하시는 분들께 작게나마 도움이 되기를 바란다. 끝으로 책의 출판에 선뜻 응해주신 박영스토리와 교정과 편집을 도와주신 조영은 편집자님을 비롯한 관계자 여러분들께 감사드린다.

2024년 2월
허선욱

차례 /

03 심리치료 이론과 미술치료

09 청소년 문제와 미술치료 – 학교폭력

10 청소년 문제와 미술치료 – 학업

11 청소년 문제와 미술치료 – 진로문제

12 청소년 문제와 미술치료 – 섭식장애

13 청소년 문제와 미술치료 – 자살/비자살적 자해

미술치료의 이해

심리치료는 이제 더 이상 낯선 영역이 아니다. 우리사회는 최근들어 심리에 큰 관심을 갖게 되었다. 심리에 관련된 자기계발서가 넘쳐나고 다양한 방법의 심리치료 분야가 생겨나고 있다. 심리상담을 넘어 미술심리치료, 예술심리치료, 동작 심리치료, 영화 심리치료 등 각 세부 전공과 융합된 응용학문 분야의 활동이 활발해지면서 심리치료 현장에서 언어상담만을 고집하지 않게 되었다. 그중에서도 단연 미술치료는 역사와 활동면에서 두드러진다고 볼 수 있다.

미술은 인간이 태어나서 가장 빠르고 쉽게 할 수 있는 창조적 작업이며 친숙한 활동이기 때문에 사람들은 거부감 없이 다가갈 수 있고 창조성에 자신을 투영할 수 있다. 그래서 각광받는 심리치료의 한 분야로 자리매김하였다.

I 미술치료의 개념

1 미술치료의 정의

　미술치료는 미술과 심리치료의 통합이다. 심리치료 이론을 바탕으로 하여 미술활동을 통해 심리문제를 해결하는 것이 미술치료이다. 심리적 어려움을 겪고 있는 사람들은 미술작업을 통해 자신의 내면을 표현하게 되고 자신을 수용하게 되며 통찰에 이를 수 있게 된다. 이러한 과정은 개인의 갈등을 조정하고 문제를 해결할 수 있도록 돕는다. 또한 자아를 성장시키는 역할도 한다.

　'art therapy'라는 용어는 1961년 울만(Elinor Ulman, 1910~1991)의 논문에서 처음 사용되었다. 울만은 미술치료란 모든 시각예술을 활용하여 인간의 손상된 부분에 올바른 변화를 줌으로써 인격을 통합, 또는 재통합하도록 도와주는 과정이라고 정의하였다(김서연, 2010).

2 치료에서의 미술과 치료로서의 미술

　미술치료에는 치료에 중점을 두는 견해와 미술에 중점을 두는 견해가 있다. 그중 치료를 강조하는 견해의 대표적인 학자는 나움버그(Margaret Naumburg)이다. 나움버그는 학교에서 미술교육의 한 방법으로 자발적인 그림을 시도하였다, 후에 이것은 미술치료의 한 모델로 개발되었으며 점차 정신분석 지향적 미술치료로 정립되었다.

　나움버그는 치료사와 내담자 사이의 관계형성, 전이와 역전이, 자유연상, 자발적 그림의 표현과 해석, 그림의 상징성 등에 중점을 두었다. 정신분석치료에서 내담자들의 감정과 사고를 언어로 표현하기 위해 자유연상을 한다. 미술치료에서는 내담자들이 자유연상을 통해 만들어낸 이미지를 그림으로 그리도록한다. 그리고 자신이 그린 그림 속에서 상징의 의미를 깨닫도록 하는데 그 과정에서 치료의 효과가 나타난다. 학자들은 이를 '치료에서의 미술(Art in Therpy)'로 규정하였다.

　미술에 중점을 두는 견해는 미술작품을 만드는 창조적 과정 자체가 치유의 과정이라고 보는 것이다. 무의식적이고 자동적인 창조적 과정에서 내담자는 지신의 갈등과 감정을 통합하고 승화시킬 수 있다. 미술표현이 직접적으로 갈등을 해결하는 것은 아니지만 미술활동을 통해 부적절한 감정과 갈등을 해소시키고 새로운 감정과 태도를 내면화할 수 있다. 즉, 미술활동과정 자체가 치료적일 수 있다는 견해이다. 대표적인 학자로는 크레이머(Edith Kramer, 1916~2014)가 있으며 이를 '치료로서의 미술'(Art as Therapy)이라고 한다.

II 미술치료의 특성

1 미술치료의 특성

미술치료가 가지고 있는 주요 특성을 살펴보면 다음과 같다.

○● **첫째, 미술은 심상의 표현이다.**

인간은 말보다 먼저 이미지를 떠올린다. 예를 들면 '사과'를 생각할 때 '사과'라고 말로 하기 전에 '사과'의 이미지가 머릿속에 떠오른다. 심상의 형성은 생의 초기 경험의 영향을 받는다. '엄마'를 생각할 때 떠오르는 심상은 사람마다 다르다. 어떤 사람은 온화하고 따뜻한 미소를 짓는 '엄마'의 이미지가 떠오를 테지만 어떤 사람에게는 잔소리하는 짜증스러운 '엄마'의 모습이 심상으로 떠오를 수 있다. 생의 초기 경험이 심상 형성의 중요한 요소이기 때문이다. 미술치료에서는 과거에 경험된 것들이 말보다 심상이라는 이미지로 표현된다.

○● **둘째, 미술활동은 비언어적이기 때문에 방어를 감소시킬 수 있다.**

언어는 주로 의식차원에서 이루어지며 이성의 통제를 받는다. 미술은 언어보다 이성의 통제를 덜 받아 예상하지 못했던 마음속의 갈등이나 무의식을 표현하기도 한다. 이러한 표현은 내담자의 통찰, 성장, 학습의 촉매가 되기도 한다.

◦● 셋째, 미술자료의 영속성이다.

미술작품은 보관이 가능하기 때문에 언제라도 필요하다면 다시 꺼내 볼 수 있다. 자신의 작품을 다시 들여다 보면서 새로운 통찰을 경험하기도 한다. 또한 과거 사건에 대한 회상을 할 때 보관된 작품은 기억의 왜곡을 방지하는 역할을 하기도 한다.

◦● 넷째, 구체물의 형성이다.

미술작업을 통해 손으로 만질 수 있고 눈으로 볼 수 있는 구체적인 자료가 만들어진다. 이 자료를 통해 내담자는 자신을 객관화할 수 있게 된다. 또한 이러한 구체물은 내담자와 치료사 관계의 매개체가 되고 이 자료를 통해 치료사는 내담자에게 다가갈 수 있게 된다.

◦● 다섯째, 공간성이다.

언어는 일차원적인 의사소통방식이다. 한 번에 한 가지씩 이야기한다. 반면, 미술은 한 공간에 여러 가지 내용을 담을 수 있다. 과거, 현재, 미래를 한 장의 그림으로 그릴 수 있으며 하나의 그림 안에 상반되는 요소들을 그릴 수 있다. 이러한 미술의 특성은 갈등이나 감정을 통합하는 데 도움을 준다.

◦● 여섯째, 창조성과 신체적 에너지를 발생시킨다.

무기력한 내담자가 미술활동을 함으로써 점점 표현 의욕이 증가되고 떨어졌던 에너지를 되찾게 되어 활기찬 모습으로 변화되기도 한다. 또한 창조적인 활동인 미술은 즐거운 감정과 환희를 경험할 수 있게 해주어 정서적 안정에 도움을 준다(Wadeson, 1980).

2 청소년 미술치료의 가치

◦● 과도기적 혼란의 시기인 청소년기의 발달적 특성을 이해해야 한다.

아동 또는 성인과 청소년은 발달적 특성과 양상이 다르기 때문에 치료의 방법이 구분되어 적용되어야 한다.

청소년기는 아동기에서 성인기로 진입하는 중간 단계로 아동기의 특성에서 벗어나지 못했으면서 성인기로의 진입을 시도해야 하는 변화의 상태에서 오는 불안정함으로 인한 갈등과 혼란 경험할 수밖에 없다. 그런데 청소년기는 자아정체감 형성이라는 주요한 과업을 이루는 시기이기도 하다. 따라서 치료사는 이렇게 변화가 심하고 이루어야할 중요한 과업이 있는 청소년기의 정서적, 사회적, 신체적, 심리적 특성을 정확히 파악하는 것이 중요하다.

○● 비자발적이며 비협조적인 청소년 내담자와의 신뢰관계형성을 위한 방법을 터득해야한다.

대부분의 청소년은 심리치료에 부정적이다. 청소년은 도움받기를 원하지 않는다. 더하여 그 도움에 상당한 불편감을 느낀다. 이들에게 신뢰를 얻기란 매우 어렵다. 대화의 시작조차도 쉽지 않을 때가 많다.

청소년을 대상으로 미술치료사 일을 하면서 가장 많이 듣는 말은 "저 그림 잘 못 그려요."이다. 이것은 아마도 모든 미술치료사들이 공감하는 부분일 것이다. 아동 내담자도 처음엔 그림을 못 그린다고 말하는 내담자가 있지만 그림 그리는 것에 큰 거부감을 나타내지는 않는다.

그런데 청소년 내담자는 대체로 거의 비자발적이며 비협조적인 내담자이고 또한 시기적으로 반항아 이미지가 강한 것을 특성으로 하고 있어서인지 묻는 말에 대답을 하지 않고 멍하니 딴생각을 하고 있거나 강력히 저항을 하는 청소년도 있다. 언어상담에서는 말을 하지 않는 청소년에게 다가가기가 매우 힘들지만 미술치료에서는 미술매체로 이들의 마음을 조금씩 움직일 수 있다.

물론 그림을 그려보라고 할 때 거의 대부분의 첫마디는 '그림을 못 그려요'이다. 학자마다 의견이 다르지만 그림을 못 그린다고 해서 미술치료 진행에 방해를 받지는 않는다. 이렇게 말하는 내담자에게 치료사 나름대로의 전략을 터득해 신뢰관계를 형성하고 격려와 지지를 보내 이들이 작업을 시작하게 하고 그것을 좀 더 발전시키 수 있게 하는 것이 치료사의 역할이다.

○● 청소년 개개인의 특성을 이해하고 존중해야 한다.

치료사 나름대로의 방법을 터득해야 한다는 의미는 만나는 내담자가 다 다르기 때문이다. 내담자는 열이면 열, 백이면 백 모두 다 다르다. 성격도 특성도 반응도 비슷할 수는 있어도 같은 내담자는 없다. 이렇게 다 다른 내담자를 격려하는 방법도 내담자마다 다를 수밖에 없다. 한 내담자에게 잘 적용되었던 방법이 다른 내담자에게는 잘 적용되지 않을 수 있다. 그래서 치료사는 대상별로 발달적 특성, 성격적 특성 등을 고려하여 이들을 이끌어 가야한다. 단, 청소년 내담자에게 수용적이면서 편안하게 대하지만 이들의 행동과 선택의 배경이 되는 가치관에 대해서는 정학히 짚고 넘어가야 한다.

○● 미술치료실을 안전한 공간으로 느끼도록 하여 작품활동을 통해 내면을 표현하도록 도와주어야 한다.

청소년은 비자발적 내담자로서 반항과 저항이 있기는 하지만 매체를 통해 저항과 비협조적인 태도 등과 같은 방어를 감소시킬 수 있다, 또한 미술치료실을 내면을 표현하기에 안전한 공간으로 인식할 수 있도록 유도할 수 있다.

말로 표현하지 않아도 자신에 대한 정보와 원하는 부분, 감정 등을 비언어적으로 자연스럽게 표현하고 이렇게 표현된 작품을 매개로 치료사와 이야기를 나누면서 청소년 내담자와 치료사는 친밀감을 형성할 수 있다. 자연스러운 감정표출과 자기탐색의 과정 속에서 치료사에게 지지받는 경험이 더해져 미술치료는 청소년의 심리적, 정서적 안정에 도움을 준다.

Ⅲ 미술의 치유적 요소

1 창조성

창조성이란 주어진 현실로부터 보다 높은 가치와 실현을 지향하는 역동적인 현상을 말한다. 고대 그리스인들은 창조성을 예술에 포함시키지 않았다. 그리스인들은 예술가들은 창조하는 사람이 아니라 모방하는 사람이라고 여겼기 때문이다.

그러다가 17세기 말 '화가는 새로운 것을 재현할 수 있는 창조자인 것이다(Tatarakiewicz, 2017)'라는 말과 함께 창조성과 창조자에 대한 개념이 변화되었다. 그러나 이때의 창조성은 예술과 관련된 용어로만 쓰였다.

이렇게 예술에만 한정되었던 창조성의 영역이 20세기에 들어와서는 인문, 과학, 사회, 정치 등 다양한 분야로 확장되었다. 또한 그 개념도 '새로운 것을 만들어내는 것'에서 '보다 높은 가치를 실현하는 것' 등으로 변화되었다.

오늘날의 창조성은 '인간의 고유한 능력으로서 개별성과 독창성을 표현하도록 이끌며 자기 자신과의 상호작용을 돕는다(지민희, 2018)'는 의미로 해석할 수 있다. 이러한 창조성은 새로운 생각을 하고 새로운 것을 받아들임으로써 우리의 삶을 확장시키고 문제를 해결하는 방식의 전환을 제공하며 미래를 열어주는 중요한 가치를 지닌다.

즉, 창조성은 사람을 더욱 사람답게 살 수 있게 하는 활동이다. 인간은 더 나은 삶을 살기 위해 의식적이든 무의식적이든 각자의 삶 속에서 창조성을 발휘하며 살아가고 있다(Wadeson, 2010).

인간은 자신도 의식하지 못하는 사이에 여러가지 창조적인 활동을 한다. 음식을 예쁜 그릇에 담는 행위, 옷이나 가방에 자신만의 독특한 장식을 만들어 다는 행위 등도 모두 창조적인 활동이다. 무엇을 독특하게 창조하는 행위를 통해 인간은 기쁨과 성취감, 만족감을 얻는다.

융(Carl Gustav Jung, 1875~1961) 등은 창조성의 표현이 심리치료의 중요한 과정이며 인간이 변화하는 삶에 적응하면서 살아갈 수 있는 능력을 발휘할 수 있게 한다고 하였다(McNiff, 2009). 따라서 심리치료를 진행함에 있어서 내담자의 창조성을 활용하는 것은 매우 유용한 방법이다.

그런데 언어를 사용하여 창조성을 발휘한다는 것은 굉장히 어려운 일이다. 언어로 창조성을 발휘하기 위해서는 기본적으로 많은 어휘를 알고 있어야 하고, 문법의 규칙을 알고 있어야 한다. 이 모든 조건에 부합하더라도 타고난 능력이 없으면 언어로 창조성을 발휘하기란 매우 어려운 일이다.

심리치료실을 찾는 내담자들은 심리적인 부적응 문제를 겪고 있는 사람들이다. 이들은 대부분 자신의 감정과 생각 등을 말로 표현하려고 하지 않는다. 표현한다고 해도 그것은 왜곡되어 있을 확률이 높다. 자신에 대해, 자신의 문제에 대해 언어로 표현조차 하지 않으려는 내담자들에게 언어적 창조성을 기대하는 것은 무리이다.

심리치료는 다양한 학문과 융합하고 있다. 언어보다는 몸으로 하는 활동이 편한 사람, 또는 매체로 그리고 만드는 것이 더 편한 사람을 위해 동작치료, 미술치료 등 예술치료가 활발히 진행되고 있다. 이러한 치료장면에서 내담자의 창조성 발휘가 더 활발하다고 할 수 있다.

미술활동 과정에서 표현되는 창조성은 새로운 삶의 의미를 부여하는 심리치료의 중요한 요인이 된다. 무기력하고 부정적인 사고로 삶의 기쁨을 얻지 못하는 사람들에게 미술활동을 하게 함으로써 창조성을 표현하게 하는 것은 이들이 자신을 이해하고 통찰하는 과정이 될 수 있다.

미술치료에서 창조성의 준거에 대해서는 학자에 따라 입장과 정의가 다양하다. 어떤 학자는 미술작품의 질이 창조의 정도를 나타낸다고 하기도 한다. 그러나 미술표현 능력이 뛰어나지 않은 내담자도 작품에 자신의 이미지를 나타낼 수 있고 내면을 통찰할 수있다. 즉, 내담자의 창조에 예술적 능력이 개입되는 것은 아니다(Wadeson, 1980).

○● 창조성을 이끌어 내는 요소

첫째, 내담자의 창조성을 이끌어내기 위해서는 치료사의 존중과 지지의 태도가 중요하며 즐거움과 흥미를 느낄 수 있는 분위기를 조성해야 한다. 창조성의 발휘를 이루는 요소들을 살펴보면 환경에 대한 예민한 관심을 보이는 문제에 대한 감수성, 특정한 문제 상황에서 가능한 많은 아이디어를 생각해내는 능력인 사고의 유창성, 고정적인 사고방식에 변화를 주어 다양한 해결책을 찾아내는 능력인 사고의 융통성, 기존의 것에서 벗어나 새롭고 참신한 아이디어를 이끌어내는 사고의 독창성을 들 수 있다.

둘째, 내담자의 창조성을 이끌어내기 위해 모방의 방법을 사용할 수 있다. 그림을 그리는 것을 어려워하는 내담자에게는 모방하여 그릴 수 있는 그림을 제시해주는 것이 효과적이다. 내담자는 제시해준 그림을 관찰하고 거기에서 자신만의 독특하고 다양한 요소들을 발견할 것이다. 그러한 요소들을 수정하고 응용해서 그림을 그리는 것은 창조의 과정이다.

셋째, 다양한 미술재료를 활용하여 내담자가 미술작업에 참여하게 되면 자연스럽게 창조적 과정으로 이어질 수 있다. 미술매체는 내담자의 창조성을 깨워주는 촉매제가 될 수 있기 때문이다. 도입과정에서 창조성을 촉진시키기 위해 미술재료를 내담자가 선택하도록 하는 것도 효과적인 방법이 된다. 재료를 스스로 선택하고 탐색하며 떠오르는 감정, 느낌을 이야기 하면서 창조성을 이끌어낼 수 있다.

그런데 저항이나 거부감이 심한 내담자의 경우에는 재료의 선택조차 힘들어 할수 있으므로 이점에 유의해서 대처해야 한다. 치료사는 내담자의 저항의 의미를 탐색하는 것이 중요하며 대신 재료를 선택해주어 내담자의 거부감을 줄여주도록 한다.

2 청소년의 미술치료장면에서의 창조성 발휘 과정 사례

다음은 초등학교 6학년, 13세 여학생 내담자의 자발적 창조적 작업이 드러난 사례이다. 내담자는 가족 관계에서의 문제, 학교생활의 부적응 등으로 미술치료에 의뢰된 학생이다. 가족들에게 신경질과 짜증을 많이 내며 욕설을 하는 등의 행동을 보이는문제가 있다. 학교에서는 담임교사의 지시를 따르지 않고 방과 후 학습에도 참여하지않는 등의 부적응을 보이고 있다. 개인 미술치료 사례로 23회기를 진행하면서 2회기동안 가면 만들기를 하였다. 이 과정에서 나타난 내담자의 창조적 작업 과정과 이에따른 내담자의 변화를 살펴보았다.

○● 미술치료 초반 4회기

지난 회기를 마치며 이번 회기에는 내담자가 해보고 싶은 것을 할테니 하고 싶은게 있으면 말해보라고 하였다. 내담자는 가면 만들기를 해보고 싶다고 말하였다. 이에 다양한 가면 모형을 준비하였으며 내담자가 원하는 모형을 골라 색을 칠하고 꾸미도록 하였다. 내담자는 한참 망설이다가 나비모형의 가면을 선택하여 색칠하기 시작했다. 색칠을 하다가 뜻대로 되지 않자 "이번엔 망친거 같아요." 하며 마음에 들지 않아 시무룩해졌다.

○● 미술치료 중반 15회기

내담자가 이번 회기에는 지난 4회기에 제대로 못했던 가면 만들기를 다시 해보고싶다고 하였다. 다시 가면을 잘 만들어서 그걸 쓰고 사진을 찍어보고 싶다고 하며 이번엔 정말 잘 만들어보고 싶다는 의욕을 보였다. 처음 만들 때 우물쭈물하며 가면모형을 고르지 못 하던 내담자는 이번엔 거리낌 없이 자신이 원하는 가면 모형을 골랐다.

색칠을 하면서 자신이 원하는 대로 잘 칠해야지 안 그러면 또 망치게 된다고 신중하게 칠하였다. 모든 작업이 끝난 뒤 완성된 작품을 보고 만족해하며 자신의 얼굴에 쓰고 사진을 찍었다. 찍은 사진을 친구에게 전송할 거라며 밝게 웃었다.

내담자는 어린 시절부터 자신이 만들어낸 창조물에 대한 긍정적 반응과 지지를 받을 수 없는 환경에서 자라왔다. 부모님은 강압적이며 지시적이었고, 내담자는 그런 부모님께 잘 보이고자 하는 마음에 수동적이고 순응적인 아동기를 지나왔다. 초기 청소년기가 되면서 자신이 하고싶은 말과 생각 등을 강조하자 부모님은 그것을 반항이라 여기며 내담자를 부적응 청소년이라고 인식하였다. 이렇게 자신의 이야기를 들어주는 사람도 없고 믿어주는 사람도 없을 때 미술치료를 시작한 내담자는 조금씩 창조성을 발휘하기 시작했다.

4회기에서 가면을 만들 때는 자신이 좋아하는 색이 어떤 색인지 자신이 어떤 모양으로 하고 싶은지 파악하지 못하였다. 또한 원하는 것을 선뜻 표현하지 못했다. 그렇지만 미술치료가 진행되면서 치료사에게 지지와 격려받는 경험이 쌓여 중기에 와서는 자신감을 갖고 표현하였으며 마음에 들지않는 것은 다시 작업하는 등 적극적으로 창조성을 발휘하게 되었다. 이렇게 자신의 내면의 것을 마음껏 표현하는 창조적 경험을 하면서 내담자는 정서적 안정을 찾고 그것은 내담자의 생활에도 반영되었다.

미술치료를 통해 내담자는 창조적 작업을 할 수 있는 공간을 제공받고 지지와 격려를 받는 경험을 하면서 스스로 창조성을 발휘하게 된 것이다.

❀ 자발적 창조적 작업이 드러난 예시 – 가면의 변화

그림 1-1 • **4회기 중도에 그만둔 가면**   그림 1-2 • **15회기 완성된 가면**

3 승화

(1) 심리학적 관점에서의 승화

프로이드(Sigmund Freud, 1856~1939)의 정신분석에서의 승화는 부적절한 감정이나 욕구를 사회에서 용인하는 창조적인 활동으로 전환하여 심리적 성장을 도모한다는 개념이다. 프로이드는 자아의 방어기제 중 하나로 승화를 언급하였다.

방어기제는 인간이 갈등과 불안에서 벗어나 안정 상태를 유지하고자 노력하는 특성이다. 무의식에 있는 세 가지 성격의 요소, 즉 원시적이고 초보적인, 그리고 쾌락 원리(pleasure principle)를 추구하는 원초아(id), 현실 원리(reality principle)의 지배를 받아 현명하게 행하려는 자아(ego), 그리고 현실적이기보다 도덕과 양심을 따르게 하는 초자아(super ego) 간에 비롯되는 갈등의 문제 속에서 끊임없이 자신을 불안으로부터 안정화를 찾도록 하고 긴장을 감소하고자 노력하는 것이 방어기제이다.

이렇게 정신분석에서의 승화는 원초아와 자아, 초자아 사이의 갈등과 타협에서 발생하는 여러 현상 중 하나이다. 원초아로부터 나온 욕구는 본능을 직접 만족시키지 않고 어떤 행위로 변형되는데 이러한 과정에서 사회적으로 받아들여지기 어려운 목표가 수용될 수 있는 목표로 바뀌며 사용한 에너지가 변화한다. 따라서 승화가 이루어지기 위해서는 바뀌기 전의 목표와 바뀐 결과물 사이에서 상징적인 연결이 있어야 한다(김형섭 역, 2004). 그리고 에너지의 변화는 독성 가득한 에너지가 무해하게 바뀌게 되는 것이다. 이렇게 에너지가 중성화되고 목표가 바뀌어야 비로소 승화가 이루어졌다고 볼 수 있다.

(2) 미술치료 관점에서의 승화

미술치료에서의 승화는 치환으로 설명할 수 있다. 치환은 본능적인 에너지를 직접 충족시키는 활동 대신 대안적인 활동으로 전환되는 것을 말한다(김동연, 2000). 직접적인 인간의 성적 공격적 욕구를 방출하는 것은 사회적으로 금기시 되거나 금지되기 때문에 억압된 욕구는 치환을 통해 직접 만족하게 하지 않고 다른 방식으로 욕구를 충족한다. 이러한 치환이 사회적으로 용인될 수 있는 이로운 것으로 나타날 때 이것이 승화가 일어난 경우라고 할 수 있다.

미술활동 자체를 치료적이라고 보고 미술활동을 강조하는 치료로서의 미술(art as therapy)의 입장을 주장한 크레이머는 미술활동에 내재되어 있는 승화의 역할을 강조하며 승화를 미술치료의 핵심개념으로 사용하였다.

즉 승화는 분노, 적대감, 두려움 등 부적절한 행동의 원인이 되는 감정 또는 현실에서 표현 할 수 없는 욕구를 미술활동을 통해 적절하게 분출, 해소함으로써 심리적 성장을 가져오게 한다. 이렇게 승화는 미술치료 분야에서 치료적 기제로서 그 역할을 충실히 하고 있다

(3) 승화의 치료과정

승화가 일어나기 위해서는 내담자와 치료사와의 신뢰관계가 중요하다. 또한 치료사는 내담자가 창조적인 미술활동을 할 수 있도록 안정적인 분위기를 조성해주어야 한다. 이러한 환경 속에서 내담자는 자유롭게 자신의 감정을 표출하며 승화를 경험한다.

4 청소년 미술활동에서의 승화

사례1 자화상 – 고등학교 1학년 여학생

그림 1-3 · 자화상에 나타난 승화

고등학교 1학년 여학생의 자화상이다. 그림은 내담자의 연령대보다 성숙한 모습을 하고 있다. 고등학생은 대학진학이라는 목표로 인해 몸도 마음도 힘든 시기이다. 내담자의 그림에서는 힘든 내면의 모습과 함께 확고한 의지가 보인다. 이 시기가 지나면 행복해질거라는 믿음을 표현하고 있다. 대학생이 된 자신의 모습을 표현하고자 실제보다 성숙하고 어른스럽게 그린 듯 보인다. 얼굴 표정에서 목표를 향해 나아가고자 하는 의지가 엿보인다. 긴 머리를 집중해서 그린 것은 성장에 대한 욕구, 지적 욕구를 의미하는 듯 하다. 확신에 찬 자신의 자화상을 그리면서 내담자는 미래에 대한 희망과 욕구를 승화시켰다고 볼 수 있다.

사례2 나무그림 – 중학교 3학년 남학생

중학교 3학년 남학생의 나무그림이다. 이혼 가정 청소년의 집단미술치료에 참여한 한 집단원의 미술치료를 시작하기 전과 미술치료를 종료한 이후 그린 사전, 사후 검사의 나무그림의 변화이다.

사전 검사의 나무그림에서는 줄기에 옹이가 세 개 있고, 한 옹이 속에는 다람쥐가 살고 있다. 옹이는 과거의 상처를 의미하는데 내담자의 사전그림에서는 옹이가 세 개가 그려졌다. 옹이 속의 다람쥐, 또 줄기에 앉아 있는 새는 수동성을 의미하며 동시에 보호받고자 하는 내면을 나타내기도 한다. 줄기가 다소 가늘고 가지가 날카로우며 여러 번 덧그린 것이 보인다. 불안정한 정서를 보여준다고 할 수 있다.

사후그림에서는 줄기가 튼튼하게 그려졌고 가지도 안정적이다. 옹이는 아주 작은 옹이 하나만 남았다. 상처가 어느 정도 치유되고 있다고 볼 수 있다. 튼튼한 뿌리와 풍성한 수관을 볼 때 정서적인 안정을 찾아가고 있음을 보여준다. 특이한 점은 나뭇가지에 위태롭게 앉아 있던 새가 사후 그림에서는 날아가고 있다. 내담자의 마음이 자유로워지고 있다는 것과 미래에 대한 희망을 품게 되었음을 의미한다고 할 수 있다. 내담자가 미술치료를 통해 자신에 대해 깨닫고 통찰하고 그것을 승화시키고 있음이 그림에 나타난 예이다.

그림 1-4 · 사전 나무그림

그림 1-5 · 사후 나무그림

5 화가들의 회화작업에서의 승화와 창조성

미술이 가지는 치유적 속성으로 인해 발전한 분야가 미술치료이다. 유명 화가들의 작품에서도 그러한 속성을 발견할 수 있다. 현대미술에서 작가들은 자신의 심리를 작품에 투영한다. 자신의 내면세계에 깊이 숨어있는 고통과 괴로움을 작품으로 승화시키고 삶의 과정에서 얻은 통찰을 바탕으로 발견한 창조적 산물을 자신의 작품을 통해 발현한다. 그렇게 승화의 과정을 통해 무의식 속에 잠재되어있던 문제를 작품이라는 안전한 수면 위로 떠올려 심리적 안정감을 유지한다. 또한 창조성이라는 끊임없는 새로운 것의 추구는 삶을 성장시키는 원동력이 되어 내적 긴장을 해소시키고 자아실현 경향성을 향상시켜 심리적 문제해결을 도모하는 역할을 한다.

초기 청소년기에 있었던 어머니의 자살이라는 커다란 심리적 외상의 경험과 평생을 괴롭힌 우울증을 승화와 창조적 작업으로 극복한 화가 르네 마그리트(Rene Magritte, 1898~1967)의 작품에 나타난 승화와 창조성에 대해 살펴보며 화가의 작품활동이 어떻게 치유로 작용하였는지 그 연관성을 알아보겠다.

(1) 마그리트 작품에서의 승화

마그리트의 어머니는 마그리트가 14살 때 물에 빠져 스스로 목숨을 끊었다. 이 사건은 마그리트에게 큰 외상의 기억으로 남아 마그리트를 괴롭혔다. 익사한 채 발견된 어머니의 모습은 입고 있던 잠옷이 어머니의 얼굴을 덮고 있었다. 소년 마그리트는 어머니의 죽음에 관한 이야기를 아무에게도 하지 않았다. 마그리트의 초기 작품에는 '연인', '문제의 핵심'과 같은 천으로 얼굴이 가려진 그림들이 있다.

청소년기 경험한 심리적 외상을 작품 속에 나타낸 것이라고 볼 수 있다. 억압된 상처를 자신이 수용하고 이해할 때까지 반복적으로 표현한다는 것은 그 자체로 치유적 효과가 있다(전순영,2009). 이렇게 마그리트는 자신의 심리적 상처를 회화작업을 통해 승화시키며 스스로 치유해 나간 것이라고 할 수 있다.

그림 1-6 · **연인, 1928**

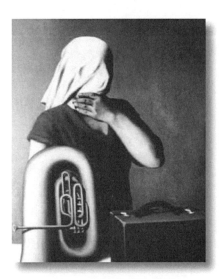

그림 1-7 · **문제의 핵심, 1928**

(2) 마그리트 작품에서의 창조성

'헤겔의 휴일'은 우산과 컵을 병치시켜놓은 그림이다. 얼핏 보면 '이게 도대체 무슨 의미일까?' 황당할 수 있다. 그러나 이내 '아!' 하는 소리가 관객의 입에서 나온다. 우산과 물컵의 공통점인 물이 생각난 것이다. 우산은 물을 거부하고 물컵은 물을 받아들인다. 낯익은 사물인 우산과 물컵을 병치시켜서 물이라는 유사성을 가지면서도 거부와 수용이라는 역설의 의미를 가진 두 사물의 모순에 대해 이야기 한다.

마그리트는 이렇게 현실에 대해 끊임없이 탐구하여 그것을 회화로 표현했다. 마그리트는 현실 안에서 논리적인 삶의 탐구를 통해 현실의 모순과 부조리함을 창조성이라는 가치로 부상시켜 삶의 허무를 극복하고자 했다.

허공 위에 떠있는 바위를 그린 그림 '피레네의 성'을 보고 관객들은 낯설음을 경험한다. 중력을 배제하여 자연의 법칙을 무시했기 때문이다. 이 그림은 고정관념들을 파괴시키고 새로운 사고를 하도록 유도한다. 부서질 것 같지 않은 크고 단단한 바위도 허공 위에 떠 있으면 크기와 모습에 비해 무거움은 느끼지 못한다. 게다가 허공에 떠 있는 이 아슬아슬한 바위 위에는 사람이 살 것 같은 성이 있다. 마그리트의 사물에 대한 기존인식의 탈피는 관객으로 하여금 고정관념에서 벗어나 무한한 상상의 세계로의 진입을 유도한다.

마그리트는 이렇게 현실에 대한 탐구를 회화로 표현 하였는데, 이는 자신만의 작품 세계를 만들어갈 수 있는 성찰의 기회를 제공하는 창조적 과정이었고 이 과정을 통해 마그리트는 심리적 안정감을 얻을 수 있었을 것이라고 할 수 있다.

그림 1-8 • **헤겔의 휴일, 1958**

그림 1-9 • **피레네의 성, 1959**

청소년 미술치료의 이해

심리치료는 적응적인 삶을 위한, 더 나아가 전반적인 삶의 질을 향상시키기 위한 조력이다. 여기에는 내담자와 치료사의 관계가 존재한다. 청소년 심리치료에서 내담자는 청소년이다. 따라서 청소년 심리치료사는 청소년의 성장과 문제해결을 위해 조력해야 한다. 그러기 위해서는 청소년의 특성을 감안하여 차별적으로 접근해야 한다.

신체적 성장과 더불어 정서적·인지적으로 급격한 변화를 경험하는 청소년을 위한 심리치료를 진행하기 위해서는 청소년의 발달적 측면의 이해가 필요하다. 청소년의 발달적 특성에 대한 이해와 청소년 관련 지식이 결합될 때 청소년의 심리치료에 효과적으로 접근할 수 있다.

청소년은 시기적으로 과도기적 특성을 가지고 있으며, 사회적으로는 급변하는 환경 속에 살아가기 때문에 여러가지 심리적 문제를 내포하고 있다. 그러나 이들은 어른보다는 또래에 집중하는 시기적 특성으로 인해 심리치료에 부정적이다.

따라서 청소년은 동기가 부족하고 비자발적인 상태로 치료실을 찾게 된다. 심리치료는 다양한 분야로 그 영역이 확대되고 있다. 그중에서 미술치료는 접근이 쉽고 내면의 심상을 비언어적인 방법으로 표출한다는 점과 손으로 매체를 가지고 무엇을 직접 그리고 만든다는 점에서 호기심과 흥미를 유발시킬 수 있어 청소년 심리치료의 방법으로 많이 활용되고 있다.

이 장에서는 청소년의 발달적 특성과 그에 따른 미술치료적 접근 방안, 청소년 미술치료의 목표, 미술치료사의 자질과 역할, 윤리적 책임에 대해 살펴보겠다.

Ⅰ 청소년의 개념과 범위

1 청소년의 개념

청소년 심리학의 아버지라고 불리우는 스텐리 홀S(tanley Hall)은 청소년기를 다른 시기와 구별되는 하나의 발달단계로 부각했으며, 청소년기를 질풍노도의 시기라고 특징지었다(Hall, 1904). 이는 청소년기가 갈등과 정서의 혼란으로 이루어진 불안정한 시기라는 의미이다.

청소년에 관한 정의를 살펴보면 청소년을 과도기적 존재라고 정의한다(한상철, 2004). 청소년기가 아동기와 성인기의 사이에 놓여있는 성장의 시기로 청소년은 아동의 특성과 성인의 특성을 함께 가지고 있어 불안정한 시기이기 때문이다. 또한 청소년기는 미성숙에서 성숙의 상태로 발달되어 가는 과정에 있기 때문에 과도기적 존재인 것이다.

이렇게 청소년은 한 인간으로서의 존엄성을 지닌 존재이면서 발달 과정의 어떤 시기와도 다른 독특성을 지니고 있다.

2 청소년기의 범위

청소년기는 생리학적으로 성적 성숙이 시작되는 시기부터 성적 성숙이 완성될 때까지의 기간을 말한다. 법적으로는 우리나라는 청소년 기본법에서 청소년을 만 9세~24세로 규정하고 있다. 미국 등 다른 나라에서는 10~13세경에 시작하여 18세~22세경에 끝난다고 한다(하혜숙 외, 2017).

일반적으로 사춘기에서 시작하여 다양한 발달 과정을 거쳐 한 사람의 독립적인 성인으로서 사회적으로 인정받는 성인기 이전까지를 청소년기라고 할 수 있다.

Ⅱ 청소년기의 발달적 특징

사람은 누구나 예외 없이 시간의 흐름에 따라 탄생하고 성장하고 노화하고 죽음에 이른다. 이 모든 과정이 연령에 따라 체계적이고 순서적이며 지속적인 변화일 때 이것을 발달이라고 한다.

청소년기의 발달과정을 이해하기 위해서는 영속되는 전후의 발달단계 속에서 청소년기의 위치를 파악해야 한다. 전생애 발달단계를 이론별로 비교하여 표로 정리하면 〈표 2-1〉과 같다.

■ 표 2-1 **발달단계의 이론별 비교**

단계	연령범위	특징 및 발달과정	심리성적 발달	심리사회적 발달	인지발달
신생아 및 영아기	~24개월	체위 이동, 기본 언어 획득, 사회적 애착	구강기, 항문기	신뢰감 대 불신감(~1세)	감각운동기
유아기	2~6세	언어능력 숙달, 성차발달, 집단유희, 취학 준비 완료	남근기, 오이디푸스 콤플렉스	자율성 대 수치심 주도성 대 죄의식	전조작기
아동기	6~12세	인지발달이 성인수준으로 발달(단,조작속도는 뒤짐), 협동놀이	잠복기	근면성 대 열등감	구체적 조작기
청소년기	12~20세	사춘기의 시작, 성숙이 끝남, 최고 수준의 인지 획득, 부모로부터의 독립, 이성관계 형성	생식기	자아정체감 대 역할 혼미	형식적 조작기
성년기	20~45세	직업선택과 가족형성		친밀감 대 고립감	
장년기	45~65세	직위가 가장 높아짐, 자기평가, 자녀의 독립으로 인한 '공허감, 위기, 은퇴'		생산성 대 침체성	
노년기	65세~	가족과 업적을 즐김, 죽음에의 공포 극복, 건강악화		자아통합 대 절망감	

청소년기는 신체적, 인지적, 정서적으로 급격한 변화를 경험하는 시기이다. 청소년을 말할 때 흔히 과도기, 질풍노도의 시기, 격변기라는 표현을 쓴다. 이는 청소년 시기가 많은 변화의 시기이고 그로 인해 갈등과 혼란을 경험하는 시기라는 의미이다. 최근 다양한 청소년 문제가 사회 문제로 떠오르며 청소년에 대한 관심이 높아지고 있다.

청소년들이 청소년 시기에 배워야 할 것들, 익혀야 할 것들을 성실히 수행하고 성인기로 진입하여 한사람의 사회인으로서 성장하는 것은 개인에게도, 국가에게도 커다란 이익이다. 따라서 청소년이 어떤 존재이며 어떤 특성을 가지고 있는지 이해하여 필요한 도움을 제공해주어야 한다.

1 신체발달

신체적 변화는 청소년기의 가장 두드러진 발달적 특징이라고 볼 수 있다. 신체 발달적 특징은 첫째, 키와 체중의 급격한 증가이다. 체격과 골격의 변화도 함께 이루어져 신체 비율의 변화가 생기는데 몸에 대한 머리 크기의 비율이 줄어들어 성인에 가까운 신체발달이 이루어진다.

호르몬의 변화도 나타나는데 성호르몬의 분비가 활발해져 2차 성징이 나타나고 성적인 성숙이 이루어진다. 즉 사춘기가 되는 것이다. 청소년기에는 정서적 변화가 크고 그로 인한 갈등이 많아지는데 이것도 호르몬의 변화와 관련이 있다(한상철, 2004).

○● 신체적 변화에 따른 부적응

자신의 갑작스러운 신체적 변화에 당황하고 부정적인 마음을 가질 수도 있다. 특히 청소년기의 신체적 변화는 외모에 관심을 가지게 만든다. 자신의 외모나 변화된 체형에 불만족이 크면 부정적 신체상을 형성하고 이것은 청소년의 스트레스 원인으로 작용하여 심리적 부적응에 영향을 미칠 수 있다.

2 인지발달

인지란 '아는 행위', '이해하는 행위'라는 뜻이다. 인간의 인지능력은 출생 후 영유아기와 아동기를 거쳐 청소년기까지 계속적으로 발달하며 이후에는 안정적으로 유지된다.

◦● 피아제의 인지발달이론

① 형식적 조작기

청소년기는 인지적인 측면에서도 큰 변화가 나타난다. 피아제의 인지발달 이론에 따르면 청소년기는 형식적 조작기에 접어든다. 형식적 조작기에는 추상적 사고가 가능해진다.

추상적인 사고 능력의 발달로 인해 청소년은 다양한 분야에서의 추론이 가능해지며 이로 인해 종교, 철학, 사랑, 자유 등의 추상적 영역으로 관심과 사고가 확장된다.

또한 가설 연역적 사고를 할 수 있게 되는데 가설을 설정할 수 있고 이것을 검증할 수 있는 추리력과 응용력이 생기는 것이다. 이러한 가설연역적 사고는 문제 해결에 있어서 여러가지 방법을 시도해보고 시행착오를 겪으면서 배우는 아동기와는 다르게 다양한 가능성에 대해 생각해보고 계획을 세우고 가설을 체계적으로 검증하는 효율적인 방법을 사용하게 한다.

② 이상주의적 사고

청소년기에는 이상주의적 사고가 발달한다. 이상주의적 사고란 논리적으로 맞다면 현실에서도 그렇게 되어야 한다는 생각이다(Rice & Dolgin, 2009). 이러한 이상주의적 사고는 현실에서 어른들과 갈등을 겪는 원인이 되기도 한다. 청소년들이 생각하기에 현실은 이상적이지 못하기 때문에 부모나 기성세대와 갈등을 경험하게 된다.

③ 자아중심성

청소년기에는 메타인지가 발달하게 된다. 메타인지란 자신의 생각에 대한 생각을 하게되는 것인데 즉 '내가 이 문제를 이렇게 생각하는 이유는 무엇일까'에 몰두하는 것을 말한다. 더 쉽게 설명하면 '내가 그 문제에 대해 알고 있는지 아니면 모르는지를 아

는 것'이 메타인지이다. 그런데 이렇게 자신의 사고, 자신의 행동 등 자신에 대한 몰두
가 심해지면 청소년들은 자신과 타인의 관심사를 잘 구분하지 못하게 된다. 이것이 청
소년기의 자아중심성으로 상상적 청중과 개인적 우화 현상을 들 수 있다.

상상적 청중은 자신은 모든 사람의 관심을 받는 존재라고 생각하여 꼭 무대 위
에 있는 것처럼 행동하는 것을 의미한다. 외모에 대한 관심이 커지고 주의를 끌기 위
한 행동을 하기도 한다.

개인적 우화는 자신을 독특하고 특별한 존재로 인식하여 아무도 자신의 감정을
이해하지 못할 것이라고 믿는 것이다. 또한 자신은 이렇게 특별한 존재이므로 어떠한
위험행동을 해도 아무런 일이 일어나지 않을 것이라고 믿는 것을 말한다.

3 사회성 발달

(1) 에릭슨의 심리 사회적 발달과 청소년

에릭슨은 인간의 발달단계로 여덟 가지 단계를 제시하였다. 각 단계마다 개인에
게는 극복해야할 심리 사회적 과제가 있다. 각 과제에 대한 직면은 갈등을 유발하며
두 가지 다른 방향의 결과가 발생할 수 있다.

갈등이 성공적으로 해결되면 긍정적 자질이 생겨 더 나은 방향의 발달이 일어난
다. 그러나 갈등이 좌절되거나 불만족스럽게 해결되면 부정적 자질이 생겨 자아가 손
상을 입게된다.

1단계는 신뢰감 대 불신, 2단계는 자율성 대 수치심, 3단계는 주도감 대 죄책감,
4단계는 근면성 대 열등감, 5단계는 자아정체감 대 정체감 혼미, 6단계는 친밀감 대
고립, 7단계는 생산성 대 침체, 8단계는 통합 대 절망이다.

여기서 5단계가 청소년 시기에 해당한다. 5단계가 청소년 시기에 해당하지만 각
단계는 이전의 단계를 토대로 형성되기 때문에 정체감 형성 단계를 성공적으로 해결
하기 위해서는 이전 단계들의 성공적 해결이 중요하다.

이전 단계들을 잘 해결해낸 청소년은 독립적이고 호기심이 많고 자신의 성과에
대한 자부심을 느낄 줄 알기 때문에 효율적인 정체감 형성을 위한 토대가 마련되어 있
다고 볼 수 있다.

○● **자아정체감**

에릭슨의 심리사회적 발달단계에서 청소년기의 발달과업은 자아정체감의 형성이다. 청소년기 인지발달적 측면에서 추상적 사고가 가능해지기 때문에 청소년들은 자신에 대한 깊은 생각을 하게 되고 자신은 미래에 어떤 역할을 하며 어떻게 살아갈 것인가에 대한 탐구를 하기 시작한다. 이러한 자신에 대한 고민은 자아정체감 발달과 관련이 있다.

청소년들은 '나는 누구인가?, 나는 무엇을 할 수 있는가?' 등의 질문을 하게 되고 그 해답을 찾는 과정에서 위기를 경험하게 된다. 이 정체감 위기를 성공적으로 해결하게 되면 정체감을 획득하게 되지만 위기를 성공적으로 해결하지 못했을 때 정체감 혼란을 경험하게 된다.

(2) 프로이드의 심리성적 발달과 청소년

프로이드에 의하면 청소년기의 핵심과제는 독립된 성인이 되도록 부모와의 정서적 연대를 끊는 것이다. 이러한 과정을 개인화라고 하는데 여기에는 개인의 행동, 감정, 판단 및 사고를 부모로부터 분리시키는 것이 포함된다. 동시에 아동이 가족 내에서 자율적 개체가 되어감에 따라 부모와 아동 관계는 협동 및 상호성 관계로 나아가게 된다(Mazor & Enright, 1988).

안나 프로이드(1946)는 청소년기를 내적 갈등, 정신적 불균형, 변덕스러운 행동 등으로 규정했다. 청소년들은 자신을 세상 모든 것의 중심에 있는 유일한 관심의 대상으로 여기는 이기적 존재이며 다른 한편으로는 자기희생과 헌신도 할 수 있는 존재라고 보았다. 또한 안나프로이드에 의하면 청소년들은 열정적인 사랑 관계를 형성하다가도 갑자기 그 관계를 깨뜨리기도 한다. 권위에 무조건 복종하다가도 반항하기도 한다(Freud, 1946). 이러한 갈등 행동이 일어나는 이유는 사춘기의 성적 성숙에 수반되는 정신적 불균형과 내적 갈등 때문이다(Blos, 1977).

○● **또래관계**

청소년기는 부모나 가족으로부터 분리, 독립하여 또래 친구에게 의존하는 시기이다. 부모는 아직 자식과 분리될 준비가 되어있지 않아 아동기 때와 마찬가지로 통제를 하려 하고 자식은 이러한 부모의 통제에 반항하여 부모와 자식 간의 갈등이 초래되기도 한다.

청소년들은 또래관계를 통해 사회적 기술을 발달시키고 인지적 자극과 정서적 지지를 주고받는다. 이렇게 친구의 영향력이 커지다 보니 어떠한 문제에 직면했을 때에도 부모, 교사 또는 상담자의 도움이나 조언보다는 친구의 조언에 의존하는 경우가 많다. 이 시기의 또래관계는 이후 친밀감 형성을 위한 기반이 될수 있다

○● 이성관계

청소년기는 프로이드의 심리성적 발달단계로 보았을 때 생식기에 속하는 시기로 성적인 욕구가 생기며 이성의 친구를 사귀고 애정적 관계를 형성하고자 한다. 이와 함께 동성의 친구와도 친밀한 우정관계를 형성하고자 하여 새로운 유형의 대인관계 형성의 기반이 된다.

이성관계의 발달이 순조로우면 이후 이타적이고 원숙한 성격의 성인으로 성장하게 되지만 그렇지 못할 때에는 권위에 대한 반항과 비행, 이성에 대한 적응 곤란들의 현상을 경험할 수 있다.

4 도덕성 발달

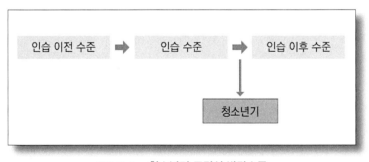

그림 2-1 · **청소년기 도덕성 발달수준**

콜버그의 도덕 발달 이론에 따르면 청소년기는 인습수준의 단계이다. 즉, 도덕 원리가 충분의 형성되지 않아 자신이 속한 집단의 판단에 의해 도덕 기준이 흔들리는 경향을 보인다. 청소년 전반기에는 자신이 속한 집단의 규범이 도덕적 판단의 기준이

되지만 나이가 들어감에 따라 전체적인 사회의 규범이 도덕적 판단의 기준이 된다,

- **인습 이전 수준**: 도덕 판단을 외부의 보상이나 처벌에 근거하여 한다.
  - 처벌을 피하기 위해 규칙에 복종한다.
  - 보상을 얻기 위해 복종하고 보답받기 위해 나눈다.
- **인습 수준**: 어느 특정한 기준에 따라 도덕적 판단을 하는 상태이다. 기준은 타인이나 사회에 의해 규정된다.
  - 타인의 승인이나 비난에 의해 규정된 규칙에 동조한다.
  - 사회규칙, 법, 질서에 철저히 동조하여 규칙 위반에 대한 비난을 피한다.
- **인습 이후 수준**: 도덕성이 완전히 내면화 되어 외부 기준이 필요하지 않은 시기이다. 관점에 따라 기준이 달라질 수 있음을 인정한다.
  - 사회적 질서가 필요하며 규칙을 준수한다. 하지만 규칙은 더 좋은 대안이 있으면 바뀔 수 있다는 융통성을 가지고 있다.
  - 자기비난을 피하기 위해 내적원칙(정의, 평등)에 동조, 때때로 사회규칙을 위반할 수 있다.

Ⅲ 미술치료에의 적용

미술치료사에게 발달에 관한 지식은 꼭 필요한 요인이다. 내담자가 어느 발달 단계를 지나고 있으며 그 발달단계에서 이루어야 할 과업을 잘 수행하고 있는지 알기 위해서 각 발달단계의 특성을 알고 있어야 한다. 그렇게 함으로써 치료사는 내담자와 내담자의 삶에 대해 총체적인 이해를 할 수 있게 된다.

1 청소년기 발달적 특성과 미술치료적 접근

○● 자아정체감 형성을 위한 청소년 미술치료

자아정체감 형성을 확인하기 위해 다음의 여섯 가지 영역(박아청, 2003)에서의 내담자의 자아정체감 변화 과정을 살펴 본다.

① 주체성 - 자신이 누구인지 알고 있는가?
② 자기수용성 - 있는 그대로의 능력과 재능을 그대로 받아들이고 있는 정도
③ 미래확신성 - 자신의 미래 직업에 대한 계획에 확신을 갖고 있는 정도
④ 목표지향성 - 미래의 자아상을 파악하고 스스로 목표를 지향하는 방향을 신뢰하고 있는가?
⑤ 주도성 - 자신 주변의 일을 스스로 주도적으로 실행하려고 하는가?
⑥ 친밀성-타인들과의 친밀한 관계를 유지하는가?

○● 자아정체감 향상을 위한 미술치료과정 예시

자아정체감 척도(박아청, 2003)의 6가지 하위요인인 주체성, 자기수용성, 미래확신성, 목표지향성, 주도성, 친밀성을 고려하여 청소년 대상의 자아정체감 형성을 위한 미술치료과정을 다음과 같이 구성하였다.

📖 표 2-2 **청소년의 자아정체감 형성 미술치료과정**

회기	주제	활동	반영된 정체감 하위요인
1	친밀감 형성	본인이 원하는 방식으로 자신을 소개하도록 한다. 미술치료기법으로는 이름꾸미기, 캐릭터 그리기, 나의 상징 그리기 등 여러 방법이 있다. 그중에서 내담자가 원하는 방식으로 자신을 소개하도록 한다.	친밀성
2	자기탐색	난화 상호이야기법을 활용하여 내담자가 자기 탐색의 경험을 하도록 한다. 난화 상호이야기법은 치료사와 내담자가 종이를 한 장씩 나누어 갖고 치료사가 그린 난화에 내담자가 심상을 투영하여 이미지를 완성하고 반대로 내담자가 그린 난화에 치료사가 심상을 투영하여 이미지를 찾아 완성하는 기법이다. 서로 그린 그림이 무엇인지 이야기 한 후 두장의 그림으로 이야기를 만든다. 이 과정에서 무의식이 의식화되면 자신의 내면을 들여다 볼 수 있다.	주체성
3	자기탐색	자화상 그리기 작업을 통해 스스로 자신을 어떻게 느끼고 생각하고 있는지 알아본다. 그림을 다 그린 후 그림에 대해 이야기를 나눈다.	주체성
4	자기이해 자기수용	자신의 내면의 숨겨진 고통, 아픔을 신체상에 표현한다. 신체상이 그려진 도안과 그림도구를 준비한다. 내담자에게 과거의 아픔이나 상처를 떠올려 그때를 신체상에 표현하도록 한다. 그림을 보며 그때의 자신에게 위로의 말을 해주도록 한다.	자기수용성

5	가족 구성원과 관계 탐색 및 이해	동적 가족화 그리기 작업을 하며 자신이 가족들을 어떻게 생각하는지, 가족들과의 관계는 어떤지, 가족들과 잘 지내려면 어떻게 해야하는지 등에 대해 생각해본다.	친밀성
6	성취감 경험	9분할로 칸을 나눈 도화지에 자신이 잘하는 것들에 대해 그림과 글로 표현해보도록 한다. 작업을 마치고 잘하는 것들에 대해 설명을 해보도록 하며 잘했을 때의 느낌에 대해 이야기해보도록 한다.	주도성
7	자기이해 자기수용	도화지를 반으로 접어 한 면에는 내가 보는 나를, 다른 한 면에는 남이 보는 나를 표현해보게 한다. 작업을 통해 타인이 자신을 어떻게 인식하는지에 대해, 자신에 대해서 자신이 생각하는 바와 타인이 생각하는 바의 차이에 대해 인식하는 기회를 갖도록 한다.	자기수용성
8	스스로 하는 자랑스러운 일	손이 하는 일에 대해 이야기해 본 뒤, 내가 했던 일 중 자랑스러웠던 일은 어떤 것이 있는지 이야기를 나눠보며, 자랑스러운 나의 손을 석고붕대로 본떠 만들어본다. 굳은 석고 손은 떼어내어 물감으로 칠해 준다.	주도성
9	목표를 위한 노력	나무 본을 만들고 색종이에 희망의 메시지들을 적어 나뭇가지에 붙인다. 그것을 이루기 위해 어떤 노력을 해야하는지 생각해본다.	목표지향성
10	소중한 나	아이클레이 부재료에 덧붙여 거울 만들기 진행 후 거울 속 나에게 응원의 메시지 보내는 작업을 통해 자신이 소중한 존재임을 느끼는 시간을 갖는다.	목표지향성
11	미래의 내 모습	미래 나는 어떤 모습으로 하루를 살아가고 있을지 미래의 나의 하루를 주제로 시간대에 맞는 사진을 오려 콜라주 작업을 하고 이야기를 나눈다.	미래 확신성
12	북 아트 만들기	그동안 작업한 것들을 프린트하거나 그림으로 그리고 글을 적어 한 권의 책을 만든다. 작업을 하면서 그동안의 과정을 되돌아보며 자신의 달라진 생각에 대해 이야기해본다.	미래 확신성

자아정체감 변화를 위한 구성내용을 살펴보면 다음과 같다.

① 주체성: 2회기, 3회기

자신이 누구인지 탐색해본다. 내담자는 '자신이 누구인지 알고있는가?'를 다루어 준다. 치료실을 찾은 내담자들은 자기자신을 표현하는 데 있어서 어려움을 느낄 수 있고 소극적일 수 있다. 미술활동을 통해 이들이 자신을 탐색하고 자신에 대한 주체성을 갖도록 도움을 준다.

② 자기수용성: 4회기, 7회기

있는 그대로의 자신의 능력과 내면을 그대로 받아들일 수 있도록 한다. 자신에 대한 자신감과 자존감이 낮은 내담자들에게 있는 그대로의 자신을 인정하고 자신을 긍정적으로 바라볼 수 있도록 도움을 준다.

③ 미래확신성: 11회기, 12회기

미래의 계획은 무엇인지, 어떤 일에 관심을 갖고 있는지에 대해 탐색한다.

미래에 대해 탐색할 기회가 없었던 내담자들이 자신의 미래를 희망적으로 계획할 수 있도록 진행한다.

④ 목표지향성: 9회기, 10회기

미래에 나는 어떤 사람으로 살아갈 것인가에 대해 생각할 시간을 갖도록 하고 목표를 세우고 그것을 위해 노력할 수 있는 내면의 힘을 기르도록 한다.

⑤ 주도성: 6회기, 8회기

자신이 관련된 일을 스스로 해결해 나갈 수 있고 자신의 역할이 무엇인지 알 수 있도록 도움을 준다. 의존적인 성격이거나 주도적인 역할을 잘 해내지 못하는 내담자들에게 스스로 해내려는 의지를 기르도록 한다.

⑥ 친밀성: 1회기, 5회기

가족 간의 불화, 친구들과의 원만한 관계를 유지하지 못하는 내담자들에게 그 원인이 무엇인지 파악할 수 있는 시간을 제공하고 수정할 수 있도록 도움을 준다.

Ⅳ 청소년 심리치료의 목표

○● 문제의 해결

신체적·인지적·정서적·사회적 변화의 과정에 있는 청소년들은 이러한 변화로 인해 심리적인 적응에 어려움을 경험할 수 있고 정신건강에 부정적인 영향을 미칠 수 있다. 청소년 심리치료는 어려움을 겪고 있는 청소년이 그것을 해결할 수 있도록 돕는 것을 목표로 한다.

○● 문제의 예방

청소년 심리치료는 청소년에게 일어날 수 있는 여러가지 다양한 문제의 예방을 통해 문제가 일어난 뒤 해결하는 것보다 더 효과적인 결과를 기대할 수 있다. 청소년기의 심각한 문제인 학교폭력, 자살 등은 사실 일어난 뒤의 수습보다는 일어나기 전의 예방이 중요하다. 어른들의 세심한 관심과 관찰로 청소년들의 문제를 미연에 방지하는 예방적 심리치료를 실시한다면 청소년과 가족, 사회에 유익한 작용을 할 것이다.

○● 성장의 촉진

청소년 심리치료는 청소년의 건전한 발달과 적응을 도와 전전한 사회구성원으로서 성장할 수 있도록 돕는 것을 목표로 한다. 청소년은 미래의 희망이자 국가경쟁력의 원천이다. 우리나라는 심각한 저출산 국가이다. 이러한 때에 청소년들이 이 시기에 배워야 할 것들 익혀야 할 것들을 잘 배우고 익혀 성인기로 잘 진입하여 자신의 역할을 훌륭히 해준다는 것은 개인적으로도 국가적으로도 큰 이익이다.

Ⅴ 청소년 내담자의 특성

○● 첫째, 치료에 대한 동기가 낮고 비자발적이다.

부모나 교사에 의해 치료에 의뢰되므로 치료실을 자신들을 도와주는 기관이 아니라 부모나 교사를 도와주는 기관이라고 생각한다. 즉, '변화를 원하는 사람'과 '치료실에 와서 앉아 있는 사람'이 다르다.

청소년 내담자는 스스로 변화의 필요성을 느끼지 못하거나 변화에 대해 거부감을 나타낸다. 비자발적인 청소년 내담자는 더욱 강한 반발심을 갖게 된다. 이러한 이유로 청소년 내담자는 치료초기에 주로 답답함, 좌절감, 무기력감 등의 정서를 나타내며 방어적이 된다. 초기 방어들로 반항, 수동적 순응, 주저하고 수그러듦, 상담자에 대한 모욕적이고 깎아 내리는 태도, 냉소적이고 거리를 두는 태도 등이 있다(이미원, 2017).

○● **둘째, 권위에 대한 불신과 반항으로 친구나 선배와 상의한다.**

청소년기는 발달적 특징으로 권위자와 사회의 기존질서에 대해 반항적인데, 이것은 치료과정에서 저항으로 표현되기도 한다. 권위에 대한 불신과 반항으로 인해 부모나 교사 등의 성인에게 자신의 문제를 드러내는 것에 거부감을 갖고 있다. 또한 청소년기는 발달적 특성상 부모에게서 독립하여 또래 관계에 집중하는 시기로 자신들의 고민과 문제를 또래집단과 상의한다.

특히 심각한 문제를 가진 청소년들은 같은 문제를 가진 청소년들끼리 모여 서로 위로하고 방법을 의논하고 실행한다. 그런데 그 방법이 위험한 행동일 수 있다.

○● **셋째, 주의 집중 시간이 짧다.**

주의 집중 시간이 짧아 한 회기에 한 주제를 깊이 있게 다루기에 어려움이 있다. 큰 변화 없이 계속되는 치료에 자발적으로 참여한다는 것은 청소년에게 있어서는 매우 어려운 일이다(양미진, 2005).

○● **넷째, 자기 은폐성향이 높다.**

스스로 자각하기에 부정적이거나 스트레스가 되는 자신과 관련된 정보를 다른 사람들로부터 숨기려는 경향이 높다(장진이, 2020). 청소년기는 밖으로 드러나지 않는 자신만의 비밀을 갖고 있기를 좋아하며 높은 자율성의 욕구로 인해 자기문제를 인식하더라도 전문가의 도움을 받기보다는 스스로 해결하려고 하는 경우가 많다.

○● **다섯째, 언어표현 능력이 부족하다**

언어 표현 능력의 부족을 들 수 있다. 이들은 자신의 생각이나 요구에 대한 표현 능력은 뛰어난반면에 내면의 정서적 체험을 구체적으로 표현하는 데 미흡하고 내면에서 체험한 것들을 밖으로 드러내기를 어려워한다(윤미연, 2013).

Ⅵ 청소년 내담자를 대하는 치료사의 자질과 태도

청소년에게 있어 다양한 미술활동은 호기심과 흥미를 자극하여 욕구 불만을 해소시켜주며, 자아개념과 자긍심을 향상시키고 대인관계 기술을 증진시킴으로써 그들이 가정 및 학교생활에서의 여러 가지 문제를 자율적으로 대처하고 해결해 나갈 수 있게 해준다(윤숙희, 2013).

내담자인 청소년들이 큰 저항 없이 친근하게 접할 수 있는 미술을 도구로 사용하기 때문에 청소년들의 내면세계에 간접적으로 안전하게 접근할 수 있고 창조 활동으로 승화시켜 자신을 통찰할 수 있게 하며 자존감을 증진 시킬 수 있다는 장점이 있다.

이러한 여러 가지 장점을 가진 미술치료에서 치료사의 역량은 매우 중요한 요인으로 작용한다.

미술치료사는 내담자가 이미지와 대화를 통해 스스로를 평가하도록 돕는다. 이를 통해 내담자는 자신의 성장을 촉진시킬 수 있다(Rubin, 2012). 또한 미술치료사는 내담자로 하여금 미술활동 안에서 편안함을 느끼고 미술작업과정을 즐기도록 돕는다. 미술치료사는 미술치료의 과정에서 내담자의 욕구에 민감하게 반응하고 적절한 치료방향을 제시함으로써 내담자는 자신을 통합해나간다 (Wadeson, 2010).

이렇게 중요한 역할을 하여 치료의 성공 여부에 많은 부분을 차지하는 미술치료사는 전문적인 능력과 자질을 겸비하고 있어야 한다.

1 청소년 미술치료사의 역할

- ‣ 청소년이 호소하는 각 문제 영역에 대한 개입을 하는 역할을 한다.
- ‣ 청소년 미술치료와 관련된 연구를 설계하고 수행하는 역할을 한다.
- ‣ 청소년 전문가로서의 역할을 한다.
- ‣ 청소년 미술치료사를 교육하는 역할을 한다.
- ‣ 청소년의 발달 촉진 및 문제예방 활동, 문제해결 중심 치료활동을 한다.

2 미술치료사의 자질

미술치료에서 미술치료사는 치료적 상호작용을 결정짓는다. 미술의 재료, 작업상황, 장소, 내담자 요인 등이 다양해질 수 있는 반면 미술치료사는 이들과는 상대적으로 안정된 요인이다. 미술치료사와 내담자의 협력으로 미술치료는 이루어진다. 따라서 미술치료사가 가진 독특한 자질은 미술치료작업에 그대로 반영된다(Wadeson, 2016).

미술치료사는 미술 안에서 나타나는 상징성을 빨리 알아차려서 상대의 마음을 읽어주고 아픔을 만져주고 따뜻하게 감싸안아줄 수 있는 전문가이다(이혜선, 2010). Corey(2001)는 심리치료에서의 치료사의 중요성에 대해 언급하며 치료에서 치료사의 현실을 직시하는 태도와 열심히 삶을 살아가는 모습을 내담자에게 보여주는 것이 가장 강력한 치료기법이며 치료사의 능력이라고 하였다. 치료의 성공이 치료유형보다는 치료사와 더 관련이 있다는 연구결과(Luborsky, et al, 1986)도 이를 뒷받침하고 있다.

(1) 청소년 미술치료사에게 요구되는 인성적 자질

치료사의 바람직한 인성은 그 자체로 내담자의 변화를 촉진하는 요소가 되며 내담자에게 성숙하고 건강한 모델이 될 수 있다. 무엇보다도 내담자를 이해하고 수용하는 능력을 지니고 있어야 한다. 치료를 위해서는 발달단계에 따라 어떤 현상이 일어나고 어떤 발달적 변화가 나타나는지 발달과정에 대한 정확한 이해가 필요하다. 그래야만 내담자의 문제가 평균적인 발달상태에서 어느정도 벗어났는지, 문제해결능력은 어느 정도인지를 파악할 수 있다.

또한 내담자의 문제와 내적 갈등에 대한 공감적 이해능력이 필요하다 발달상 아무 문제가 없어도 내담자는 내적 갈등으로 인혜 문제를 호소할 수 있다. 이때 치료사는 내담자를 공감하고 존중해줄 수 있는 인간적 자질을 가가지고 있어야 한다.

청소년 미술치료를 진행하는 데 있어서 필요한 미술치료사의 인성적 자질을 청소년 상담자의 자질에 대한 연구자들의 연구를 통해 정리해보면 다음과 같다.

○● **성숙하고 효율적인 심리치료사의 인성적 자질**(George & Cristini, 1995)
‣ 자신의 느낌과 경험에 대해 개방적이고 수용적이다.

‣ 자기 인식 능력이 있다.

‣ 자신의 가치와 신념에 대해 의식한다.

‣ 타인과 온정적이고 깊이 있는 관계를 형성하고 발전시킬 수 있다.

‣ 순수하고 진솔하게 자신의 있는 그대로의 모습을 보인다.

‣ 자신의 행동에 책임을 진다.

‣ 청소년에 대한 이해와 관심을 가지고 있다.

‣ 청소년 상담에 대한 사명의식, 긍정적 청소년관, 바람직한 인간관, 성숙한 인간
  적 자질, 효과적인 상담자 자질을 가지고 있다.

○● 심리치료사에게 요구되는 10가지 인간적 자질(Guy, 1987)

‣ 사람에 대한 자연스러운 호기심과 탐구심

‣ 적극적 경청 능력

‣ 언어적 대화를 즐길 수 있는 대화 능력

‣ 상대방의 입장이 되어 그의 처지를 이해하고 성별이나 문화권이 다른 사람에 대
  해서도 이해할 수 있는 공감과 이해심

‣ 분노에서 기쁨에 이르기까지 다양한 감정을 인식할 수 있는 정서적 통찰력

‣ 내면세계를 보고 느낄 수 있는 내성

‣ 자신의 개인적 욕구보다 다른 사람의 욕구를 우선적으로 다루는 자기부정의 능력

‣ 정서적 친밀 상태를 유지할 수 있는 능력

‣ 어느 정도 거리를 유지하는 가운데 힘을 느낄 수 있는 능력

‣ 유머감각

(2) 청소년 미술치료사의 전문적 자질

미술치료사는 미술전문가나 화가로서의 역할을 요구받거나 수행하지 않더라도
미술매체가 가지고 있는 특성이나 치료적 요인, 기본적인 사용법과 미술기법을 숙지
하고 있어야 한다.

내담자가 자신의 내면을 충분히 드러낼 수 있는 매체를 선택할 수 있도록 도움을
주어야 하기 때문이다.

청소년들이 그들만의 창의성과 상상력을 기반으로 미술재료의 시각적이고 창의적인 특성을 활용하여 심리적, 정서적 갈등 혹은 억압되었거나 불안정한 정서들을 표출할 수 있도록 하는 것이 청소년 미술치료의 특성이다.

즉, 미술치료는 청소년들이 자기 자신을 자연스럽게 표현할 수 있도록 유도하고 청소년들의 불안감, 분노, 외로움, 무력감, 무감각한 상태, 불안정 혹은 성적 혼란 등에 대한 심리적 상태 등을 그림이나 입체적 작업으로 표출하게 하여 카타르시스를 경험할 수 있게 도와준다(윤숙희, 2013). 그러므로 청소년 미술치료사는 청소년들의 성장과 심리적, 사회적 문제를 극복하는 데 중요한 역할을 하고 있다(Wadeson,2000).

청소년들은 자신들이 숨기거나 억제하고 있거나 회피하고 있는 문제들을 비언어적 방법인 예술매체를 통하여 무의식적으로 표출하게 되는데 이러한 과정을 거쳐 청소년은 자신을 개방하고 타인과의 의사소통 및 수용을 할 수 있게 되며 자아존중감을 회복하고 정체성을 형성해 나갈 수 있게 된다(Rubin, 1999).

또한, 미술치료는 가정폭력, 성폭력, 학교폭력 등으로 인하여 정상적 성장에 방해를 받았거나 그로 인한 정신적 외상을 경험한 청소년들에게 두려움, 불안, 슬픔, 죽음에 대한 작업을 할 수 있는 기회를 주며, 심리적 안정감을 제공하여 준다(Dahlen,2002).

따라서 청소년과 함께하는 미술치료사의 전문적 자질은 매우 중요하다.

미술치료사의 전문적 자질을 살펴보면 다음과 같다.

○● 미술치료사의 자질(Wadeson, 1987)

‣ 첫째, 주의 깊은 공감을 할 수 있어야 하고 소유하려들지 않는 따뜻함과 성실함을 가지고 있어야 한다.

‣ 둘째, 미술치료사는 자신을 제대로 알고 있어야 한다. 다른 사람을 돕기 위해서는 먼저 자기자신에 대한 이해가 필요하다.

‣ 셋째, 개방적인 태도이다. 내담자가 바라보는 관점을 이해하는 태도가 중요하다.

‣ 넷째, 지적인 능력이다. 내담자의 상황은 어떤 공식에 넣어서 해결할 수 있는 것이 아니다. 매번 다른 성격의 다른 특성을 가진 내담자를 만나야 하는 치료사에게는 문제를 이해하고 통합할 수 있는 지적인 능력이 요구된다.

‣ 다섯째, 창조성이다. 내담자가 미술표현을 창조해내는 자발성을 키우도록 하기 위해 서는 치료사도 창조성을 가지고 있어야 한다.

‣ 여섯째, 동기유발을 이끌어 내는 것과 대인관계 기술, 사회적 기술, 자신감을 불러일으키는 능력, 설득력 등이 있어야 한다(Wadeson,1987).

○● **미술치료사의 역량척도의 개발과 타당화 연구**(김재훈, 허선욱, 2023)**에서 발췌하여 요약한 미술치료사의 전문적 자질은 다음과 같다.**

‣ 내담자의 내면의 이미지를 창조적으로 표현할 수 있도록 동기 부여하는 창의성을 발휘할 수 있다.

‣ 미술치료 프로그램의 구성 및 임상현장적용 원리와 프로그램 개발과정에 대해서 이해한다.

‣ 적절한 미술매체를 제공할 뿐만 아니라 미술매체를 직접 다룰 수 있다.

‣ 다양한 방식으로 미술치료의 효과를 확인할 수 있는 방법을 이해한다.

‣ 집단 미술치료 운영 시 발생하는 역동에 적절히 대처할 수 있고, 갈등을 이용해 집단을 성장시킬 수 있는 진행 능력이 있으며, 집단 구성원들의 다양한 역할에 적절히 대응할 수 있다.

‣ 윤리적 딜레마 상황에 적절히 대처할 수 있다.

‣ 일반 심리검사 및 그림검사의 종류 및 특징을 이해한다.

‣ 미술치료 진행 중 발생하는 역전이 문제에 대해서 인식하고 자기분석 및 성찰의 노력을 할 수 있다.

3 청소년 미술치료사의 윤리적 책임

모든 심리치료 영역에서 윤리에 대한 문제는 매우 중요하다. 미술치료에서의 윤리적 문제는 일반 심리치료에서 지켜져야 하는 윤리적 책임 이외에도 미술작품에 대한 문제가 포함된다. 미술치료사는 내담자에게 해를 끼치지 않으면서 그들의 복지를 증진시키고 권리를 존중하며 전문적인 서비스를 제공하는 데 최선을 다해야 한다. 청소년 심리치료 관련 상담학회와 미술치료 관련 학회 등 여러 관련 학위의 윤리기준을 참조하여 구체적인 내용을 살펴보겠다.

(1) 전문가로서의 책임

- 청소년 미술치료사는 자신의 능력 및 기법과 한계를 인식하고 자신의 교육과 수련, 임상경험 등에 의해 준비된 범위 안에서 전문적인 서비스와 교육을 제공한다.

- 청소년 미술치료사는 청소년과 관련된 정책, 규칙, 법규에 대해 잘 알고 있어야 하며, 청소년 내담자를 보호하고 청소년 내담자가 최선의 발달을 이루도록 노력해야 한다.

- 청소년 미술치료사는 자신이 가진 능력 이상의 것을 주장하거나 암시해서는 안 되며, 타인에 의해 능력이나 자격이 오도되었을 때에는 수정해야 할 의무가 있다.

- 청소년 미술치료사는 내담자의 연령, 성별, 문화 등에 따른 개인 간 차이를 이해하고 존중해야 한다.

- 청소년 미술치료사는 법적·도덕적 한계를 벗어난 다중관계를 맺지 않는다. 사적인 관계를 맺지 않으며, 치료비용을 제외한 어떤한 금전적 물질적 거래관계를 맺지 않는다.

(2) 사전동의를 받아야 한다

- 맨 처음 치료적 관계를 맺을 때, 미술치료사는 내담자에게 내담자의 권리를 설명해야 한다. 치료사와 내담자의 역할에 대해 설명하고 내담자가 기대할 수 있는 것과 제한되는 것에 대해 이야기해준다.

- 청소년 미술치료사는 내담자에게 치료과정의 녹음과 녹화여부, 사례지도 및 교육에 활용할 가능성에 대해 설명하고 내담자에게 동의 또는 거부할 권리가 있음을 알려야 한다. 이때 만 14세 미만의 청소년 내담자는 부모의 동의가 필요하다.

(3) 비밀보장과 그 한계에 대해 설명해야 한다.

- 청소년 미술치료사는 내담자와 내담자의 부모(보호자)의 사생활과 비밀보장에 대한 권리를 최대한 존중해야 한다.

- 청소년 미술치료사는 치료시 비밀보장의 1차적 의무를 내담자의 보호에 두지만 비밀보장의 한계가 있는 경우 청소년의 부모 및 관계기관에 공개할 수 있다.

  비밀보장의 한계가 있는 경우
  ‣ 내담자의 생명이나 사회의 안전을 위협하는 경우
  ‣ 법적으로 정보의 공개가 요구되는 경우
  ‣ 내담자에게 감염성이 있는 치명적인 질병이 있을 경우

- 청소년미술치료사는 아동학대, 청소년 성범죄, 성매매, 학교폭력, 노동관계 법령 위반 등 관련 법령에 의해 신고의무자로 규정된 경우 해당 기관에 관련 사실을 신고해야 한다.

(4) 미술작품에 대한 윤리적 책임

- 내담자의 작품은 비밀스러운 의사소통의 내용이므로 치료과정에서 내담자가 표현한 미술작품의 비밀유지, 작품전시, 작품 다루기 등도 윤리에 포함된다.
- 내담자의 작품은 안전한 장소에 다른 사람에 의해 손상되거나 부적절하게 다루어지지 않도록 잘 보관해야 한다.

CHAPTER 3

심리치료 이론과 미술치료

미술치료 이론의 근간은 심리치료 이론이다. 미술치료는 심리치료의 이론적 틀을 기본으로 하여 진행된다. 이 장에서는 미술치료가 독립된 분야로 탄생하기까지 가장 많은 영향을 끼친 정신분석 이론과 비용과 시간 면에서 청소년 심리치료에 효과적인 인지행동치료 이론, 인간의 긍정성을 중요시한 인간 중심이론에 대해 살펴보고 각각의 이론적 모델을 적용한 미술치료의 접근 방법과 실제 사례에 대해 다루고자 한다.

Ⅰ 정신분석 이론과 미술치료

1 정신분석 이론

프로이드(Sigmund Freud에 1856~1939)에 의해 창시된 정신분석은 내담자의 증상이 나타나게 된 원인에 주목하고 이러한 증상은 무의식적 갈등에 의해서 유발된다고 보았다.

정신분석이론에 의하면 인간의 성격은 성적인 본능적 충동으로 이루어진 원초아와, 원초아에서 분화되어 본능적 충동과 환경적 요구를 중재하는 자아, 도덕적 가치관을 반영하는 초자아 간의 갈등 과정에서 형성되며 이러한 심리적 세력 간의 힘겨루기 즉 정신역동에 의해서 인간의 행동이 결정된다고 보았다.

특히 초기 아동기의 경험이 개인의 성격구조형성과정에 중요한 영향을 미치며 어린 시절 부모와의 관계에서의 경험이 무의식에 저장되어 심리적 부적응의 원인이 된다고 보았다.

정신분석 심리치료의 목적은 무의식의 의식화이며 이를 위한 기법으로는 자유연상, 꿈분석, 전이분석, 저항분석 등을 활용한다.

(1) 주요개념

정신분석의 주요개념인 인간관, 성격구조, 마음의 지형학적 모델에 대해 살펴보겠다.

○● 인간관

프로이드는 인간을 결정론적 존재로 보았다. 즉 인간의 행동은 무의식적 동기와 생물학적 욕구 및 충동에 의해 동기화 되며 생후 6년간의 심리성적인 사건들에 의해 성격이 결정된다고 보았다.

프로이드는 무의식이 어린 시절의 경험 그중에서도 특히 부모와의 상호작용 경험에 의해 형성된다고 보았는데 인간의 행동은 의식보다는 무의식의 영향을 더 받는다고 하였다. 따라서 개인의 증상이나 문제행동을 개선하기 위해서는 무의식을 의식화하는 작업이 필요하다고 하였다.

○● 성격구조

정신분석이론에서 프로이드는 인간의 성격구조를 원초아, 자아, 초자아의 세 부분으로 나누었으며 이들 간의 균형이 깨어질 때 개인의 심리적 문제가 발생할 수 있다고 보았다.

- 원초아는 출생할 때부터 존재하며 본능적인 욕구를 즉각적으로 충족하고자 하는 부분이다. 쾌락의 원리에 의해 지배를 받는다.
- 초자아는 도덕원리에 의해 지배를 받는 부분으로 바람직한 것, 이상적인 것을 추구한다. 초자아는 부모 또는 사회의 기준을 내면화한 것으로 일종의 엄격한 양심으로 수용될 수 없는 원초아의 본능적 충동을 차단하고 자아가 현실적 목표보다 도덕적 목표를 추구하도록 하는 부분이다. 초자아를 따르지 않을 경우 수치심과 죄책감, 불안을 경험할 수 있다.
- 자아는 현실원리의 지배를 받으며 본능적인 욕구를 지연시키거나 억제시킨다. 원초아의 욕구를 고려하면서도 초자아의 압력을 거스르지 않도록 둘 사이를 중재하는 역할을 하며 욕구를 조절한다.

○● 마음의 지형학적 구조

프로이드는 신체적 손상이 없음에도 신체 일부의 마비증상을 나타내는 히스테리 환자들을 치료하면서 무의식을 발견하였다. 환자들의 증상의 원인이 심리적 요인에 의한 것인데 환자들이 그것을 깨닫지 못하는 것은 무의식 때문이며 무의식은 우리가 의식하지 못하는 심리적 영역으로 감정, 욕구 경험, 충동 등이 저장되어있다고 하였다.

프로이드는 인간의 마음을 지층에 비유하여 의식, 전의식, 무의식으로 구분하였다.

- 의식은 현재 느끼거나 알 수 있는 감각, 지각, 경험, 기억 등을 의미한다.
- 전의식은 의식 속에 저장되어 있는 영역으로 현재 의식 되지는 않지만 조금 주의를 기울이면 쉽게 의식할 수 있는 영역이다. 예를 들면 "어제 점심 뭐 먹었어?"하고 친구가 물었을 때 금방 기억나지는 않지만 조금 생각해보면 "아, 어제 점심 비빔밥 먹었어." 하고 생각해낼 수 있는 영역이다.

• 무의식은 마음을 구성하는 사고, 감정, 본능, 욕구, 동기, 갈등 등이 깊게 자리하고 있어서 인식할 수 없지만 사람들의 행동을 결정하는 주 원인이 된다. 프로이드는 무의식의 증거로 말실수, 망각 등을 예로 들었다.

(2) 자아방어기제

개인은 불안을 경험 할 때 자아를 보호하기 위해 무의식적으로 여러가지 심리적 기제를 사용하는데 이것을 방어기제라고 한다.

○● 억압(repression)

가장 보편적이고 일반적인 방어기제로 불안을 일으키게 하는 기억, 감정, 충동 등을 무의식으로 밀어내는 것을 말한다. 예를 들면 큰 사고를 경험한 사람이 그때의 기억을 못하는 것, 어린 시절 성폭행을 당했는데 그 기억을 못하는 것 등이 억압이다.

○● 승화(sublimation)

원초적인 목표에서 고상한 사회적 목표로 전환하는 것으로, 용납되지 않는 충동이나 감정을 사회적으로 받아들이는 형태로 전환하여 표출하는 것이다. 성숙한 방어기제로 예를 들면 성적인 욕구가 강한사람이 그것을 예술로 표현 하는 것, 혹은 공격적인 욕구가 높은 사람이 그것을 권투와 같은 스포츠로 표현하는 것이다,

○● 퇴행(regression)

불안이나 공포에 직면하거나 좌절을 경험했을 때, 유아기로 되돌아가 어린아이처럼 행동하는 것이다. 안전하고 즐거웠던 유아기로 후퇴함으로써 불안을 완화시키는 방법이라고 할 수 있다,

예를 들면 동생이 태어나서 부모의 관심이 동생에게 집중되면 큰애가 대소변을 못가리거나 손을 빠는 등의 현상이 나타나는 것이 퇴행이다.

○● **반동형성**(reaction formation)

억압된 충동이나 감정과 반대되게 행동하거나 태도를 보이는 것인데 불안을 야기하는 감정을 반대로 표현함으로써 감추는 것이다. 예를 들면 '미운 놈 떡 하나 더 준다.'는 속담처럼 너무 밉고 싫은 사람에게 잘해주는 것이다.

○● **투사**(projection)

받아들일 수 없는 자신의 충동이나 생각, 결점 등을 다른 사람이나 환경 탓으로 전가시키는 것으로 내가 바라는 바를 상대가 바라는 것이라고 느끼는 것이다.

예를 들면 직장 상사에게 적개심을 가지고 있는 부하직원이 자신의 적개심을 상사에게 투사하여 상사가 자신을 미워한다고 인식하는 것이 투사이다.

○● **부정**(denial)

받아들일 수 없는 어떤 현실을 인정하지 않음으로써 그에 따른 고통과 불안을 회피하려는 것이다.

현실을 왜곡시키는 정도가 가장 심한 방어기제이다. 예를 들면 불치병에 걸린 사람이 먼 미래의 계획을 세우는 경우, 사랑하는 자식을 잃은 엄마가 마치 자식이 살아있는 것처럼 평소와 똑같이 생활하는 경우가 부정이다.

○● **합리화**(rationalization)

자신이 하는 어떤 행동이나 태도가 자신의 속마음과 다를 때, 마음속에 숨어 있는 실제 동기를 받아들이기 어려워서 정당하면서도 윤리에 어긋나지 않을 것 같은 그럴듯한 이유를 대는 것이다.

예로는 이솝우화의 '여우와 신포도', '달콤한 레몬' 등을 들 수 있다. 여우가 포도를 따먹지 않는 것은 뛰어도 포도에 닿을 수 없어서가 아니라 포도가 시어서 안 먹는 것이라고 스스로를 위안하는 것이 합리화이다.

(3) 심리성적 발달단계

○● 구강기

출생 직후부터 1년 반 사이의 시기이다. 이 시기에 유아는 입으로 어머니의 젖을 빨면서 먹는 것에 관심을 집중한다. 따라서 입술, 목, 혀를 통해 쾌감을 얻는다. 유아는 입을 통해 어머니의 젖을 빨며 외부 대상과 처음으로 관계를 형성한다. 입을 통해 어머니와 상호작용하며 만족감, 좌절감을 경험하는데 이러한 경험들이 성격형성에 영향을 미치게 된다.

구강기의 욕구가 과도하게 충족되면 의존적이고 요구가 많은 구강기 수용성격이 될 수 있다. 반면 욕구가 과도하게 좌절되면 입으로 씹고 깨물고 내뱉는 행동을 유발하며 구강기 공격 성격이 되어 냉소적이고 탐욕스러우며 논쟁적인 태도를 나타낼 수 있다.

○● 항문기

생후 1년 반에서 3년까지의 시기이다. 쾌락을 추구하는 부위가 입에서 항문으로 옮겨진다. 이 시기는 배변 훈련을 하는 시기인데 아동은 참거나 배설하면서 긴장과 배설의 쾌감을 경험한다. 배변 훈련 과정에서 불안과 수치심을 경험하며, 자율성과 통제력을 발달시킨다. 너무 억압적으로 통제하게 되면 과도한 청결에 집착하고 인색한 항문기 보유성격이 나타날 수 있고 반대로 너무 관대하게 하면 감정적이고 분노를 잘 느끼며 무질서한 항문기 배출 성격이 나타날 수 도 있다.

○● 남근기

만 3세에서 6세 사이가 남근기에 해당한다. 쾌락을 추구하는 신체 부위가 성기로 바뀌게 된다. 이 시기에는 성기에 대한 아동의 관심이 이성 부모에게 확산되면서 아동은 이성 부모에게 유혹적인 행동을 보이며 애정을 독점하려고 노력하고 동성부모를 경쟁자로 인식하게 된다. 이때 나타나는 심리적 갈등을 오이디프스 콤플렉스라고 한다. 남자아동은 아버지를 경쟁자로 여기다가 이후 아버지를 동일시하며 성역할을 학습하게된다. 여자아동의 경우 어머니를 경쟁자로 여기며 아버지를 독점하려고 하는데 이것을 일렉트라 콤플렉스라고 한다.

○● 잠복기

만 6세부터 사춘기 이전의 시기이다. 학업과 친구에 대한 관심이 증가하면서 성적인 욕망의 표출이 뚜렷하게 나타나지 않는다. 성적인 욕구가 잠복하는 대신에 학교생활, 취미활동, 또래 친구교재 등에 관심이 집중된다. 이 시기에 좌절을 경험하면 열등감이 형성되고 소극적이고 회피적인 성격특성이 나타날 수 있다.

○● 생식기

사춘기 이후의 시기, 즉 청소년기 이후가 성기기의 시기이다. 육체적인 성숙과 더불어 성적인 측면에서 발달을 이루는 시기이다. 이시기의 성 에너지는 이성에게 집중된다. 급격한 신체적 변화가 일어나고 자아정체감을 형성하는 시기이다.

2 심리치료적 개입방법

(1) 정신분석 심리치료의 목표

정신분석 심리치료의 목표는 무의식의 의식화와 자아의 기능 강화이다. 개인은 무의식적인 갈등이 해소되지 못하면 불안과 긴장을 경험하게 되고 불필요한 방어기제를 사용하게 되며 부적응적인 결과로 이어질 수 있다. 따라서 내담자의 무의식 영역에 있는 갈등을 의식으로 떠올려 통찰하게 하고 이를 언어화하게 한다.

즉, 과거의 억압된 갈등을 탐색하여 자신에 대한 깊이 있는 이해를 할 수 있도록 하고 아동기 경험을 재구성하여 표면으로 드러난 문제만이 아니라 원인으로 작용하는 무의식적 갈등을 해소하도록 한다.

또한 긴장과 불안으로부터 자아를 보호하여 불필요한 방어기제의 사용을 막고 심리적 에너지를 건설적으로 사용하게 한다.

(2) 정신분석 심리치료의 치료개입 방안

○● 자유연상

자유연상이란 긴장을 풀고 마음속의 모든 생각, 감정, 기억, 심상 등을 떠오르는 대로 말하게 하는 방법이다. 사소한 것일지라도 마음속에 떠오르는 것은 모두 말하도록 하는데 이때 편안하게 연상하다보면 무의식 속의 고통스러운 자료들이 의식으로 떠오르게 된다. 그러면서 내담자는 여러가지 감정들을 발산하게 된다.

○● 해석

내담자의 통찰을 촉진하기 위한 기법이다. 치료사는 내담자의 자유연상, 꿈 등을 통해 무의식의 단서들을 종합적으로 이해한 후 적절한 시점에 내담자가 현재 겪고 있는 갈등과 그것들이 어떤 관계가 있는지 명료화해주는데, 이것이 해석이다.

적절한 시점이란 내담자가 받아들일 준비가 되었을 때를 의미한다. 이렇게 치료사가 내담자에게 해석해줌으로써 내담자의 통찰을 돕는다.

○● 전이

전이란 심리치료장면에서 내담자가 과거 어린 시절 자신에게 중요한 대상과의 관계에서 느꼈던 감정이나 생각 등을 치료사에게 투사하는 것을 말한다.

전이가 나타나는 시점은 치료과정 중 내담자가 현실을 왜곡하는 시점이다. 치료사는 내담자가 주요 타자 특히 부모와의 관계에서 경험했던 정서적인 갈등과 고통이 무엇이었는지 그것이 현재 삶에 어떤 영향을 미치는지를 적절히 해석하여준다. 이러한 과정은 내담자의 이해를 돕고 통찰을 불러일으켜 긍정적인 방향으로의 성격 변화를 도모한다.

○● 훈습

내담자가 치료과정에서 자신의 문제에 대한 통찰을 얻었다고 해도 그것이 실질적인 변화로 이어지기 위해서는 일상생활에 적용할 수 있어야 한다. 훈습은 내담자가 자신의 문제를 확실히 해결하여 성격의 구조가 변할 수 있을 때까지 무의식적 자료를 재해석해주고 해석된 것을 통합하도록 도와주며 변화 과정에서 유발되는 저항을 극복하도록 도와주는 일련의 과정을 말한다.

3 정신분석 미술치료

정신분석학자들은 개인이 자신의 내면세계를 꿈, 그림 혹은 상상적 형태로 구체화하는 것에 대해 많은 관심을 가졌는데, 이러한 관점은 미술치료의 출발에 있어서 중요한 영향을 미쳤다고 볼 수 있다

정신분석 이론에 따르면, 내담자는 그림에 무의식적인 생각과 감정을 표현하며 또한 내담자 자신이 느낀 것을 그림으로 나타낸다(Isaksson et al, 2009).

정신분석 미술치료에서는 자유연상, 꿈의 해석, 저항과 전이의 분석, 해석 등의 기법을 사용하는데 특히 내담자가 상상이나 자유연상에 의해 자유롭게 표현하고 즉흥적으로 표현하는 것을 중요하게 여긴다. 이것은 미술로 무의식을 의식화하는 작업이다.

무의식의 의식화 과정에서 미술은 언어로 나타내지 못하는 감정, 복잡한 내면을 보다 자유롭게 표현할 수 있게 한다. 또한 내담자는 작품에 드러난 자신의 무의식을 눈으로 직접 확인함으로써 지금까지의 행동의 원인과 자신의 생각이나 감정이 어디서 비롯되었는지를 통찰할 수 있게 된다.

(1) 미술치료기법

○● 자유화

치료사는 내담자에게 무엇이든 생각나는 것을 그림으로 그리게 하고 그림에 나타난 장면이나 형상들에 대해 자유롭게 이야기 하도록 한다. 치료사는 그림에 나타난 상징에 대해 해석한다.

○● 핑거페인팅

물감을 손에 묻혀 종이 위에 찍거나 바르거나 문지르는 등의 자유로운 작업을 유도하는 기법이다. 손에 묻는 것을 싫어하는 내담자들에게는 비닐장갑을 사용하도록 할 수 있다. 미술치료 초기나 후기에 사용하며 정서적 안정, 저항의 감소, 감정의 이완, 작업촉진, 스트레스 해소 등에 도움을 준다.

○● 어린 시절 그리기

어린 시절의 기억, 특히 내담자가 느끼는 최초 기억은 내담자의 치료에 중요한 역

할을 한다. 치료사는 내담자가 기억하고 있는 어린 시절을 회상하고 그것을 자유롭게 표현하도록 한다. 이때 회상을 방해할 수 있는 언어표현에 주의해야 한다.

○● 난화 그리기

다양한 크기의 종이와 연필 지우개, 색칠도구가 필요하다. 종이에 자유롭게 직선이나 곡선을 그려 이미지를 연출한다. 연상 작업을 통해 난화에서 찾은 그림을 내담자의 심리 및 생활과 관련시켜 이야기를 나눈다. 그림에서 나타나는 자신의 내면의 메시지를 찾아본다.

4 청소년 대상 정신분석 미술치료 사례

심리치료는 어느 한 가지 이론만을 바탕으로 진행되지는 않는다. 여러 가지 이론들 중에 내담자의 문제와 성격에 적합한 이론을 중심으로 다양한 이론을 복합적으로 활용하여 심리치료를 진행한다.

내담자 지훈(가명)군은 면담과 심리검사의 결과를 파악한 후 치료 초반부에는 정신분석 이론을 바탕으로 하여 무의식을 검토해보는 치료 계획을 세웠다. 고등학교 1학년 1학기 5월에 치료를 시작하여 2학년 여름방학 전까지 1년 2개월 동안 주 1회 60분씩 진행하였다. 치료는 내담자가 친구들과의 소통을 시작하였고 학교도 열심히 다니며 성격이 다소 밝아지는 등 긍정적인 변화를 보여 이제 대학에 가기 위해 공부에 집중해야 할 것 같다는 부모님의 의견과 치료사의 동의하에 종결하였다.

(1) 내담자 정보

고등학교 1학년 남학생 지훈(가명)

- 9살 때 부모가 이혼을 했으며, 중학교 2학년 때 부모가 재결합을 하였다. 형제는 6살, 8살 위의 누나가 두 명 있다.
- 이혼 과정에서 서로 만만찮게 강한 성격의 아버지와 어머니의 심하고 긴 다툼이 있었다.
- 이혼 후 지훈이는 아버지에 의해 양육되었으며 이후 4년 동안 어머니를 만나지

못했다. 어머니를 만나지 못한 이유는 할머니의 반대 때문이었다.

- 부모님은 2년 전 재결합을 하여 현재 지훈이는 부모님과 함께 생활하고 있다.
- 초등학교 6학년 때 지훈이의 행동에 이상이 있다고 느낀 아버지에 의해 정신과 진료를 받았으며 ADHA 진단을 받아 약물치료를 2년간 받은 경험이 있다.
- 최근 고등학교에 입학한 후 학교에 다니는 것을 힘겨워하고 말이 없는 성격이라 말로 표현하지는 않지만 밥도 잘 안 먹고 잠도 못자는 것 같아 다시 정신과 진료를 받고 우울증을 진단받아 약을 복용하다 중단하였으며 미술치료를 권유받아 센터에 오게 되었다.
- 지훈이의 어머니는 아이의 속을 알 수 없어 답답하다는 말을 자주 하면서 이게 다 이혼 때문이라고 자책하기도 했다. 이혼하고 시어머니가 아이를 못 보게 하여 아이가 충격받았고 그 때문에 지훈이의 성격이 저렇게 되었다는 이야기도 하였다. 남편과 다시 재결합한 이유도 지훈이를 위해서라고 말하였다.

(2) 내담자 관찰

지훈이는 평균보다는 조금 키가 작은 듯 했지만 발육 상태가 나빠보이지는 않았다. 지훈이의 첫인상은 눈에 초점이 없었으며 행동과 말이 느렸다. 모든 질문에 금방 답하지 못하고 일정 시간이 흐른 후 답을 하였으며, 하나하나의 행동을 시작할 때도 일정 시간의 간격이 있었다. 무언가 행동 하고 싶고 말하고 싶은데 바로 나오지 않는 것 같은 답답함을 보였다. 표정은 일관되게 무표정이었다.

지훈이는 학교에 친구가 거의 없으며 친구를 사귈 의향도 없어 보였다. 성적은 최하위였다. 선생님과도 사이가 나쁘거나 예의 없는 태도를 보이는 것은 아닌데 소통이 되지 않아 보였다. 모든 사람들과의 관계가 비슷한 것 같았다.

(3) 치료과정

미술치료는 1년 2개월간 진행하였다. 미술치료에 대한 거부감이 다소 있었지만 그림을 잘 그리지 않아도 된다고 하니 조금 편안해했다.

○● 1회기: HTP, 빗속의 사람 그림, 자유화 검사 실시

1회기에는 그림 진단 검사를 실시하였다. 지훈이는 조금 낯을 가리는 경향이 있고 말을 잘 하지 않았지만, 치료사의 지시에는 잘 따랐다. 반항적인거나 공격적인 부분은 보이지 않았다. 다만 무기력함이 매우 심해 보였고 모든 면에서 수동적이었다.

내담자의 빗속의 사람 그림 검사

비가 세차게 내리고 있고 사람은 우산도 우비도 장화도 없이 비를 맞고 있다. 그림 안의 사람은 무엇을 하고 있는지 물어보니 누군가를 기다리고 있다고 말했다. 누군가가 누구냐고 다시 물으니 엄마를 기다리고 있다고 답했다. 왜 엄마를 기다리느냐고 했더니 비가 오니까 엄마가 우산을 가지고 오실거라고 말했다. 지훈이는 많은 스트레스를 가지고 있지만 스트레스에 대처할 자원이 없어보였다.

그림 3-1 · **빗속의 사람 그림**

지훈이는 어머니가 자신을 버리고 떠났다는 미움이 있었지만 그래도 어머니는 언젠가 자신에게 돌아올 것이라는 희망도 가지고 있었다. 그런데 아무리 기다려도 어머니가 자신을 만나러 오지 않자 지훈이는 점점 무기력해졌다.

거칠고 무뚝뚝한 성격의 아버지는 무서웠고, 사나운 할머니에게는 정이 가지 않았다. 누나들은 나이 차이가 너무 많이 나서 친근하게 다가갈 수 없었다. 지훈이는 무척 외로운 어린 시절을 보냈다. 빗속의 사람 그림은 지훈이가 어머니를 기다렸던 그 때를 그린 것으로 추정된다.

빗속의 사람 그림 검사는 스트레스와 스트레스 대처능력을 알아보는 검사이다. 외적인 스트레스 요인은 비가오는 상황을 상징화하며 그 속에 사람이 보이는 자세를 그려서 관찰하는 기법이다(Oster & Gould, 1999). 내담자가 힘든 상황에서 어떻게 반응하는지, 위험한 상황에서 어떻게 반응하는지, 어려운 상황을 대처하기 위해 어떤 방어기제를 사용하는지에 대해 파악할 수 있다.

◯● 2회기: 치료적 동맹 형성, 난화 그리기

지훈이에게 난화 그리기에 대해 설명해주었다. 지훈이는 이렇게 막 그려도 되냐고 물어보면서 머뭇거리다 선을 좀 그려보더니 이내 적응이 되었는지 몰입해서 그리기 시작했다. 행동을 하기까지 시간이 걸리고 수동적이었지만, 그림을 그리는 것을 거부하지는 않았다.

그림 속의 상징에 대해 이야기할 때는 좀 어려워했다. 처음엔 아무것도 보이는 게 없다고 대답했다.

'그냥 어지러운 선들이에요..'라고 말하다가 한참 후,

"어지러운 건 제 마음도 그래요."라고 말했다. 그렇게 천천히 그림을 들여다 보다가

"아, 이건 강아지에요. 루루.. 초등학교 1학년 때부터 키우던 강아지인데 할머니가 강아지를 싫어하셔서 5학년 때 다른 집에 보냈어요."라고 말했다.

"그때 많이 슬펐니?"라고 물으니 또 한참 후,

"기억이 안나요."라고 대답했다.

지훈이는 자신의 감정에 대해 이야기 하는 것을 많이 어려워하는 것으로 보였다, 강아지에 대해 어떻게 생겼는지, 어떤 놀이를 좋아했는지에 대해서는 이야기하면서

"그때 기분이 좋았겠네?" 하고 물으면

"몰라요"라고 답했다.

지훈이의 감정을 이끌어내기 위해서 필자는 필자가 강아지를 키웠던 기억에 대해 지훈이에게 이야기해주었다. 필자의 강아지가 세상을 떠났을 때를 이야기하면서

"나는 그때 참 많이 슬펐는데, 그래서 많이 울었는데"라고 하자

"저도 울었어요. 지금도 루루가 어떻게 생겼는지 기억나요."라고 말하였다. 지훈이와 강아지에 대해 이야기 하며 공감대가 형성되었다.

그림 3-2 · **난화 그리기**

○● 4회기: 어머니에 대한 어린시절 기억

지훈이는 어머니에 대한 기억을 그리라고 하자 어머니가 자신을 뒤에 태우고 자전거를 타고가는 그림을 그렸다. 이때 어떤 그림을 그릴지 생각났는데 그림을 못그리겠다고 하여 컴퓨터에서 이미지를 보여주었더니 그릴 수 있다고 하며 그리기 시작하였다.

지훈이는 6살 무렵 어머니가 자전거 뒤에 자신을 태우고 가던 기억에 대해 생각해냈다. 지훈이는 겁이 많아 자전거 타는 것을 무서워했는데 어머니가 공원에 가서 뒤에 자신을 태우고 자전거를 탔다. 어머니 뒤에서 처음에는 내리고 싶어서 내려달라고 떼를 썼는데 한참 타고보니 무섭지 않았다고 했다.

어머니 이야기를 하면서 어머니와 헤어졌을 때의 이야기를 하게 되었다.

"엄마가 갑자기 없어졌어요."

"저는 몰랐어요."

"엄마랑 아빠랑 많이 싸우고 무섭고 그랬지만 엄마가 없어질 줄은 상상도 못했어요."

"학교 갔다 학원 갔다 집에 저녁 때 왔는데 엄마가 없었어요. 할머니가 오셨는데 엄마는 이제 안 온다고 기다리지 말고 자라고 했어요."

"사실 그땐 제가 2학년 때라 잘 몰랐어요."

"좀 무섭긴 했는데 그래도 엄마가 집을 나가도 만날 수는 있을 거라고 생각했어요."

"그런데 엄마는 오지 않았어요. 6학년 겨울방학 때 엄마를 다시 만났어요."

엄마를 만나지 못했던 시간들을 생각해보자고 하자 지훈이는 싫다고 하였다. 생각나는 게 없다고 하면서 말하지 않았다.

그림 3-3 • 어머니에 대한 어린시절 기억

○● 5회기: 아버지에 대한 어린시절 기억

지훈이는 넘어지고 부서진 의자를 그렸다. 그림에 대한 설명을 듣고 싶다고 하자 이야기를 시작했다. 다음은 지훈이의 이야기이다.

아버지는 술을 좋아하셔서 항상 밤 늦게 집에 오셨다. 그러면 어머니는 아버지에게 화를 내셨고 집안이 시끄러워졌다. 그래서 잠에서 깨던 기억이 난다. 잠에서 깨면 지훈이는 울음을 터뜨리곤 했는데 그때마다 아버지는 조용히 하라고 소리를 지르셨고 어머니는 그런 아버지에게 화를 냈다.

어머니가 화를 내고 소리를 지르면 아버지는 더 크게 소리를 질렀다. 어느 날 화를 참지 못한 아버지가 식탁 의자를 집어던졌는데 그게 천장에 맞고 떨어졌다. 의자는 다리가 부서지고 천정엔 구멍이 났으며 벽은 긁히고 상처가 났다.

지훈이는 굉장히 구체적으로 자세한 묘사를 했다.

그때의 감정은 어땠는지 이야기해보자고 하자 지훈이는 무서웠다고 말했다. 아버지가 엄마를 죽일까봐 무서웠다고 말했다. 지훈이는 지금도 아버지와 어머니는 사이가 좋지 않다고 했다. 그때처럼 과격하게 싸우지는 않지만 많이 다툰다고 했다. 그래서 그때의 기억이 자꾸 떠오르고 그때처럼 무서운 생각이 든다고 했다.

그림 3-4 • 아버지에 대한 어린 시절 기억

지훈이는 아버지에 대해서는 아직도 무서운 존재로 인식하고 아버지와 어머니가 다투는 날이면 항상 불안했던 것 같다. 어머니에 대해서는 어머니가 언제라도 또 다시 사라져버릴지 모른다는 생각에 불안했을 것이다. 지금도 안정감을 주지 못하는 아버지와 어머니의 관계는 지훈이의 무의식에 존재하던 아버지의 과거의 폭력성을 지훈이의 마음 위로 떠오르게 했을 것이다. 어머니의 갑작스러운 부재로 인해 생긴 불안, 기다려도 오지 않는 어머니를 기다릴 때의 무력감은 해결되지 않고 지훈이의 무의식에 남아있어 스트레스 상황이 닥치면 지훈이를 불안하게 했으며 이는 우울증을 유발했을 것으로 해석할 수 있겠다.

Ⅱ 인지행동 이론과 미술치료

인지행동 미술치료는 인지행동 이론을 기반으로 한 미술치료이다. 즉 인지행동 치료에 미술치료를 접목한 것이다. 미술활동 속에서 인지적 측면을 다루어 내담자가 자신의 내면의 생각과 느낌을 표출하면서 자기인식과 통찰을 경험하게 하는 것이다. 다시 말하면, 미술활동을 통해 사고나 신념을 인식할 수 있도록 도와주어 왜곡된 신념을 수정할 수 있도록 한다.

1 인지행동치료 이론

아론 벡(Asron Beck, 1921~2021)은 1960년대 초 원래 인지치료(CT:cognitive therapy)라고 불리었던 일종의 심리치료를 개발했다. 인지치료는 지금은 인지행동치료(CBT: Cognitive Behavioral Therapy)와 동의어로 사용되고 있다. 벡의 인지행동치료는 현재의 문제를 해결하고 장애를 일으키는 행동을 수정하는 방향으로 유도하는 치료법으로 우울증을 위한 구조적이고 단기적이며 현재지향적인 심리치료법이다(Beck, 1964). 이 치료법은 처음에는 우울증 환자들을 대상으로 개발되었으나 다른 문제에서도 탁월한 효과를 보이자 여러 심리 문제에 적용되고 있다.

인지행동치료에서는 심리적 문제가 개인의 상황자체보다는 개인이 상황을 어떻게 해석하는지에 의해 발생한다고 보았다. 인지행동치료의 초점은 자동적 사고와 핵심 신념을 추적하는 것이다. 인지행동치료의 기본 개념에 대해 살펴보면 다음과 같다.

(1) 핵심신념

벡은 우울증의 원인은 인간이 가지고 있는 왜곡된 신념이라고 했다. 이 왜곡된 신념을 긍정적으로 변화시켜주면 우울증을 고칠 수 있다는 것을 여러 임상사례에서 발견하였다.

인간은 생애초기 양육자에 의해 보살핌을 받으면서 세상을 경험한다. 그런데 이 때 양육자에 의해 재대로된 보살핌을 받지 못하면 부정적인 왜곡된 핵심신념이 형성되며 이 핵심신념은 부정적 자동적 사고를 유발한다. '세상은 아름다운 곳이다.', '안전한 곳이다.', '나는 사랑받는 존재이다.'라는 것은 긍정적인 핵심신념이다. 양육환경이 조화롭고 안정적일 때 아동은 이러한 긍정적인 핵심신념을 형성하게 되며 긍정적 자동적 사고를 할 수 있게 된다.

(2) 자동적 사고와 인지행동치료

인간의 마음 가장 깊숙한 곳에 있는 핵심신념은 자동적 사고에 영향을 미친다. 자동적 사고란 어떠한 사건을 접했을 때 자동적으로 떠오르는 생각을 의미하는데, 유년기부터 반복된 경험과 타인과의 관계를 통해 형성된 신념으로부터 발생하게 된다 (Beck, 1976).

자동적 사고는 부정적 차원과 긍정적 차원으로 구성되는데 부정적 차원의 자동적 사고, 즉 부정적 자동적 사고는 심리적 문제와 직접적으로 관련이 있는 것으로 알려져 있다. 예를 들면 어떤 사람이 길을 가다 넘어졌을 때 긍정적 자동적 사고를 하는 사람은 '아, 별로 안다쳤네, 다행이다.'라는 생각이 스치듯 지나가면서 아무 일도 일어나지 않은 것처럼 다시 일상으로 돌아간다. 그런데 부정적인 자동적 사고를 하는 사람은 '나는 정말 되는 일이 없어.'라는 생각을 하면서 하루종일 우울해질 수 있다. 두 사고의 차이는 핵심신념에서 비롯된다. 전자는 긍정적인 핵심신념을 가지고 있는 사람의 예이고 후자는 왜곡된 핵심신념을 가지고 있는 사람의 예이다

심리적 부적응을 일으키는 부정적 자동적 사고를 긍정적으로 수정해주면 심리적 문제를 해결할 수 있다. 부정적 자동적 사고를 수정하기 위해서는 핵심신념의 수정이 필요하다. 이것이 인지행동치료이다.

(3) 인지적 오류

벡은 초기에는 우울증 환자들을 연구하고 치료하였는데 이들이 자신과 자신의 미래, 자신의 환경에 대해 비현실적이고 비판적인 생각을 많이 가지고 있음을 발견했다. 이런 생각들은 사소한 자극에 의해 자동적으로 생성되는 경향이 있기 때문에 벡은 이를 부정적인 자동적 사고라 불렀다. 이러한 자동적 사고는 어떤 사건이 일어났을 때 그 의미를 해석하는 과정에서 체계적인 인지적 오류를 범하기 때문에 생겨난다. 벡의 인지적 오류에 대해 살펴보면 다음과 같다.

- **이분법적 사고**: 완벽하게 성공하지 못한 것은 실패, 100점이 아니면 0점, 칭찬 아니면 비난 등과 같이 생활 사건의 의미를 이분법적인 범주 중 하나로 해석하는 사고를 뜻한다. 흑백논리적 사고라고도 한다.

- **과잉 일반화**: 몇개의 부정적인 사건이나 특수한 경험에 기초하여 결론을 내리고 이와 무관한 상황에도 이 결론을 적용시키는 것이다. 이러한 결론은 미래의 행동에 영향을 미친다. 예를 들어 시험에서 실패한 학생이 '나는 앞으로 어떤 일에도 항상 실패할 거야.'라고 믿는 것이다. 이렇게 단 한 번의 부정적인 사건과 마주했을 때 이러한 사건들을 끝나지 않는 실패의 패턴이라고 생각하게 되는 것이다.

- **개인화**: 자신과 무관한 사건을 자신과 관련된 것으로 잘못 해석하는 것을 말한다. 예를 들어 학교복도를 지나가다가 모여서 이야기하던 학생이 크게 웃었다면 그들은 자신들의 이야기가 재미있어서 웃은 것인데도 '나를 보고 웃었다'고 믿는 것이다. 즉 모든 일들을 자신과 연관시켜 생각하기 때문에 다른 사람들의 눈치를 살피게 되고 위축되게 된다.

- **파국화**: 예상되는 결과들 중에 최악의 결과에 비중을 둔다. 즉 어떠한 사건에 대해 엄청나게 안 좋은 결과가 나타날 것이라고 생각하는 것이다.

- **의미의 확대 및 축소**: 생활 사건의 의미나 중요성을 지나치게 확대하거나 축소하는 것이다. 다시 말하면 자신의 결정을 극대화하거나 장점을 너무 축소하는 것을 의미한다. 우울한 사람들은 부정적인 사건의 의미나 중요성을 확대하고 긍정적인 일의 의미나 중요성은 축소하는 경향이 있다.

- **임의적 추론**: 충분한 증거가 없거나 혹은 정반대의 증거에도 불구하고 어떤 성급한 결론을 내리는 것이다. 말하자면 상황에 대한 비극적 결말이나 최악의 시나리오를 생각하는 것을 말한다. 예를 들어 이성친구가 바빠서 연락을 자주 못하는 것을 '이제 그가 나를 멀리하는구나'라고 결론을 내리고 헤어질 결심을 하는 것이 임의적 추론이다.

벡은 이러한 인지적 오류를 범하는 밑바탕에는 어린 시절의 경험에 의해 형성된 왜곡된 핵심신념이 있다고 주장하였다.

2 인지행동치료의 과정

(1) 치료 목표

내담자 자신의 부정적 사고를 인식하고 변화시키는 역량 강화에 주력하여 왜곡된 인지를 수정하여 재구성하도록 한다. 그렇게 하여 내담자가 합리적이고 생산적인 삶을 살아갈 수 있도록 한다.

(2) 치료과정

- 내담자의 부적응적이고 자동적인 사고를 관찰하고 파악한다.
- 인지 정서 행동 간의 관련성을 인식한다.
- 자신의 자동적 사고에 대해 유지해도 되는지 아니면 잘못되었는지 판단하도록 한다.
- 편향적인 인지를 좀 더 현실적인 대안적인 사고로 대체한다.
- 경험을 왜곡하게 만드는 역기능적 신념을 파악하여 수정한다.
- 내담자가 보다 적응적이고 합리적인 사고를 하도록 교육하고 내적 적응전략을 가르친다.
- 위의 새로운 기술을 삶에 적용할 수 있도록 내담자를 돕는다.

3 청소년 대상 인지행동 미술치료

(1) 치료목표

미술활동을 통해 내담자의 인지적 과정에서 발견되는 역기능적 신념과 사고 과정의 인지적 오류와 왜곡을 인식하고 수정하도록 도와주어 생활 속에서 일어나는 여러가지 사건을 융통성 있게 해석할 수 있도록 하는 것이다.

(2) 치료과정

- **상황점검:** 언제 부정적인 정서가 생기는지 상황과 사건을 생각한다.
- **신념체계 점검:** 내담자는 매체를 활용한 작품활동을 통해 자신의 의지, 감정, 생각과 접촉하게 된다. 미술활동은 사고나 감정을 시각화할 수 있다. 따라서 미술표현을 통해 내담자 자신의 사고나 신념을 인식할 수 있도록 도와준다.
- **탐색:** 작품 속에 나타난 자신의 왜곡된 사고나 신념에 대해 내담자 스스로 발견할 수 있도록 한다.
- **논박 및 효과:** 탐색한 자신의 왜곡된 인지에 대해 현실검증을 하고 그에 대한 교정작업이 이루어진다. 모든 과정을 미술매체를 통해 안전하게 경험할 수 있다.

(3) 치료기법

루빈(Rubin, 2012)의 인지행동 미술치료기법을 살펴보면 다음과 같다.

첫째, 발견하기, 촉진하기, 강화하기, 심상바꾸기 – 내담자의 작품 속에 드러난 왜곡된 점을 찾아 수정하도록 돕는다.

둘째, 그림 및 작품을 비교하고 대조하기 – 작품들 속에 나타난 왜곡된 부분이나 과장된 부분을 탐색하도록 한다.

샛째, 신중하게 문제가 되는 특정 상황을 선택하여 그려보기

넷째, 느낌과 마음상태를 시각적인 은유로 창조하기

다섯째, 작품에 표현된 문제해결 방법을 탐색 발견하여 실행해보기

말키오디와 로줌(Malchiodi & Rozum, 2012)의 인지행동 미술치료과정에 대해 살펴보면 다음과 같다. 말키오디와 로줌은 치료의 방법으로 이미지를 추천하며 다음의 방법을 일부 혹은 전부를 사용할 것을 제시하였다.

- **스트레스 요인의 이미지 만들기**
  부정적 감정을 유발하는 스트레스 요인을 찾아내는 것이 대응 전략을 만들고

이해하는 데 매우 중요하다. 따라서 치료사는 내담자에게 부정적 행동을 유발하는 사건이나 상황, 사람의 이미지를 기록하도록 하는 방법을 사용할 수 있다.

- **스트레스 요인에 어떻게 대처할지에 관한 이미지 만들기**

위기를 대처하는 자신의 모습에 대한 이미지 등을 만들어 보게 한다.

- **문제의 단계별 관리에 관한 이미지 만들기**

내담자의 문제를 작게 나누어서 좀 더 쉽게 해결할 수 있는 부분이나 요소를 구분하도록 도움을 줄 수 있다.

- **스트레스를 줄여주는 이미지 만들기**

부정적인 경험을 정지 시키는 데 사용할 수 있으며, 이완작용을 일으키는 데 도움이 된다.

(4) 치료사와 내담자의 관계

치료사는 내담자를 있는 그대로의 한 인간으로 수용함과 동시에 개방적 태도와 공감적 태도를 통한 친밀한 치료관계를 형성한다. 작품을 만들고 이야기를 나누는 과정에서 치료사와 친밀한 관계를 형성할 수 있다.

4 청소년 대상 인지행동 미술치료 사례

(1) 내담자 정보

내담자: 초등학교 6학년 남학생 민규(가명)

○● 의뢰 사유

학교에서 갑자기 폭언과 욕설을 하고 집에서는 동생을 괴롭히고 때리는 등의 행동을 하여 어머니에 의해 치료에 의뢰되었다.

○● 내담자와 내담자 어머니와의 면담을 통해 얻은 내담자 정보

- 내담자는 2남 중 장남이다. 두 살 터울의 동생이 있다. 아버지는 대기업에 다니고, 어머니는 회사에 다니다 퇴직하고 자영업을 한다. 내담자를 낳고 어머니는 3개월 만에 다시 직장에 나가게 되어 그때부터 내담자는 여러 양육 도우미에 의해 양육되었다. 한 양육 도우미의 양육 기간은 6개월 정도였고 대부분 할머니들이었다.

- 출근할 때 아이를 맡기고 퇴근할 때 데리고 오는 방식이었다. 어머니의 말에 의하면 아이를 돌봐주신 할머니들은 모두 아이가 얌전하고 말을 잘 듣는다고 하였다. 세 살까지 그렇게 다른 사람의 도움을 받아 양육을 하다 동생이 태어나고부터는 외할머니가 아이들을 양육하였다.

- 어머니는 내담자가 유독 자신에게 집착하고 자신의 눈치를 너무 보고, 동생을 미워한다고 하였다. 어린 동생을 안아주면 동생을 밀치고 자신을 안아달라고 하는 등 질투심이 많았다. 별일 아닌데도 동생에게 야단을 치고 화풀이를 하는데 그게 몇시간씩 계속된다. 동생은 유순하고 사랑스러운 아이라 내담자를 잘 참아주지만 너무 힘들어 한다.

- 최근 학교에서 수업시간에 갑자기 친구에게 욕을 하고 노트를 집어던져 담임선생님이 상담을 권유하였다. 2학년, 4학년 때 상담을 받은 경험이 있는데 큰 변화는 없었다. 내담자 어머니는 사실 내담자의 동생은 성격이 좋아 너무 사랑스럽게 느껴지지만 내담자는 너무 예민한 성격에 모든 일에 사사건건 트집을 잡아 아들이지만 미울 때가 많다고 하였다,

- 내담자 아버지는 회사일이 바빠 아이들과 시간을 보내는 일이 별로 없고 아이들 일은 전적으로 어머니가 맡고 있다. 내담자는 아버지를 조금 어려워한다.

(2) 내담자 관찰

내담자는 똑똑해 보이는 인상에 상냥하게 미소를 잘 지었다. 적극적인 태도로 질문에 답을 잘하였는데 상대방에게 잘 보이려고 하는 게 몸에 베어있는 것 같았다. 성적도 상위권이고 또래에 비해 어휘능력도 좋았다.

이야기를 나누는 시간이 길어지자 눈 깜빡임이 심하고 손을 자주 움직이는 등의

불안증세를 보였다.

동생에 대해서는 공부도 못하고 바보같다고 말하였다. 아버지에 대해서는 아무 느낌이 없고 자신은 엄마를 너무 좋아하는데 엄마는 자신을 싫어한다는 말을 했다.

(3) 치료전략과 목표

내담자의 면담과 심리검사, 그림진단 검사 결과 후 사례개념화를 하여 치료전략과 목표를 수립하였다. 내담자는 불안과 공격성이 좀 높았다. 다른 사람에게 사랑받아야 하고 인정받아야 한다는 생각이 너무 강해 평상시에는 다른 사람들에게 친절하게 대하고 양보하다가 자신의 인정받고자 하는 욕구가 충족되지 않았을 때 부적응적인 행동이 나오는 것으로 판단되었다. 따라서 인지행동치료를 기반으로 하여 미술활동을 통해 원인이 되는 왜곡된 사고를 수정하여 적응적인 행동을 습득하도록 하는 것을 치료 목표로 하였다

(4) 치료과정

1회기 60분 주 1회, 총 24회기를 진행하였다.

치료과정 중에서 왜곡된 신념, 비합리적 신념, 부정적자동적 사고의 수정에 관해 진행한 회기를 제시하여 인지행동 미술치료의 이해를 돕고자 하였다

◦● 4회기

만화그리기 활동을 하면서 감정을 탐색해보았다.

감정을 탐색하는 시기로 '언제 화가나?', '왜 화가나?', '누구 때문에 화가나?', '화날 때 나는 어떻게 해?'라는 주제로 자신이 어떤 상황에서 감정이 격해지고 화를 내는지 그 이유가 무엇인지, 화를 나게하는 대상은 누구인지, 그럴 때 자신의 행동은 어떤지에 대해 인식하는 작업을 하였다.

화가 나는 상황과 이유 대상에 대한 왜곡된 사고를 깨닫게 하고 그것이 유발하는 부정적 자동적 사고에 대해 설명해주어 내담자 스스로 이해하고 생각할 수 있는 시간을 주었다.

만화 속의 장면을 설명해달라고 하자 민규는

"공부하고 있는데 동생이 말을 시켰어요."라고 했다.

"대답을 해주면 되는데 왜 그 상황에 화가 났니?"라고 질문하자.

민규는 "동생이 방해를 해서 화가났어요."라고 답했다.

"그랬구나. 그런데 동생이 일부러 방해를 한거니?"라고 물었다.

민규는 "그건 아닌거 같아요."라고 답했다.

"그럼 동생의 이야기를 듣고 난 후 공부를 계속해도 되는게 아닐까?"라고 질문했다.

"그렇지만 그럼 공부의 흐름이 깨지잖아요."라고 민규는 답했다.

"그럼 동생에게 앞으로는 '형이 공부할 땐 조금 있다가 이야기를 해줄래?'라고 말하는 건 어떨까?"라고 물었다.

민규는

"그런데 그런 상황이 너무 자주 반복돼요."라고 말했다.

"그건 네가 동생에게 네 의견을 정확하게 이야기하지 않아서 같은데?"라고 묻자

"맞아요. 그렇게 이야기 한 적은 없어요.. 화가 나서 화를내고 싸우고 그랬어요."

"그럼 앞으로는 동생에게 너의 의견을 정확하게 이야기하고 규칙을 정하는 건 어떨까?"

민규는 "그래도 동생은 무조건 말을 걸걸요."라고 말했다.

"음.. 너는 아직 말해보지 않았잖아? 한 번 말해보고 나서 생각해볼까?"

민규는 "아! 네 그렇네요."라고 답하였다.

다시 물었다.

"그런데 네가 '동생은 나를 괴롭히는 존재'라고 생각하고 있기 때문에 동생이 말을 걸자 화가 난 게 아닐까?"

"만약 동생에 대해 그렇게 생각하고 있지 않았다면 동생이 말을 걸었을 때 '왜? 무슨일이야?' 하고 평범하게 받아들였을 거 같은데?"

"한 번 생각해볼까?"라고 말하며 민규의 부정적 자동적 사고를 유발하는 동생에 대한 역기능적 신념에 대해 민규가 탐색하고 깨달을 수 있도록 대화를 나누었다.

그림 3-5 • 만화그리기

○● 7회기

'내 안에 숨어 있는 또 다른 나 찾기'라는 주제로 그림을 그리도록 했다. 다른 사람들은 모르는 자신만이 느끼고 알고 있는 자신의 숨은 모습에 대해 생각해보는 시간을 가졌다. 자신에 대한 왜곡된 신념이 어떤 것인지 살펴보고 그것을 긍정적으로 수정하는 작업을 하였다.

민규는 처음엔 머뭇거리다가 작업을 하면서 이야기를 하기 시작하며 많은 이야기를 쏟아 놓았다. '친구 아버지는 친구가 집에서 게임을 할 수 있게 모든 장비를 갖춘 게임방을 집에 만들어주었는데 정말 너무 좋았다. 그것 때문에 친구들이 그 아이랑만 놀고 나랑 친했던 아이들도 그 애랑 더 친해지고 정말 부러웠다. 나는 항상 아이들을 부러워한다. 어렸을 때 같은 아파트 사는 아이들이 다 가지고 있는 장난감이 나만 없었다. 아버지가 못 사게 해서다. 그래서 나도 있다고 거짓말했는데 들통이 났다. 그때 너무 속상했다. 사실 친구가 너무 부럽다. 아버지는 너무 돈을 아껴서 좋은 걸 잘 안 사주신다. 그래서 어렸을 때 친구들한테 창피한 적이 많았다.'

이야기를 듣고 민규의 비합리적 신념에 대해 설명해 주고 그것을 논박하는 작업을 통해 자신이 잘못 생각하고 있었던 것을 깨달을 수 있도록 하였다.

그림 3-6 • 내안에 숨어 있는 나

○● 23회기

데칼코마니 활동을 하면서 왼쪽에 있는 그림과 오른쪽에 있는 그림이 똑같지만 어떤 것들이 달라졌을지에 대해 이야기 하는 시간을 가졌다. 치료를 시작하기 전의 나와 지금의 나는 똑같은 모습이지만 내면은 달라져 있다는 것을 스스로 인식하고 달라진 점을 유지하기 위해 어떤 노력을 해야하는지에 대해 스스로 이야기하도록 하였다.

Ⅲ 인간중심 이론과 미술치료

인간중심 미술치료의 특성은 인간중심 이론을 기초로 하여 내담자의 자기실현을 촉진하는 것이다. 유기체로서 자신의 이상적인 자기와 현실적 경험에서 오는 실제적 자기가 일치하는 경험을 통해 잠재된 창조성이 발현되고 이것이 치료로 이어진다. 이 과정은 내담자가 충분히 기능하는 인간으로 활성화할 수 있도록 돕는 과정이다.

인간중심 미술치료는 내담자에게 성장환경을 제공하여 심리적 적응과 연관 있는 창조성과 자율성의 기능을 활발하게 하여 스스로 삶의 문제를 해결하는 힘을 키움으로써 자신의 삶을 긍정적인 방향으로 이끌어갈 수 있도록 한다.

1 인간중심 치료 이론

칼 로저스(Carl Rogers, 1902~1987)에 의해 창시된 인간중심 치료 이론은 인간을 긍정적인 존재로 본다. 로저스는 인간은 긍정적인 변화를 위한 내면의 동기와 잠재능력을 지니고 있는 존재라고 말한다. 또한 지금 여기 있는 이대로 충분한 가치를 지닌 소중한 존재로서 인간을 존중한다.

인간중심 치료에서는 개인은 스스로 성장하고 발전할 수 있는 능력을 가지고 있기 때문에 내담자에게 성장할 수 있는 안전하고 믿을만한 환경을 조성해주면 내담자는 스스로 변화할 수 있다고 전제한다. 따라서 인간중심 치료는 비지시적이며 내담자중심의 치료법이다.

인간중심 치료에서는 내담자의 책임능력과 현실을 더 완전하게 직면할 방법들을 내담자 스스로 발견할 수 있다고 강조한다(Corey, 2001). 따라서 인간중심 치료에서의 치료사는 권위자가 아니며 내담자는 치료사의 지시에 따르는 수동적인 존재가 아니다. 그렇기 때문에 인간중심치료에서 치료사와 내담자는 평등한 관계이며 서로 성장을 공유하는 협력자이다.

로저스는 인간은 단순히 어떤 목적지에 도달하고자 하는 것을 목적으로 하지 않는다고 하였다. 인간의 삶의 궁극적인 목적은 끝없는 발전과 성장의 과정이기 때문이다.

인간중심 이론의 주요개념에 대해 살펴보면 다음과 같다.

2 주요개념

(1) 자기실현 경향성

인간은 살아있는 생명체로서 유기체이다. 유기체인 인간은 성장하고 발전해 잠재력을 최대한 끌어올리려는 경향, 즉 자기실현 경향성을 가지고 있다. 이러한 자기실현 경향성을 발현시켜주는 것이 인간중심 치료의 목표이다.

유기체인 인간은 환경과 상호작용하며 살아가면서 다양한 경험을 하게 된다. 그러면서 인간은 자신의 경험을 스스로 평가하게 된다. 이것을 유기체적 평가과정이라고 한다.

　유기체인 인간이 자신의 경험을 평가히면서 자기실현에 도움이 되는 경험들을 더욱 추구하게 되고 그렇지 않은 것은 피하게 되는데 이것은 인간에게 자기실현 경향성이 있기 때문이다.

(2) 현상학적 장

　인간이 주관적으로 경험하는 모든 세계는 현상학적 장이다. 현상학적 장은 개인이 주관적으로 경험하는 현실이기 때문에 동일한 사건, 상황에서 각 개인은 다르게 행동한다. 즉 모든 인간은 서로 다른 독특한 특성을 보인다.

(3) 자기와 자기개념

- **자기**: 인간중심 치료에서 가장 중요한 구성개념이다. 자기에 대한 인식은 어린아이가 내면에서 지각되는 경험과 타인에 대한 경험을 구별할 수 있게 되면서 발달한다.
- **자기개념**: 현재 자신이 어떤 사람인지에 대한 인식을 말한다. 현실적 자기와 이상적 자기가 있다. 현실적 자기는 현재의 자기 모습을 반영한 것이고, 이상적 자기는 중요한 타인에게서 긍정적 존중을 받기 위한 가치조건을 반영한 자기 모습이다.

(4) 충분히 기능하는 인간

　자신의 유기체적 경험을 자기개념과 일치하는 것으로 받아들여 통합함으로써 건강한 심리적 적응을 가능하게 하는 인간상이다.

　유기체는 개인의 모든 경험을 말하는 반면 자기는 유기체의 경험 중 자신에 해당하는 부분을 말한다.

　유기체와 자기의 구분은 개인의 자기가 전제적인 심리적 경험과 불일치할 가능성이 있다는 것이며 이러한 불일치를 부조화라고 한다. 반면 자기의 경험과 지각이 유기체의 전체 경험과 일치할 때 이를 일치라고 한다. 자기와 유기체의 일치는 적응, 성숙, 완전히 기능하는 인간이 될 수 있게 한다.

(5) 가치조건

중요한 타인이 부여한 가치에 의해 그 경험을 긍정적 또는 부정적으로 평가하는 것을 말한다. 가치조건을 자기개념의 일부로 내면화한 아이는 이와 일치하지 않는 자신의 특성 또는 경험을 불쾌한 것으로 여긴다. 아이에게는 자신을 유지하고 발전시키려는 내재된 유기체의 욕구와 더불어 학습된 욕구가 있는데 긍정적인 존중과 자기존중의 욕구이다. 이는 유아기 양육자와의 관계 속에서 성장할 때 나타난다.

아이는 두 살 무렵 긍정적인 존중이나 인정을 받으려는 강한 욕구를 발달 시킨다. 이 욕구는 너무 강해서 인정을 받기 위해 아이는 거의 항상 양육자를 찾는다. 그렇지만 양육자가 매 순간 아이를 주시하고 있는 것은 아니기에 아이는 항상 인정받을 수는 없다.

아이는 인정받은 감정과 행동, 인정받지 못한 감정과 행동을 구분하기 시작한다. 그러면서 아이는 삶의 가치와 조건을 이해하고 지각하기 시작한다. 양육자의 칭찬이 자신의 유기체적 경험과 일치하지 않아도 양육자의 칭찬을 내면화하고 칭찬받는 행동을 하게 된다. 왜냐면 그렇게 하지 않으면 부정적인 평가의 고통을 겪어야 하기 때문이다.

(6) 자기와 경험의 불일치

자기와 경험의 불일치는 중요한 타인의 긍정적 존중을 통해 자존감과 가치감을 높이려는 과정에서 실현 경향성에 의한 자신의 유기체적 욕구와 가치조건을 통해 긍정적 존중을 얻으려는 욕구 사이의 갈등으로 인해 발생한 불일치를 말한다.

이때 개인은 자신의 유기체적 경험을 무시하고 중요한 타인이 원하는 가치와 기준을 내면화하여 자신의 경험을 자기구조에 통합하지 못하게 되면서 심리적 부적응이 일어난다. 개인의 유기체적 경험과 자기개념 간의 불일치가 클수록 행동은 더욱 혼란스러워진다.

3 증상의 형성

개인은 타인으로부터 존중받고자 하는 자기존중의 욕구와 자신이 경험하는 타인의 평가와의 사이에 불일치가 커지면 불안감이 생긴다. 이것은 심리적 문제를 일으키게 된다. 인간중심 이론을 기반으로 하는 인간중심 치료는 내담자의 자기개념과 유기체적 경험 간의 불일치를 제거해주고 내담자가 느끼는 자기에 대한 위협과 그것을 방어하려는 방어기제를 없애도록 도와주는 것이다. 이렇게 하면 내담자는 충분히 기능하는 인간이 될 수 있다.

4 치료과정과 기법

(1) 치료과정

내담자는 이해받고 수용된다는 느낌이 생기면서 방어하지 않게 되고 자신의 경험에 개방적이 된다. 자신을 있는 그대로 받아들이게 되고 창조적으로 행동하게 된다. 이렇게 변화를 경험한 내담자는 자신의 삶을 스스로 이끌어나갈 수 있는 힘을 가지게 된다.

(2) 내담자를 대하는 상담자의 태도

① 공감적 이해

치료사가 내담자의 경험과 그것이 치료의 과정에서 순간순간 내담자에게 갖는 의미를 민감하고 정확하게 이해하려는 노력을 공감적 이해라고 한다. 공감적으로 이해하는 것은 다른 사람의 입장을 헤아리는 것이다.

치료사가 내담자의 입장에 자신을 놓아봄으로써 내담자 개인의 세계를 자신의 것처럼 느끼고 이해하는 것이다. 이렇게 공감적으로 내담자를 이해한 치료사는 자신이 이해하고 있다는 것을 내담자가 알도록 전달해야한다.

이것은 치료사가 경청하고 이해한 것이 내담자가 정말 치료사에게 말하고자 한 것이며 이해받고자 한 것인지 확인하기 위해서이다. 그렇기 때문에 내담자로부터 이해한 바를 치료사는 내담자에게 전달해야한다. 바꾸어 말하기, 명료화, 해석의 방식으로 반영해주는 것이 효과적인 전달방법이다.

② 무조건적 긍정적 존중(수용)

무조건적 긍정적 존중이란 치료사가 내담자를 평가하거나 판단하지 않고 내담자의 행동적 특성과 경험을 있는 그대로 수용하면서 존중하는 태도를 의미한다. 내담자는 무조건적 긍정적 존중과 수용을 경험하면서 자신에 대해 보다 긍정적인 느낌을 갖게되고 자존감이 향상되는 등의 변화를 일으킨다.

무조건적 긍정적 존중은 중요한 치료적 요소이다. 치료사가 내담자를 인정할수록 내담자는 다른 대인관계를 더 많이 형성하게 된다. 내담자를 인정한다는 것은 내담자의 조건, 행동, 감정에 상관없이 내담자를 무조건적인 자기가치를 지닌 한 사람으로 존중한다는 의미이다.

③ 진실성

로저스는 치료사가 치료관계에서 자신을 있는 그대로 인정하고 수용하고 표현할수록 내담자가 건설적인 방향으로 변화하고 성장할 가능성이 커진다고 보았다. 치료사가 내담자와의 관계에서 경험하는 자신의 생각, 감정, 태도를 있는 그대고 솔직하게 인정하고 표현하는 것이 중요하다. 이것을 치료사의 일치성 또는 진실성이라고 한다. 치료사의 이러한 태도는 내담자의 자기탐색과 표현을 촉진시키는 역할을 한다. 치료사의 일치성을 바탕으로 하는 자기개방은 치료관계를 심화시킬 수 있다.

5 청소년 대상 인간중심 미술치료

(1) 치료목표

인간중심 미술치료는 미술이라는 매개체를 통해 한 개인의 성장 가능성을 일깨우고 창조성을 발전시키며 자기실현으로 나아가게 하는 것을 치료목표로 한다.

문제를 경험하고 자의 혹은 타의로 치료실을 방문하게 된 청소년들은 대부분 가정이나 학교에서 지지와 수용을 받은 경험이 없으며 지시적인 환경에서 통제적인 생활을 해왔을 가능성이 크다.

청소년들이 미술이라는 매체를 활용하여 자신의 문제를 구체화시키고 치료사와 평등한 관계를 유지하며 지지와 조력을 받는다면 스스로 문제를 해결할 힘을 갖게 될

수 있다. 즉 자기실현과 성장을 경험하게 되는데 이것이 청소년을 대상으로 하는 인간중심 미술치료의 목표이다

(2) 치료과정

인간중심 미술치료에서는 치료사와 내담자의 진실한 관계를 중요시한다. 치료사는 내담자에게 무조건적 긍정적 존중과 공감적 이해의 태도를 보여야 하며 또한 진솔한 모습으로 대해야 한다.

내담자가 미술매체를 활용하여 자유롭게 자신을 표현할 수 있는 안전한 분위기를 제공함으로써 자신의 부정적인 모습도 수용된다는 믿음을 갖도록 한다.

내담자는 심리적 안정감을 느끼면 내면의 깊은 곳까지 탐색할 수 있게 된다. 이러한 탐색과정에서 내담자는 기쁨, 환희, 자유 등의 진정한 자기를 경험하게 되며 자기실현을 이룰 수 있게 된다.

6 청소년 대상 인간중심 미술치료의 사례

다음은 학교 부적응 청소년의 학교 적응과 우울감 감소를 위한 인간중심 미술치료 사례이다.

(1) 내담자의 정보와 의뢰 사유

내담자 가영(가명)이는 중학교 1학년 여학생으로 학교에 가지 않겠다고 하여 부모님이 상담을 의뢰한 학생이다. 어머니와의 갈등이 심하고 우울감을 호소하고 있으며 아버지와는 별로 대화 없이 생활하고 있다.

내담자의 어머니는 매우 예민한 성격으로 통제적이고 비판적인 성향을 가지고 있어 내담자는 어머니에 대해 잔소리가 너무 심해 짜증이 난다고 말한다. 옷 입는 것, 밥먹는 것 등 내담자의 모든 것을 통제하는 어머니와 거의 매일 부딪히며 내담자가 심하게 반항하기도 한다. 어머니는 내담자가 과체중이라고 생각하여 살을 빼야 하기 때문에 먹는 것을 통제하고 있다고 말한다.

내담자의 아버지는 내담자의 학교생활에 대해 큰 관심이 없다. 일부러 관심을 갖

지 않는 것은 아니고 일을 하고 집에 오면 쉬고 싶은 생각에서 자식에 관한 것은 아내에게 맡겨버리는 편이다. 내담자와의 관계는 나쁘지 않다.

내담자는 온라인상의 따돌림을 당하고 있었다. 단체방에서 이유 없이 강제퇴장을 당하고, 자신이 친구에게 보낸 메시지를 모든 아이들이 공유하여 읽으면서 내담자를 놀리고 험담하는 등 내담자가 느끼기에 너무 심한 모욕을 당하고 있어 더 이상 학교에 갈 수 없다고 하며 결석과 조퇴를 반복하고 있는 상황이다.

(2) 인간중심 미술치료 진행과 결과

총 20회기로 진행되었으며 초기단계, 중기단계 종결단계로 살펴보면 다음과 같다.

○● 초기단계: 신뢰형성 및 자기인식 단계(1~4회기)
‣ 안전하고 신뢰로운 치료적 환경을 조성하였다.
‣ 가영이의 등교 거부에 우선적으로 초점을 두지 않고, 현재 가영이가 느끼는 고통을 표현하도록 하였다.
‣ 가정 및 학교에서 견디기 어려운 갈등에 대해 표현하도록 하였다.
‣ 자기표현을 통해 긍정적이거나 부정적인 감정을 경험하도록 하여 가영이가 자신이 처한 상황으로부터 자신을 인식하게 하였다.

그림 3-7 · 강한 나

가영이는 자신이 이렇게 힘이 있는 사람이면 좋겠다고 말하였다. 자신은 항상 쭈뼛거리고 말을 잘 못하고 당하고만 산 것 같아서 누군가에게 강하게 맞설 수 있는 사람이 되고 싶다고 말하였다.

○● **중기 1단계: 자기탐색과 표출**(5~10회기)
‣ 가영이의 억압된 내면을 스스로 탐색하여 표출할 수 있도록 하였다.
‣ 이를 통해 가영이가 진정한 자신의 모습을 발견하고 솔직한 자기 내면을 바라보고 느끼고 경험하도록 하였다.

그림 3-8 · 내면의 분노

가영이는 어머니의 통제가 너무 힘들다고 했다. 겨우 몇몇 친구들과 사이가 좋아져서 편의점에서 같이 저녁을 사 먹고 친구 집에 가서 놀고 오려고 했는데, 어머니가 편의점 음식은 칼로리가 높아 살이 찌는데 그걸 먹으면 어떻게 하냐고 집에 와서 먹으라고 심하게 화를 내서 그냥 집으로 오게 되었다고 말하며 가영이는 매우 속상한 표정을 지었다.

친구들과 친해지려면 같이 어울리고 같이 먹기도 하고 그래야 하는데 어머니는 친구와 잘 지내라고 하면서 친구와 어울리는 것을 싫어한다고 말하며 그린 그림이다. 어머니의 과도한 간섭 때문에 친구들과 멀어지고 따돌림을 당하게 된 것이라고 말하며 어머니를 원망하는 마음을 표현했다.

○● **중기 2단계: 자기수용과 자기이해(11~16회기)**

‣ 가영이가 자신이 겪는 고통, 자신의 갈등 및 문제를 둘러싸고 있는 배경을 이해하도록 하였으며 이러한 과정을 통해 자기 수용력이 증대되도록 도왔다.

‣ 가영이의 감정을 명료화시켜주고 감정과 상황을 직면하도록 하였다. 가영이가 성장하는 과정에 있는 자신을 수용하고 자율적으로 기능 할 수 있도록 도움을 주었다.

‣ 이렇게 자신에 대해 탐색하고 알아가면서 가영이는 자신의 긍정성을 스스로 찾을 수 있는 힘을 가질 수 있게 되었다.

그림 3-9 · **거울 속의 나**

거울 속의 자신의 모습을 바라보면서 자신을 세심히 관찰하고 그림을 그렸다.

가영이는 자신은 외모에 대한 컴플렉스가 있다고 말했다. 어머니가 항상 살이 찐 것에 대해 지적하고 음식에 대해 너무 심하게 잔소리를 해서 정말 '나는 살찐 돼지인가?'라고 생각했다고 말했다. 그런데 자신의 모습을 자세히 보니 그렇게 살이 많이 찐 것도 아니고 물론 마르지는 않았지만 키도 크고 얼굴도 하얗고 장점도 많다고 말하였다. 그러면서 중요한 건 외모가 아닌데 너무 외모에 신경을 쓰는 건 좋지 않은 것 같다고 하며 자신의 긍정적인 부분을 스스로 잘 찾아내고 인정했다.

○● **종결단계: 자기성찰과 자아통합**(17~20회기)

‣ 가영이는 자신을 가치 있는 존재로 인식하게 되면서 자신을 믿고 통합할 수 있 게 되었다. 자아존중감이 향상되고 긍정적인 자세를 갖게 되었으며 자신감을 회복하면서 감정을 재정립할 수 있게 되었다.

‣ 가영이는 치료 초반엔 전학을 고려하는 등 심각한 상황이었으나 치료를 진행 하면서 친구들과의 관계가 조금씩 개선되어 다시 학교생활을 유지하고 있다.

그림 3-10 · **소망나무 만들기**

소망나무 만들기를 하며 자신이 앞으로 바라는 것에 대해 이야기를 나누었다. 소 망나무에 적은 소망들을 이루기 위해 열심히 노력할 것이라고 이야기 했으며 소망 중 의 하나는 앞으로 친구들을 이해하는 사람이 되고 싶다고 적었다며 웃었다. 가영이는 미술치료를 경험하면서 자신을 이해하고 수용할 수 있게 되었으며 또한 타인을 이해 하는 마음도 갖게 되는 등 긍정적인 변화를 보였다.

청소년 미술치료의
시작

청소년 미술치료의 시작은 내담자의 방문에서부터 비롯된다. 사실 청소년 내담자가 혼자 방문하지는 않는다. 좀 더 세밀한 시작을 말하자면 문의 전화가 그 시작이다. 보호자, 주로 어머니의 문의 전화가 오고 대략 간단한 이야기를 들은 후 예약을 한다. 예약을 한 후 어머니와 내담자 청소년이 방문을 한다.

이러한 과정을 통해 내담자가 치료실에 방문하면 치료사와 내담자의 만남이 이루어진다. 이후 면담 과정을 거쳐 치료사는 내담자에게 시행할 검사를 선택하여 심리검사를 실시한다. 검사의 결과와 면담의 내용과 주변 사람들의 진술을 통해 수집된 정보 등을 종합하여 치료계획을 세운다. 치료는 계획대로 진행될 수도 있지만 부득이한 이유로 계획대로 진행되지 못할 수도 있다.

Ⅰ 면담

면담은 내담자를 관찰하고 평가할 수 있는 기회로 이때 얻어야 할 정보가 많다. 면담을 진행한 후 내담자에게 필요한 심리검사를 결정하며 면담에서의 정보와 심리검사의 결과를 종합하여 내담자의 치료계획을 세우기 때문이다.

면담에서 얻어야 할 정보는 다음과 같다.

• 내담자의 주 호소문제
• 현재 및 최근의 주요상태
• 내담자의 스트레스 원인
• 문제 해결에 필요한 내담자의 강점
• 내담자의 개인사와 가족사
• 내담자의 외모와 행동관찰

(1) 내담자의 주 호소문제

치료실에 오게 된 이유와 내담자를 힘들게 하는 문제가 언제, 어디서, 어떻게, 누구와 함께 있을 때 발생하는지, 또한 얼마나 지속적으로 일어나는지, 그때의 감정은 어떤지에 대해 질문한다. 도대체 내담자가 어떤 점에서 어려움을 겪고 있는지, 그 어려움은 어디에서 비롯되었는지, 내담자가 도움을 받고 싶은 부분은 구체적으로 무엇인지에 대해 확실하게 파악해야 한다.

(2) 현재 및 최근의 주요상태

내담자의 출석과 성적, 가족 내 갈등 등 내담자의 최근 기능 및 적응상태를 확인한다. 내담자가 현재 호소하고 있는 고통이 내담자의 생활에 어떤 영향을 미치고 있으며 얼마나 긴급하게 다루어져야 하는지를 판단하기 위해서이다.

(3) 내담자의 스트레스 원인

내담자에게 스트레스가 될 조건과 상황, 그리고 그 영향은 어떤 것인지 파악한다. 또한 내담자가 자신의 스트레스의 원인에 대해 이야기 하는 것은 내담자 스스로 자신의 스트레스를 어떻게 이해하는지를 확인하는 데 도움이 된다.

(4) 문제 해결에 필요한 내담자의 강점

내담자의 자원과 보호요인을 파악한다. 내담자가 기댈 수 있고 지원받을 수 있는 사람이 주변에 있는지를 알아본다.

(5) 내담자의 개인사와 가족사

가정 내부에 관한 질문은 조심스럽게 해야한다. 가족 내의 비밀스러운 이야기를 묻는 것은 자칫 질문을 받은 사람의 기분을 상하게 할 수도 있고 반감을 살 수도 있기 때문이다. 또한 그러한 이야기를 하는 데에는 용기가 필요하므로 질문을 할 때 최대한 상대방을 배려해야 하며 객관적인 태도를 유지해야 한다.

부모의 원가족 내력, 부모의 부부관계, 내담자의 형제관계, 가족의 기능수준, 가족이 가지고 있는 문제 등을 파악한다. 부모의 직업과 직책이 무엇인지 등의 가족 정보는 내담자가 어떤 환경 속에서 성장해 왔는지를 유추해 볼 수 있는 중요한 자료가 된다.

또한 내담자가 이전에 심리치료를 받은 경험이 있는지, 있다면 그때의 문제는 무엇인지에 대해 확인한다. 또는 의학적 진단을 받았다면 그 결과에 대해서도 파악한다.

(6) 내담자의 외모와 행동관찰

내담자의 신체적 특성, 외모, 의복, 예의, 의사소통양식, 인지적 능력, 언어적 기술, 자발성, 특이행동 등에 대해 관찰한다.

언어적인 정보 이외에 비언어적인 정보도 중요하다. 옷차림, 표정, 머리 모양, 청결도, 눈 마주침의 적절성, 대화하는 행동과 태도, 예의 등은 내담자를 이해하는 중요한 자료이다. 예를 들면 우울이 심한 사람은 옷차림과 단정한 머리 모양, 청결 등에 신경 쓸 마음의 여유가 없어 보통의 사람들과 눈에 띄게 다를 수 있다.

Ⅱ 심리검사의 활용

심리검사는 개인의 성격, 지능, 적성 같은 인간의 다양한 심리적 특성들에 대해 파악하고자 하는 목적을 가지고 다양한 도구들을 이용하여 양적·질적으로 측정하고 평가하는 절차를 말한다.

(1) 심리검사의 목적

표면적으로 드러나지 않은 문제를 확인하고 진단하기 위해서, 문제 증상이나 행동의 심각성 및 정도를 파악하기 위해서, 변별진단을 위해서, 특수한 영역의 지능 평가를 위해서, 성격 측면이나 전반적인 지능 수준을 평가하기 위해서 심리검사를 실시한다.

(2) 검사 선택 시 고려사항

○● 목적에 부합하는 검사인지

선택한 심리검사가 내담자의 문제를 파악하기 위한 목적을 달성하기에 적절한 검사인지 고려해야 한다. 내담자의 문제와 관련성이 없는 검사를 진행하는 것은 내담자의 시간과 돈을 허비하는 것이 된다.

○● 표준화 검사인지

표준화 검사란 규준집단, 검사의 타당도, 신뢰도가 검증된 검사이다. 내담자는 검사 제작 시의 규준집단에 포함되어야 한다. 예를 들면 내담자가 중학교 2학년 학생이라면 중학교 2학년 학생이 포함된 집단을 대상으로 표준화한 검사를 사용해야 한다는 의미이다.

타당도란 검사가 측정하고자 하는 내용을 충실하게 측정했는지를 말한다. 타당한 검사가 되기 위해서는 검사가 본래 목적했던 내용을 충실히 측정해야하고 그럴 때 검사의 타당도가 높다고 말할 수 있다.

신뢰도란 검사점수가 시간의 변화에도 얼마나 일관성 있게 측정되는지의 정도를 말한다. 검사점수가 측정하는 사람에 따라, 검사실시의 시기에 따라 혹은 검사문항의 표집에 따라 어느정도 안정적으로 일관성을 유지할 때 신뢰도가 좋은 검사라고 할 수 있다.

○● 검사의 실용성에 대해

검사실시와 채점이 간편해야하고 비용면에서 부담이 적어야 한다. 검사의 실시 시간이 너무 길고 검사의 내용이 복잡하면 내담자는 지루하게 여겨 성실히 응답하지 않을 수 있다. 불성실하게 응답한 검사결과로는 내담자를 파악하기 어렵다.

Ⅲ 심리검사의 유형

심리검사는 크게 객관적 검사와 투사검사로 구분할 수 있다.

(1) 객관적 검사

- 검사에서 제시되는 문항이 그 내용이나 의미가 객관적으로 명료화되어 있어 모든 사람에게 동일한 방식의 해석이 내려질 것을 기대하는 검사이다.
- 검사에서 평가되는 내용이 검사의 목적에 부합하여 일정하게 준비되어 있으며 피검자가 일정한 형식에 따라 반응 하도록 되어 있다.
- 검사 결과를 통해 나타난 개인의 특성과 차이는 점수화하여 평가한다.
- 객관적 검사의 목적은 개인의 독특성을 측정하기보다는 개인들을 상대적으로 비교하는 데 있다.
- 웩슬러 지능검사, 다면적 인성검사, 성격유형 검사 등이 객관적 검사의 예이다.

○● 객관적 검사의 장점

- 검사 실시의 간편성 - 검사의 시행, 채점, 해석이 간편하다.
- 검사의 신뢰도와 타당도 확보 - 검사의 제작과정에서 신뢰도와 타당도가 확보되었다.
- 객관성 증대 - 검사자나 상황 변인의 영향을 덜 받으며 검사자의 주관성이 배제되어 검사결과의 객관성이 보장된다.

◯● **객관적 검사의 단점**

- 사회적 바람직성의 영향을 받을 수 있다 – 피검자가 문항의 내용을 보고 자신의 있는 그대로의 속마음을 답하지 않고 사회적으로 바람직하다고 생각되는 방향으로 답할 가능성이 있다.
- 반응경향성이 나타날 수 있다 – 일정한 흐름에 따라 응답하고자 하는 개인의 특성이 결과에 영향을 미칠 수 있다. 예를 들면 피검자가 부정적으로 일관된 반응을 하거나 긍정적으로 일관된 반응을 할 수 있다. 이렇게 반응한 검사의 결과는 신뢰할 수 없기 때문에 피검자의 문제를 파악하는 데 도움을 받을 수 없다.
- 문항내용이 제한된다 – 정해진 문항에만 답해야 하므로 문항 외의 상황이나 특정상황에서의 특성과 상황간의 상호작용을 밝히기 어렵다.

(2) 투사검사

- 투사검사란 모호한 검사 자극에 대한 개인의 반응을 분석하여 성향을 평가하는 심리 검사의 주요 기법 중 하나이다.
- 비구조적 검사과제를 제시하여 반응을 무제한적으로 허용한다.
- 검사 지시 방법이 간단하고 일반적인 방식이 주어지며 개인의 독특한 심리적 특성을 측정하는 것이 주 목적이다
- 주제통각검사, 집나무사람검사, 인물화검사 등이 그 예이다.

◯● **투사검사의 장점**

- 반응의 독특성 – 검사 반응이 개인에 따라 다르게 나타난다. 따라서 개인을 이해하는 데 효과적이다.
- 방어의 어려움 – 자극의 내용이 불분명하고 모호하여 피검자가 적절한 방어를 하기 어렵다.
- 반응의 풍부함 – 자극이 모호하고 응답에 제한이 없으므로 개인의 반응이 다양하게 표현된다.
- 무의식적 내용의 반응 – 모호한 자극은 평소에 의식되지 않았던 사고나 감정을 자극할 수 있다.

○● **투사검사의 단점**

• 신뢰도 – 검사의 신뢰도가 전반적으로 낮으며 특히 검사-재검사 신뢰도가 매우 낮다.

• 타당도 – 검사결과의 해석이 대부분 객관적으로 입증되는 자료가 아닌 임상적인 증거를 근거로 하므로 타당도 검증이 어렵다.

• 반응에 대한 상황적 요인의 영향력 – 검사자의 태도, 피검자의 태도와 상태, 검사자에 대한 피검자의 선입견 등 여러 상황적 요인들이 검사반응에 영향을 미친다.

Ⅳ 청소년 대상 심리검사의 종류

1 지능검사

(1) 웩슬러 지능검사

① 웩슬러 아동 지능검사 5판(K-WISC-V): 만 6세에서 만 16세 11개월까지를 대상으로 하기 때문에 대부분의 청소년은 이 도구로 지능검사를 진행한다.

② 웩슬러 성인 지능검사 4판(K-WAIS-Ⅳ): 만 16세 0개월부터 만 69세 11개월까지의 청소년과 성인의 인지능력을 평가할 수 있도록 만들어진 임상 도구이다.

2 객관적 성격검사

(1) 성격유형검사(MBTI)

융(Carl Gustav Jung)의 이론을 토대로 개발된 심리검사로 두 개의 태도 지표(외향-내향, 판단-인식)와 두 개의 기능 지표(감각-직관, 사고-감정)에 대한 개인의 선호도를 밝혀서 4개의 선호 문자로 구성된 개인의 성격 유형을 알려준다. 따라서 MBTI 검사 결과로 생길 수 있는 성격 유형은 모두 16가지가 된다. 만 14세 이상의 청소년부터 성인에게 사용할 수 있다. 만 14세 미만의 청소년의 성격유형 검사는 MMTIC로 진행한다

(2) 미네소타 다면적 인성검사(MMPI)

세계적으로 가장 널리 쓰이고 가장 많이 연구되어 있는 객관적 성격검사이다. 일차적 목적은 정신과적 진단분류를 위한 측정이다. 진단을 위해서뿐 아니라 정상인들의 성격특성, 정서적 적응수준, 검사에 임하는 태도 등 다양한 심리내적 영역을 측정할 목적에서 원판 MMPI의 개정판인 성인용 MMPI-2와 청소년용 MMPI-A가 사용되고 있다.

(3) 다요인 인성검사(16PF)

카텔에 의해 개발된 개인의 근본적인 성격특성 파악을 위한 검사이다. 거의 모든 성격 범주를 포괄하고 있기 때문에 개인의 성격이해에 적합하다. 14개의 성격 척도인 온정성, 자아강도, 지배성, 정열성, 도덕성, 대담성, 예민성, 공상성, 실리성, 자책성, 진보성, 자기결정성, 자기통제성, 불안성 척도와 특수 척도로 구성되어 있다.

(4) TCI 검사

TCI는 Temperament and Character Inventory의 준말로, 성격 및 기질 검사를 이르는 말이다. TCI에서는 기질이 유전적으로 타고나고, 성격은 후천적으로 발달된다고 본다. 로버트 클로닌저 등의 학자들이 고안한 심리검사이다.

기질은 유전적으로 타고나는 특성으로, 자극에 대해 자동적으로 일어나는 반응 성향을 의미하며, 이에 반해 성격은 보다 덜 유전적이고 후천적으로 발달되는 편으로 의식적으로 추구하는 목표 및 가치에서의 개인차를 의미한다.

기질의 차원은 새롭거나 낯선 것에 끌리고 시도해 보는 성향인 자극 추구, 위험하거나 두려운 상황을 경계하고 피하려는 성향인 위험 회피, 타인의 감정, 표정 등 사회적 신호를 민감하게 파악하고 반응하는 성향인 사회적 민감성, 곧바로 보상이 주어지지 않아도 행동을 꾸준히 지속하려는 성향인 인내력이 있다.

성격의 차원은 자신이 선택한 목표와 가치를 인식하고 이를 달성하기 위해 자기를 조절하는 특성인 자율성, 타인과의 관계 속에서 자신을 지각하고 다른 사람들과 조화롭게 지내는 특성인 연대감, 우주 만물과 자연 속에서 자신을 지각하고 일체감을 느끼는 특성인 자기 초월이다.

3 투사적 성격검사

(1) 로샤검사(Rorschach Inkblot Test)

로샤검사는 임상실제에서 널리 사용되는 대표적인 투사검사이다. 피검자의 성격적 특성을 알아보기 위해 헤르만 로샤(Hermann Rorschach)가 잉크반점으로 제작한 검사이다. 인지, 정서, 자기상, 대인 관계 등 성격의 종합적인 정보를 제공해준다.

총 10장의 카드로 구성되었으며 1, 4, 5, 6, 7번 카드는 흑백, 2, 3번 카드는 흑백과 붉은 색이 혼합되어 있는 반면 8, 9, 10번 카드는 여러 색으로 혼합되어 있다. 각각의 카드는 여러가지 형태와 색체, 음영, 공간 등과 같은 지각적 속성으로 구성된다. 각 잉크반점은 비체계적이고 불분명하고 명백한 대상이나 사물을 나타내지 않으므로 다양한 반응을 유발한다

검사 실시 시 검사자는 피검자와 나란히 앉거나 90도 방향으로 앉아서 간략하게 검사에 대해 소개한다.

반응단계, 질문단계, 채점단계로 진행되는데 반응단계에서 검사자는 '이것이 무엇으로 보이나요?(반응내용)'하고 질문한다. 피검자가 대답하면 피검자의 말과 표현을 그대로 기록한다.

이후 질문단계에서는 피검자가 반응단계에서 반응한 것을 기록한 내용을 그대로 읽어주며 그것을 어디에서 그렇게 보았는지(반응위치), 어떻게 해서 그렇게 보았는지(반응결정요인)를 설명해달라고 요청한다. 검사자는 피검자의 말을 반응기록지에 기록지에 기록한다. 이를 토대로 피검자의 성격파악과 병리상태에 대해 해석한다.

로샤검사는 기능적 정신장애의 임상 진단이나 역동진단에 보다 적절한 정보를 제공해주기 때문에 내담자의 의뢰된 문제에 따라 시행 여부를 결정하도록 한다.

(2) 집-나무-사람검사(HTP검사)

백지 4장과 연필, 지우개를 준비한다. 한 장씩 피검자에게 제시하며 처음에는 집 그림을, 두 번째는 나무그림을, 세 번째는 사람 그림을 그리고 다음에는 세 번째 그린 사람의 반대 성을 그리도록 한다. 각각 그림을 그리고 나서 피검자에게 그림에 대한 질문을 한다.

집-나무-사람은 모든 사람들에게 친숙한 표현이며 또한 개인의 무의식과 관련된 풍부한 상징을 나타내기 때문에 많이 활용되는 투사검사이다.

집그림은 피검자의 가정생활, 가족 간의 상호작용과 연관해서 해석할 수 있으며, 나무그림은 피검자의 무의식적 자기를 나타낸다고 볼수 있다. 사람 그림은 현실에서 느끼는 피검자 자신에 대한 모습, 자기개념, 신체상 등의 정보를 제공해준다고 볼수 있다.

사람그림에 통상적으로 자신의 성을 먼저 그리는데 만약 다른 성을 먼저 그렸다면 성정체감, 성역할에 대해 주의 깊게 살펴볼 필요가 있다.

(3) 문장완성검사(sct 검사)

문장완성검사는 이미지가 아닌 텍스트에 기반하여 스토리에 주의를 기울이는 투사검사이다. 다수의 미완성 문항을 피검자가 자기생각대로 완성하도록 하는 검사로 스스로 자신의 삶을 되돌아보는 시간을 제공하고 그것을 텍스트로 완성할 수 있도록 함으로써 피검자의 특성을 이해하는 방식이다.

문장완성검사는 질문에 대한 답이 아니기 때문에 방어가 감소하고 잠재된 욕구, 감정, 태도, 야망들이 보다 잘 드러날 수 있다는 장점이 있다.

미완성문장 구성은 가족 영역, 성적 영역, 대인관계 영역, 자기개념 영역의 네 가지 영역으로 이루어져 있다. 모든 투사적 검사와 마찬가지로 분석시 문장완성검사 자체의 단독 분석만이 아니라 다른 투사적 검사에서 얻은 자료와의 비교를 통해 피검자를 이해해야 한다.

성인용, 청소년용, 아동용이 구별되어 있다

4 그림 진단검사

(1) 자유화검사

매체나 주제를 피검자가 스스로 결정하도록 해서 그리게 하여 그린 내용을 분석하는 검사이다. 자유화는 그림 그리는 것에 거부감이 있거나 자신감이 없는 사람에게 심리적인 부담감, 저항감 등의 거부감을 감소시킬 수 있다. 신뢰도, 타당도 확보가 안

되었다는 것에 유의해야 한다.

(2) 나무그림검사

피검자에게 과일나무를 한 그루 그리도록한다. 그림에는 피검자의 무의식적인 내용이 반영된다. 나무그림을 통해 피검자의 무의식 상태와 자아를 추론해 볼 수 있다.

(3) 풍경구성법(LMT)

종이에 강, 산, 밭, 집, 길, 나무, 사람, 동물, 돌, 꽃을 차례대로 그려넣게 하고 색을 칠하게 한다. 색칠을 다 한 후 피검자와 그림에 대한 이야기를 나눈다. 진단과 치료에 모두 사용된다.

(4) 인물화검사(DAP)

인물화에는 피검자의 정서, 갈등, 성격 등이 투사된다고 본다. 자유화에 비해 저항이 적어 심리검사에 널리 활용된다.

Ⅴ 미술치료 사례개념화

1 사례개념화의 의미

- 사례개념화는 치료사가 치료의 목표와 전략을 수립하기 위해 내담자와 관련된 정보를 근거로 하여 문제의 원인, 촉발 계기, 유지요인에 대해 세우는 가설이다. 미술치료의 실시에서도 의뢰된 내담자에 대한 면담과 심리검사를 통해 얻은 정보를 토대로 한 신중한 사례개념화가 필요하다.

- 사례개념화를 통해 치료사는 치료에 대한 자신감을 얻을 수 있는데(Hill, 2005) 이러한 자신감은 내담자에게 전달되어 내담자는 치료사가 자신을 위해 신뢰할 수 있는 계획을 가지고 있다는 믿음이 생기게 된다. 이러한 믿음은 치료의 효과를 증가시키는 결과를 가져온다(Hill, 2005).

- 사례개념화를 통해 치료사는 내담자의 역동을 이해하고 내담자에 대한 다양한 전략을 수립할 수 있다.

- 치료사와 내담자의 작업은 내담자가 스스로를 이해하고, 이해한 것을 바탕으로 자신을 수용하고, 이해와 수용을 바탕으로 자신을 확장해 나가는 일련의 성장촉진 과정이다(서은경 외, 2021). 치료사는 내담자의 역량을 키우고 내담자의 환경에서 내담자를 보호할 수 있는 요인이 무엇인지 찾아내어 활용할 수 있어야 한다. 그러기 위해서 치료사는 내담자에 대한 통합적이고 객관적인 자료를 확보해야 한다. 이 확보된 자료로 치료사는 내담자에 대한 치료의 전략과 목표를 세운다.

- 이러한 사례개념화는 내담자의 문제 해결에 적용하기에 적절한 이론을 근거로 하여야 한다. 따라서 치료사는 상담이론에 대한 숙지가 필요하다.

- 사례개념화를 사례 공식화라 표현하는 정신역동적 접근에서는 내담자 문제의 원인이 되는 무의식적인 심리 과정과 갈등에 초점을 둔다. 인지적 접근을 토대로 한 사례개념화에서는 내담자의 문제와 증상을 촉발시키는 내담자 자신과 타인 그리고 자신의 역기능적인 신념과 사고에 중점을 두고 있다(이호정, 2010).
- 미술치료에서의 사례개념화는 언어상담에서의 사례개념화와 다르지 않다. 다만, 심리검사의 실시 과정에 미술심리진단을 추가한다.

2 미술치료에서의 사례개념화

- 미술치료의 사례개념화는 면담에서 얻은 정보, 심리검사, 미술활동과 작품을 근거로 한다. 즉, 일반적인 언어상담의 사례개념화 요소에 미술활동의 평가를 포함시키는 것이다. 미술활동과 작품이 지닌 심상, 무의식 표현 등의 활용이 내담자의 문제, 욕구, 강점 등에 반영되어야 하며 이것의 반영이 미술치료 사례개념화의 장점의 일부가 된다(정현희, 2020).
- 작품활동 과정과 작품은 언어상담으로는 한계가 있는 내담자의 무의식적 정보를 얻을 수 있다는 장점과 내담자의 욕구, 인지 정서 행동적 측면, 자아개념, 대인관계 등을 시각적 이미지인 작품을 통해 파악하여 치료 계획에 반영할 수 있

게 한다.

- 이때 중요한 것은 치료사의 능력이다. 미술치료사는 미술활동의 상징적 요소를 파악할 수 있는 능력이 있어야 한다. 내담자의 언어적 보고와 미술활동 과정과 작품이 나타내는 바에 차이가 있을 수 있다. 미술치료사는 이때 언어적인 보고로는 탐색하지 못하는 내담자의 정서표현, 양가 감정, 욕구, 갈등, 방어기제 등을 발견하고 이를 탐색하여 내담자를 이해할 수 있다.

3 미술치료 사례개념화의 구성요소

(1) 신청 계기 및 촉발내용

내담자가 심리치료를 신청하게 된 결정적 계기와 관련된 내용

(2) 내담자의 현재 주 호소문제

내담자를 힘들게 하는 문제들은 무엇인지? 그 문제들 중에서 가장 시급한 문제는 무엇인지?

(3) 내담자의 과거력과 발달사의 주요내용

- 선천적인 장애가 있는지, 있다면 어느 시기에 발병했는지?
- 출생 시, 유아기의 건강상태는 어떠했는지?
- 발달과제를 잘 수행하고 있는지?
- 내담자가 이전에 심리치료의 경험이 있는지, 있다면 그때의 문제는 무엇이었는지?
- 의학적 진단을 받았다면 결과에 대해서

(4) 내담자의 생활환경과 문화적 배경

- 부모의 원가족 내력, 부부관계, 형제관계, 가족의 기능수준, 가족이 가지고 있

는 문제 파악

- 부모의 사회적 지위, 교육 정도, 정신적 건강내력 등 파악
- 교우관계에 대해 - 친한 친구가 없거나 함께 어울리는 사람이 없음은 문제가 될 수 있다. 교우관계 및 사회관계는 현존하는 문제를 평가하는 척도가 된다.
- 내담자는 사회적, 경제적, 문화적 배경에도 영향을 받는다. 따라서 내담자의 사회 문화적 배경의 이해는 문제 해결을 위한 전략과 방법에 중요한 요소가 된다.

(5) 내담자 개인 및 환경의 보호요인 방해요인

- 치료의 긍정적 효과를 위한 상황과 내담자의 강점은 무엇인지
- 치료 진전의 부정적 상황과 내담자의 약점은 무엇인지

(6) 미술치료의 목표와 전략

- 최종 혹은 장기목표, 과정 혹은 단기목표, 상담전략, 목표달성의 예상 장애 요소를 파악한다.
- 미술매체 및 미술 활동 계획을 세운다.

4 미술치료 사례개념화 예시

■ 사례개요

내담자는 중학교 3학년, 남학생 영민이다. 초기 어린 시절 매우 병약했다. 아버지는 그런 내담자를 못마땅하게 생각하였다. 내담자와는 달리 활동적이고 강인한 아버지는 갈수록 불만스러워했다. 어머니는 따뜻한 성격으로 내담자를 보호해 주었지만 유약하여 내담자에 대한 아버지의 불평불만을 막아주지는 못했다. 내담자는 아버지가 무서웠으며 아버지만 보면 주눅이 들어 웬만하면 마주치지 않고 피해다녔다. 그런 채로 계속 생활해 오다가 올해 내담자는 몸이 아프다는 이유로 조퇴와 결석이 늘어났고 이제는 등교거부를 하고 있다.

어머니와 내담자의 면담, 객관적 심리검사와 그림 진단검사를 실시한 후 다음과 같은 사례개념화를 하였다.

(1) 의뢰 계기 및 촉발내용

내담자는 올해 들어 갑자기 몸이 아프다고 하며 조퇴와 결석을 하기 시작했다. 반 친구들하고도 다툼이 잦아지고 관계가 악화되었다. 최근에는 학교를 그만두겠다 며 가지 않고 있다.

(2) 내담자의 현재 주 호소문제

내담자는 담임선생님이 자신에게 너무 무섭게 대하고 작은 잘못에도 크게 화를 내는 탓에 불안하여 학교에 갈 수가 없다고 하였다. '나만 미워하는 선생님이 너무 무섭고 마주치기 싫다. 그래서 학교에 가기 싫다.'는 것이 내담자의 주 호소내용이다.

(3) 내담자의 과거력과 발달사의 주요내용

내담자는 어려서 몸이 약하고 병치레를 많이 했다. 내담자의 아버지는 이를 못 마땅하게 여기고 내담자는 그런 아버지가 불편하고 무서웠다. 내담자의 아버지는 왜소하고 병약한 내담자와는 다르게 신체가 건장하고 목소리가 매우 크며 남성성이 강해 위압감이 드는 외모와 성격으로 아들도 자신과 닮았으면 하는 마음이 컸다. 그래서 더욱 내담자를 볼 때마다 불만이 표정에 나타났고 이것이 내담자를 더욱 불안하게 했다. 어머니는 내담자를 잘 이해하고 감싸주는 따뜻한 성격이지만 조용하고 자기주장을 잘 하지 못해 남편에게 아들을 잘 대해주었으면 좋겠다는 말은 하지 못하고 마음으로만 내담자를 안쓰러워했다.

(4) 내담자의 생활환경과 문화적 배경

내담자의 아버지는 사업을 하고 있으며 경제적으로 유복한 환경이다. 아버지의 집안은 전체적으로 가부장적인 분위기로 남녀의 성역할을 분리하는 보수적인 문화이다. 내담자의 소심하고 여린 성격에 대해 집안 어른들은 걱정어린 시선을 보내곤 했다.

(5) 내담자 개인 및 환경의 보호요인(강점)

내담자는 학교성적이 상위권에 속하며 웩슬러 지능검사 결과 지능지수가 높게 나왔다. 이해력이 높고 논리적인 성향을 가지고 있는 학생이다. 내담자는 자신의 문제에 대해 깊이 있는 탐색을 어려워 하지 않을 것이라고 보인다. 또한 호기심 많고 미술에 흥미를 가지고 있는 점은 미술치료에 대한 내담자의 강점이다.

내담자의 가정의 경제적인 유복함은 보호요인이라고 할 수 있으며 따뜻하고 조용한 성품의 어머니도 내담자에게 도움이 될 수 있다.

(6) 치료의 목표와 전략

○● 가설 세우기
- 내담자는 아버지와 성향이 비슷한 담임선생님의 모습에서 아버지에 대한 전이가 일어나 담임선생님이 자신을 미워하고 자신에게 이유 없이 화를 낸다고 생각한다. 그리고 담임선생님을 보면 어렸을 때 아버지로 인해 불안했던 감정들이 다시 재경험되어 그 상황을 피하고 싶어 결국 등교를 거부하게 되었을 것이다.
- 내담자는 어린시절 자신이 또래들보다 몸이 약하고 왜소한 까닭에 친구들이 자신을 괴롭힐 것이란 두려움이 있었다. 그래서 친구들과 잘 어울리지 못했다. 자라면서 그런 부분의 생각은 없어지고 친구들과도 원만히 지냈는데 최근 학년이 바뀌고 새로운 담임 선생님에 대한 불편한 감정을 느끼면서 친구들과의 관계에도 문제가 생기기 시작했다. 아버지와 비슷한 담임선생님으로 인해 무의식 속에 잠재되었던 친구들이 자신을 괴롭힐지 모른다는 어렸을 때의 두려움의 기억이 되살아나 심리적 혼란을 경험하기 때문이라고 추정된다.

○● 가설에 따라 목표와 전략
- 정신역동적 치료에 인지 행동 치료적 요소를 접목하여 치료를 진행한다.
- 내담자는 아버지와 성향이 비슷한 담임선생님의 모습에서 아버지에 대한 전이가 일어나 담임선생님이 자신을 미워하고 자신에게 이유 없이 화를 낸다고 생각한다. 그리고 담임선생님을 보면 어렸을때 아버지로 인해 불안 했던 감정들이 다시 재경험되어 그 상황을 피하고 싶어져 결국 등교를 거부하게 되었다. 심

리검사 결과 불안이 높게 평가되었다.

• 이러한 내담자에게 치료사는 어린시절 아버지와의 관계를 지료사와 재경험하
도록 하여 재구성할 수 있게 한다. 그럼으로써 아버지에 대한 불안을 해결한다.
아버지에 대한 감정을 해결하고 나면 아버지로 보였던 담임선생님에 대한 불안
한 감정도 사라지게 될 것이라 기대한다.

• 내담자는 어린시절 자신이 또래들보다 몸이 약하고 왜소한 까닭에 친구들이
자신을 괴롭힐 것이란 두려움이 있었다. 그래서 친구들과 잘 어울리지 못했다.

• 자라면서 그런 부분의 생각은 없어지고 친구들과도 원만히 지냈는데 최근 학
년이 바뀌고 새로운 담임선생님과의 관계가 악화되면서 친구들과도 잦은 다툼
을 벌이는 등 관계에 문제가 생겼다. 아버지와 닮은 담임선생님으로 인해 어린
시절 친구들이 자신을 괴롭힐지 몰라 두려워 했던 감정을 다시 경험하기 때문
이라고 보인다. 이 부분에 대해서는 인지행동적 치료를 진행하도록 한다. 내담
자의 잘못된 생각에 대해 바로잡아주고 친구들과의 관계회복을 위한 과제를 내
주도록 한다.

청소년 미술치료의
유형과 방법

미술치료의 유형에는 개인미술치료, 집단미술치료, 가족 미술치료 등이 있다. 개인미술치료는 내담자와 미술치료사 간에 일대일로 미술치료가 진행된다. 대체로 주 1회~2회로 실시되며 시간은 45분~60분 정도가 적당하다. 치료 중도에 작품을 끝내는 것은 좋지 않으며 회기가 종결되기 이전에 작품을 정리할 시간을 주는 것이 좋다.

집단미술치료는 집단심리치료에 미술치료를 도입한 것으로 미술치료의 특성을 개인이 아닌 집단에 적용한 방법이다. 개인미술치료와 달리 치료사와 내담자, 집단원들 간의 상호작용이 일어나고 그러한 과정 속에서 자신을 통찰하고, 타인을 이해하게 된다. 집단원 전체의 역동성을 고려하면서 참여자 각자의 자발성과 사회성을 향상시키는 장점이 있다. 활동 과정 중에서 상호교류를 가능하게 하며 이를 통해 가족관계를 비롯한 대인관계 기술을 향상시킬 수도 있다. 또한 생활문제 해결에 필요한 태도와 자기관리 능력을 기르게 하는 데 효과가 있다.

특히 청소년 집단미술치료는 청소년 내담자의 특정 문제를 치유하기 위한 개입으로 청소년의 대인관계 능력 또는 새로운 행동의 개발과 같이 특별한 종류의 성장과 발달의 기회를 제공한다. 청소년기는 빠른 신체적, 심리적 변화와 성장과 발달의 과정 속에서 정서적으로 매우 혼란스럽고 예민해질 수 있다. 청소년 집단 미술치료의 집단 구성원들은 자신만이 아니라 다른 친구들도 모두 비슷한 문제를 겪고 있음을 알게되고 서로 상호작용하면서 정서적 어려움을 치유해 나간다.

가족치료는 병리적 초점을 가족체계에 맞추어 가족 내 상호작용에 초점을 두고 진행하는 치료이다. 문제에 개인뿐 아니라 가족을 중심으로 접근한다. 가족치료에서는 가족 개인을 둘러싼 가족 관계 속에서의 역동문제를 다룬다(옥금자, 2017).

가족은 일정한 경계 내에서 가족 구성원들에게 서로 밀접하게 상호작용하는 독특한 성격을 유지하는 단위를 말한다(채수경, 2004). 가족치료의 목적은 증상을 해결하는 것이 아니라 각 구성원들의 필요와 요구를 이해하고 채워주는 능력을 증진시킴으로써 가족의 현 발달단계의 장애 요소를 성공적으로 통과해 나가는 것이다(David & Scharff, 2006).

가족치료에 미술을 접목한 것이 가족 미술치료이다. 가족의 문제는 강력하면서도 눈에 보이지 않는 구조를 가지고 있어 저항적인 경우가 많다. 미술작업은 언어를 사용하는 대화와 달리 미술표현 전반에 걸쳐 개인적인 자기표현이 지속적으로 나타날 수 있고 치료에 대한 가족의 저항을 줄여줄 수 있다.

또한 가족의 미술활동을 보면서 치료사는 가족 내의 의사소통 방식을 분석할 수 있으며 가족이 표현한 작품을 보고 가족의 역동을 이해할 수 있다. 이러한 장점 외에도 가족이 함께 미술작업을 하면서 관계의 변화를 도모할 수 있어 건강한 가족이 되는데 도움을 준다(박은혜, 2016).

이 장에서는 청소년을 위한 개인미술치료와 집단미술치료, 가족 미술치료에 대해 살펴보겠다.

I 청소년 개인미술치료

1 계획단계

- 치료의 의뢰부터 치료계획을 세우는 과정까지를 말한다.
- 치료의 분위기와 방향을 설정하고 치료성과를 결정하는 데 중요한 역할을 하는 단계이다.
- 주요과제로는 구조화, 관계형성, 문제의 진단과 내담자 평가, 사례개념화, 목표 설정, 치료계획이 포함된다.
- 이러한 과제들이 제대로 다루어지지 않으면 치료는 회기가 거듭될수록 방향성과 초점을 잃게 되어 효과적인 개입이 이루어지지 못할 수 있다.

(1) 구조화

심리치료에서 구조화란 치료사와 내담자가 치료의 목표를 성취하기 위해 논의하고 협의하는 과정을 말한다. 즉, 치료과정에서 치료사가 치료의 진행을 어떻게 할 것인지 내담자에게 명확하게 설명하고 내담자와 협의하는 것이다.

협의할 내용들을 살펴보면 다음과 같다

- 치료를 받는 목적이 무엇인지
- 내담자는 치료기간 동안 어떻게 해야하는지
- 내담자는 어떤 권리를 가지는지
- 치료사의 역할은 무엇인지
- 치료기간이나 비용에 대해서
- 치료에서 기대할 수 있는 것들은 어떤 것들이 있는지
- 비밀보장과 예외사항에 대해서

구조화를 하는 이유는 치료의 목적과 방법, 내담자와 치료사의 역할을 명확히 해야 내담자와 치료사가 서로 치료의 목적을 이루는 데 집중할 수 있기 때문이다.

(2) 관계형성

치료사는 기본적으로 공감적 이해와 수용적 존중, 진실성의 태도를 보여야 한다. 공감적 이해란 내담자의 욕구, 신념, 가치관 등을 내담자의 입장에서 이해하는 것이다. 수용적 존중이란 내담자의 어떤 문제나 행동에 대해 비판적인 태도가 아니라 존중의 태도로 받아들이는 자세를 말한다. 진실성이란 치료사가 솔직한 태도로 자신의 생각이나 감정을 진솔하게 표현하는 것이다.

(3) 치료문제의 선정

내담자와의 면담 과정과 심리검사를 통해 나타난 문제들 중 가장 중요하고 긴박한 문제를 치료문제로 선정한다. 치료문제의 선정에는 내담자의 의견을 포함시키는 것이 중요하며 치료목표는 치료과정동안 점검되고 수정되어야 한다.

(4) 치료목표의 설정

목표는 광범위하게 구성하되 분명하고 구체적으로 정해야 하며 객관적으로 평가할 수 있어야 한다.

초기면접과 심리검사, 그 외의 추가적인 평가를 진행한 후 사례개념화를 하면서 구체적으로 목표를 설정한다. 치료가 종료되었을 때뿐만 아니라 치료의 중간과정에서도 목표달성을 점검할 수 있어야 한다

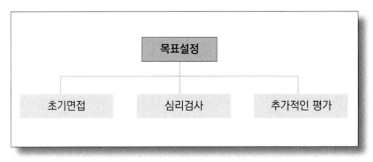

그림 5-1 · **치료목표 설정의 과정**

○● **치료목표**

- 현재 문제를 해결하는 것: 가장 당면한 문제로 측정과 관찰이 가능한 목표를 세우도록 한다.
- 심리적인 적응을 돕는 것: 전반적인 심리 적응이 목표로 시간이 오래 걸릴 수 있다.
- 행복한 삶을 느끼도록 해주는 것: 달성한다기보다는 그렇게 될 수 있는 기반을 형성해 준다고 보아야 한다.

2 치료의 과정

(1) 초기단계

치료사와 내담자의 신뢰관계 형성, 내담자의 매체에 대한 이해와 적응의 시기로 치료사는 이에 대한 활동을 초기에 포함시킨다. 치료사는 이 시기에 내담자의 동기유발을 이끌어내기 위해 다양한 시도를 한다. 미술표현에 익숙하지 않은 내담자는 도입단계에서 저항을 보일 수 있는데 치료사는 이때 내담자가 미술표현하는 것을 도와주도록 한다.

초기단계는 내담자가 긴장감을 완화시키고 흥미를 유발할 수 있는 활동으로 구성한다. 미술표현을 촉진시키는 초기단계의 청소년에게 적합한 미술활동은 이름꾸미기, 별칭짓기, 자유화, 난화그리기, 첫인상 그리기 등이 있다. 그중에서 몇 가지를 소개하면 다음과 같다.

○● **이름 꾸미기**

이름꾸미기 활동은 미술치료 초기 자신을 소개하는 과정으로 많이 활용한다. 처음엔 어색할 수도 있지만 이름 꾸미기를 통해 자신의 내면을 표출할 수 있다. 또한 이 과정을 통해 치료사와 내담자 간의 어색함을 감소시킬 수 있다.

그림 5-2 • 고등학생 내담자의 이름꾸미기

자신의 이름을 할아버지가 지어주셨는데 예전엔 마음에 안들어 다른 이름을 갖고 싶었지만 언젠가부터 괜찮다는 생각이 든다고 말하였다. 할아버지가 어렸을 때 자신을 굉장히 예뻐해 주셨다는 말도 하였다. 이름꾸미기를 하면서 어린시절 이야기를 많이 하였다.

○● 난화 그리기

난화는 나움버그가 개발한 기법으로 그림을 그린 사람의 무의식 속에 잠자고 있는 상상을 표출시키고 저항감을 줄이는 데 도움을 준다(최외선 외, 2006). 그림 그리기를 어색해 하는 내담자에게 난화 그리기는 미술활동을 촉진시키는 역할을 할 수 있다.

'긁적거리기'란 의미를 가지고 있는 난화는 영어의 'scribble'을 번역한 용어이다. scribble는 미분화 상태를 일컫는 말로 일정한 형체를 묘사하지 않으며 그냥 손가는 대로 낙서하듯이 그리는 기법이다.

종이 위에 낙서하듯이 자유롭게 선을 그리는데 직선이나 곡선 모두 괜찮다. 그린 선들을 보면서 모양, 형태, 물건 같은 것을 연상하고 점차 정교화해 간다. 그런 후 색깔을 칠해 이미지를 구체화하도록 한다. 연상된 이미지를 내담자의 현재 상황과 심리 등에 관련시켜 이야기를 나눈다.

그림 5-3 • 중학교 3학년 남학생 내담자의 난화

　　내담자는 이미지를 찾는 데 한참을 몰두하다가 구름도 보이고 나무도 보이고 놀이기구도 보인다고 말했다. 그러다가 놀이공원에 갔을 때 생각이 난다고 했다. 친구들과 이번에 놀이동산을 가기로 약속 했었는데 자신은 가지 못했다고 이야기했다. 지난번에 다 같이 갔을 때가 생각난다는 이야기를 했다.

●● 미술치료 초기단계의 과제 ──•

- 신뢰관계형성
- 내담자의 저항 다루기
- 미술표현 촉진시키기
- 매체에 적응하도록 도와주기

──•

(2) 중기단계

　　개인 치료에서 중간단계는 초기단계에 형성된 신뢰관계를 기반으로 내담자와 함께 설정한 목표달성을 위해 세운 계획을 실행해나가는 단계이다. 또한 깊이 있는 탐색과 내담자의 자각이 이루어지는 단계이다. 치료사는 내담자의 욕구충족을 위한 행동 패턴, 생활양식, 관심사, 삶의 목표 등을 탐색한다.

신뢰관계가 형성된 치료사와 내담자는 구체적인 미술활동을 진행하게 되며 내담자는 자신의 문제해결에 적극적으로 노력하는 시기이다. 내담자는 치료사에 대한 신뢰와 안정감이 높아지면서 무의식 속의 억압된 감정, 숨겨진 동기 등을 드러낸다. 치료사는 내담자가 새로운 자각과 통찰을 경험할 수 있도록 돕는다.

청소년 내담자가 미술치료를 통해 자기탐색을 통한 통찰이 이루어지도록 하는 미술표현 기법에는 '내가보는 나', '남이 보는 나', '석고 손 본뜨기', '신체 본뜨기', '나의 장점과 단점', '초기기억', '인생그래프', '자화상 그리기' 등이 있다. 그 중에서 몇 가지를 소개해보겠다.

① 초기기억

초기기억을 통해 치료사는 내담자를 이해하기 위한 단서를 얻는다. 내담자들은 과거의 사건을 선택적으로 기억하고 있는데 미술치료실에서 치료사와의 관계를 통해 선택적으로 기억하고 있는 과거의 사건을 회상할 수 있다.

내담자가 회상한 초기기억을 통해 내담자의 잘못된 신념, 생활패턴, 인간관계 양상 등에 관한 단서를 얻을 수 있다.

그림 5-4 · **고등학교 1학년 여학생 내담자의 초기기억**

내담자는 그림을 그리고 이렇게 말하였다. '엄마가 나에게 아주 예쁜 옷을 사주셨다. 여섯 살 때인 것 같다. 나는 그 옷을 입고 동네를 돌아다녔다. 지금도 그때의 기억이 선명하게 떠오른다.' 내담자는 여자 고등학생이다. 내담자에게는 남동생이 둘 있다. 엄마는 남동생들 때문에 항상 정신이 없었는데 그래서 혼자 놀던 내담자는 불만이 많았다고 말하였다. 어린 시절 엄마가 이 옷을 사주신 날은 동생들보다 자신이 엄마에게 더 소중한 존재가 된 것 같은 느낌이었다고 말했다.

② 자화상 그리기

자화상 그리기는 내담자가 자신의 모습을 그리면서 자기탐색, 자기인식의 시간을 가질 수 있다는 장점이 있다. 또한 자신의 모습을 표현하며 마음속을 시각화하여 볼 수 있다.

그림 5-5 • 중학교 3학년 여학생의 자화상

성 정체성의 혼란을 경험하고 있는 중학교 3학년 여학생의 자화상이다. 자꾸 자신의 반에 있는 예쁜 여자 아이에게 고백을 하고 싶다는 이야기를 하면서도 또 한편으로는 보이그룹의 멤버를 좋아한다고 핸드폰에서 사진을 찾아 보여주었다. 남자같은 행동을 하고 머리도 아주 짧게 잘랐지만 그렇다고 남성적이지는 않아보였다.

③ 석고 손 본뜨기

가루로 되어있는 석고는 물과 만나 굳는 성질이 있다. 그런데 너무 빨리 굳기 때문에 석고를 처음 접하는 내담자들은 작품의 형태를 바꾸려고 할 때 재료가 굳어 바꿀수 없음에 낙담할 수도 있다. 석고를 재료로 선택할 때에는 이러한 점을 참아낼 수 있는 내담자의 능력도 고려해야 한다. 석고를 사용할 때에는 치료사가 적극적으로 작품 제작을 도울 수 있어야 한다. 석고는 흥미와 호기심을 자극하고 자존감과 성취감을 높일 수 있으며 집중력에 도움이 된다.

석고 손 본뜨기는 잘라진 석고붕대 조각을 한 겹 한 겹 손에 붙여 나간다. 자신의 손을 직접 다른 한 손을 이용해 붙일 수도 있고 두 명이 한 조가 되어 붙일 수도 있다. 이때에는 서로가 유대감을 느낄 수 있다. 개인 미술치료에서는 치료사와 한 조가되어 작업을 한다.

④ 9분할법

9분할법의 내담자의 갈등적 요소를 구체적이고 통합적으로 파악할 수 있는 활동이다.

준비물은 A4용지, 검은 매직, 연필, 크레파스나 색연필 등이다.

치료사가 A4용지에 검은색으로 테두리를 그린 후 화면을 3*3으로 9분할 한다. 자는 사용하지 않고 그냥 손으로 선을 그어 분할한다. 분할한 종이를 내담자에게 제시하고 떠오르는 대로 자유로이 그림을 그리게 한다. 만약, 9칸을 모두 그리지 못할 경우에는 전부 그릴 필요는 없다는 설명을 해준다. 색칠하기를 원한다면 그림에 크레파스나 색연필로 색칠을 하도록 한다. 그림을 완성하면 그림의 제목을 정한다.

그림 5-6 • 중학교 3학년 남학생의 9분할법

위 그림의 주제는 나의 미래이다. 시험불안을 겪고 있는 중학교 3학년 남학생이 그린 그림으로 내담자는 의사가 되어야 한다는 부모님의 기대로 많이 위축되어 있었다. 생각나는 여러 가지 직업에 대해서 그려보자고 했더니 과학자, 교사, 농구선수, 경찰, 군인, 프로게이머, 의사, 헬스트레이너 등을 표현했다. 이 중에서 가장 되고 싶은 것은 무엇이냐고 묻자 군인이라고 답했다. 왜소하고 체력이 튼튼해 보이지 않는 내담자의 의외의 반응에 치료사는 군인이 되고 싶은 이유를 물었고 내담자는 "군인이 되면 멀리 나가 살잖아요. 집에서 멀어지는 게 소원이에요. 원래는 친구들하고 농구하고 축구하는 걸 좋아했는데 지금은 학원을 너무 많이 다니고 과외까지 하느라 아무것도 못해요. 그래서 키도 안자라나봐요."라고 답했다. 그림 속에 자신의 심리적 상태를 반영하고 있다.

⑤ 되고싶은 나

콜라주 작업으로 할 수도 있고 신체 본뜨기로 되고 싶은 나를 표현할 수도 있다. 내담자에게 자신의 미래상을 꾸며보게 함으로써 자신을 더욱 소중한 사람으로 생각할 수 있게 하는 활동이다.

콜라주 작업은 잡지책 여러권과 풀, 가위, 도화지가 필요하다. 잡지 속의 이미지들을 보면서 미래의 내가 되었으면 좋겠다고 생각하는 사진들을 오려 도화지에 붙인다. 완성된 작품을 보며 설명을 한다.

신체 본뜨기는 사람 크기의 종이가 필요하다. 그 외에 색연필, 잡지책, 가위, 풀등을 준비한다. 전지를 바닥에 깔거나 벽에 붙인다. 내담자는 전지 위에 자유로운 자세를 취하고 있고 치료사가 내담자의 신체 본을 떠준다. 내담자는 본 뜬 자신의 신체상에 자유롭게 표현을 한다.

치료사는 내담자에게 이 신체상은 내담자의 미래의 모습이니 미래에 자신이 어떤 모습이었으면 좋겠는지 생각하면서 이미지를 표현해 보라고 지시한다.

●● **미술치료 중기단계의 과제**

- 자유로운 욕구표출
- 자기탐색 촉진
- 자기인식 명확화
- 문제에 대한 탐색

▌치료사의 태도에서의 유의점

- 내담자에 대한 공감적 이해: 내담자의 감정에 집중하면서 시각적이며 간단하고 정확하게 한다.
- 내담자의 침묵 기다려주기: 내담자는 깊은 생각을 하고 있거나 미술작업에 몰두해 있거나 자기탐색을 하고 있어서 침묵할 수 있다. 또한 비난받을 것을 두려워하여, 무슨 말을 해야할지 몰라서 침묵할 수 있다. 치료사는 이때 내담자가 생각을 정리할 수 있도록 기다려 준다.
- 명료화시키기: 내담자의 문제를 분명하게 해주는 것이 명료화이다. 내담자가 표현한 것을 치료사가 통찰력 있는 새로운 관점과 시각으로 이야기해주는 것이다. 또한 명료화는 내담자가 그린 그림이나 그 그림에 대한 내담자의 설명을 새로이 정리해주는 것이다. 내담자는 치료사의 명료화로 인해 자신의 내면을 보다 잘 이해할 수 있게 된다.
- 질문하기: 치료사는 내담자에게 질문을 하는데 그 이유는 호기심이 아니라 내담자의 입장을 이해하기 위해서이다. 내담자의 그림의 어떤 표현에 대해서 치료사가 전혀 이해할 수 없을 때 치료사는 "이게 무얼까? 잘 모르겠는데?" 하고 자연스럽게 질문할 수 있다.
- 해석하기: 내담자의 미술표현, 작업과정, 행동에 대한 이유를 파악하는 것이 해석이다. 해석은 내담자가 자신의 감정과 행동, 문제에 대해 통찰하고 새로운 관점을 갖도록 도와주는 방법이다. 내담자가 수용할 수 있는 정확한 해석이어야 한다.
- 자기개방하기: 치료사가 내담자의 문제와 관련된 자신의 과거 경험을 이야기 해주면 내담자의 치료를 향상시킬 수 있다. 치료사의 자기경험에 대한 이야기가 너무 시간을 많이 차지하면 내담자의 시간이 줄어들기 때문에 이 점에 주의 해야한다.

(3) 후기단계

후기단계는 종결의 단계이다. 청소년 심리치료에서의 후기단계에서는 내담자가 자신과 타인에 대해 건설적인 방식으로 행동할 수 있도록 돕는다. 내담자가 변화에 필요한 새로운 기술을 연습하고 익힌 구체적인 행동을 실생활에서 실행해본다.

미술치료에서도 마찬가지이다. 치료사는 내담자가 현실세계에 적절하게 대응하고 극복할 수 있는 능력을 키우도록 배려한다. 또한 치료사는 치료의 종결을 내담자에게 2, 3회기 전에 알려주어 내담자가 종결을 준비 할 수 있도록 한다.

종결은 치료목표에 도달했을 때 이루어지지만 또다른 이유로 종결을 해야할 때가 있다. 치료사의 사정, 내담자의 상황과 여건, 또는 기관의 사정 등의 이유로 치료 도중에 중단하게 될 때에는 내담자가 이를 이해할 수 있도록 설명해주어야 한다.

청소년 내담자에게 활용하는 후기의 활동은 주로 그동안 해온 미술활동 작업을 정리하면서 자신의 변화를 인식하고 긍정적인 미래의 자아상을 생각해보는 것을 주제로 하는 과정으로 앞으로의 노력에 대해 다짐하며 마무리 한다.

후기의 활동은 다음과 같다.

① 소망나무 만들기

크레파스, 파스텔 등 그림도구를 이용하여 나무줄기와 가지 등을 그린 다음 색종이에 자신이 소망하는 것을 적어 나무에 붙인다. 또는 소망하는 것을 잡지에서 찾아오려 붙이거나 그려서 붙이기도 한다. 그림으로 그리기도 하지만 점토나 유토, 클레이 등 만들기 재료로 나무를 직접 만들기도 한다. 자신의 소망에 대해 이야기하며 그것을 위해 어떤 노력을 해야하는지도 생각해본다.

② 소망 만다라

큰원을 피자를 나누듯이 여러 조각으로 나눈다. 조각마다 자신이 이루고 싶은 소망을 적고 예쁘게 꾸민다. 미래의 꿈, 지금 현재 이루고 싶은 것, 학교생활에서의 희망, 가족들 간에 하고 싶었던 것들 등 소망에 대해 조각마다 적은 후 하나의 만다라 작품을 만든다. 자신의 여러 가지 소망들이 이루어졌을 때의 희망적이고 긍정적인 모습을 그려본다.

③ 작품집 만들기 - 북아트, 작품 파일

회기가 진행되면서 했던 작품활동의 결과물을 촬영하여 편집하고 출력하여 앨범으로 만들거나 북아트 등으로 만들어 자신만의 작품집을 완성한다. 회기마다 인상깊었던 것, 기억나는 것 등을 추가로 그리거나 설명을 덧붙인다.

이렇게 지난간 회기들을 돌아보며 그때의 느낌, 다짐, 깨달음 등을 다시 되새겨보며 자신이 그동안 성장했음을 뿌듯해 하기도 한다. 모든 과정을 마치고 치료사와 서로 인사를 주고 받으며 종결을 한다.

●● **미술치료의 후기단계의 과제** ────────────────────────•

- 종결에 따른 불안 다루기
- 종결 후 예상되는 문제에 대하여 대처방안 세우기
- 내담자의 사회적 지지체계 구축 하기

──•

▌미술치표 후기단계의 치료사 태도의 유의점

- 직면하기: 직면은 내담자의 모순되고 불일치된 감정이나 행동을 내담자에게 알려주는 것이다. 직면은 비위협적인 방식으로 전달되어야 한다. 청소년 내담자가 가지고 있는 비합리적인 신념에 대해서도 직면할 수 있다.
- 즉시성: 즉시성은 지금-여기에서 치료사와 내담자 사이에 무엇이 일어났는가를 설명하는 것이다. 즉, 치료적 관계에 대하여 즉각적인 감정을 표현하는 것이다. 예를 들어 자신의 말을 자꾸 끊고 이야기 하는 내담자에게 "네가 자주 나의 말을 자꾸 끊을 때 화가 난단다."라고 즉각적으로 감정을 표현하는 것이다.
- 격려하기: 내담자의 행동을 적극적으로 지지해주고 강화해 주어 용기와 책임감을 일깨워 주는 것이다. 격려는 내담자에게 자신이 가치있고 능력있는 사람이며 잘 행동하고 있다는 느낌을 갖게 해준다.

■ 참고할 개인 미술치료 사례는 〈8장 청소년 문제와 미술치료 - 우울/불안〉에 제시되어 있다.

Ⅱ 청소년 집단미술치료

1 집단미술치료의 의미와 목표

(1) 집단미술치료의 의미

• 집단미술치료는 집단심리치료에 미술치료를 도입한 것으로 미술치료의 특성을 개인이 아닌 집단에 적용한 방법이다. 개인 미술치료와 달리 치료사와 내담자, 집단원들 간의 상호작용이 일어나고 그러한 과정 속에서 자신을 통찰하고, 타인을 이해하게 된다.

• 집단원 전체의 역동성을 고려하면서 참여자 각자의 자발성과 사회성을 향상시키는 장점이 있다. 또한 활동 과정 중에서 상호교류를 가능하게 하며 이를 통해 가족관계를 비롯한 대인관계 기술을 향상시킬 뿐 아니라 생활문제 해결에 필요한 태도와 자기관리 능력을 기르게 하는 데 효과가 있다.

• 특히 청소년 집단미술치료는 청소년 내담자의 특정 문제를 치유하기 위한 개입으로 청소년의 대인관계 능력 또는 새로운 행동의 개발과 같이 특별한 종류의 성장과 발달의 기회를 제공한다.

• 청소년기는 빠른 신체적, 심리적 변화와 성장과 발달의 과정 속에서 정서적으로 매우 혼란스럽고 예민해질 수 있다. 청소년 집단 미술치료의 집단 구성원들은 자신만이 아니라 다른 친구들도 모두 비슷한 문제를 겪고 있음을 알게되고 서로 상호작용하면서 정서적 어려움을 치유해 나간다.

(2) 청소년 집단미술치료의 치료적 효과

• 자신의 경험을 자발적으로 표현 하도록 돕는다. 집단원 상호간의 친밀한 관계 형성이 이루어지기 전이라도 다양한 미술매체, 예를 들면 색연필, 물감, 찰흙 등은 이미 각 구성원들에게 친숙한 재료들이기 때문에 이 매체들을 활용하여 쉽게 내면적 경험을 표현할 수 있게 된다.

• 자기표출이 위험으로 느껴져 집단을 회피하는 사람에게 유용하다 자기표현이 어려운 사람들도 미술활동을 통해서는 보다 자유롭게 자신의 감정을 표현할 수

있게 되어 감정표출, 감정정화의 기회를 얻게 된다.
- 언어적인 표현이 어려운 사람도 미술작품에 나타난 상징을 통해 자기표현을 할 수 있게 된다.
- 집단원 모두가 동시에 참여하는 과정이기 때문에 개인적 경험과 집단의 경험을 함께 할 수 있다. 이런 과정 속에서 개인과 보편성을 인식할 수 있게 된다. 즉, 모든 사람들은 같은 작품을 보고도 각각 느끼는 것이 다를 수도 있으며, 또한 청소년 시기에는 비슷한 문제들을 경험한다는 것을 알게 된다.

(3) 청소년 집단 미술치료의 한계

① 비밀보장의 한계가 있다.

집단치료에서 집단원들은 자신의 비밀 혹은 남에게 밝히기 싫은 이야기들을 털어놓는다. 회기 중에 나누었던 이러한 내용들은 비밀을 지켜야 한다. 치료사는 비밀보장에 대해서 집단 초기 규칙에 대한 설명을 할 때 이야기 하지만 기회가 있을 때마다 강조하도록 해야 한다.

② 개인에 대한 관심이 부족 할 수 있다.

집단 치료는 집단의 리더가 동시에 여러 명의 집단구성원들을 상대하기 때문에 개인치료에 비해 개개인에게 주의를 기울이는 시간이 부족하다. 소심한 성격이나 소극적인 사람은 집단치료보다는 개인치료가 더 효과적일 수 있다.

③ 역효과의 가능성이 있다.

집단 참여를 원치 않았거나 준비가 되지 않은 상태로 집단에 참여하게 된 집단원은 집단에 어우러지지 못하고 집단의 분위기를 해칠 수도 있다. 그래서 본인에게도 힘든 시간이 되고 집단 구성원들에게도 피해를 입히는 경우가 있다.

(4) 집단미술치료의 목표

① 집단미술치료 과정의 목표

- 타인에 대한 신뢰감을 형성하게 하여 인간은 서로 도우며 살아가는 존재라는

것을 이해할 수있도록 한다.

- 집단 속에서 구성원들을 보며 자신을 이해할 수 있는 기회가 제공된다. 청소년 기 주요과제인 정체성 탐색의 기회를 제공한다.
- 서로 비슷한 문제들로 고민한다는 것을 깨닫게 함으로써 공통성과 보편성을 인식하게 한다.
- 치료과정을 통해 자신을 이해하고 수용하게 되며 자신에 대한 시각이 변화된다. 이것은 자신감을 증진시킨다.

② 집단미술치료의 결과목표

- 청소년기에 흔히 나타날 수있는 문제인 가출, 따돌림 등 바람직하지 못한 문제의 개선을 목표로 한다.
- 긍정적인 교우관계의 증진, 또래 도움행동의 증가, 자기이해와 성장 등 인성과 사회성의 긍정적인 발달을 목표로 한다.

2 집단미술치료의 방법

(1) 집단의 크기

- 다른 집단원과 시각적 언어적 접촉이 유지되면서 집단역동을 일으키기에 충분한 인원으로 구성한다.
- 청소년 미술치료의 경우 대략 6~12명 정도가 적당하다.
- 행동통제가 어려운 경우에는 4명 정도로 구성한다.
- 구성원의 수가 4명보다 적으면 집단활동 중 대화와 사고의 범위가 제한되어 집단원의 상호작용을 통한 치료적 효과가 미비하다.
- 집단원의 수가 15명이 넘으면 일부 구성원들은 참여와 관여를 제대로 할 수 없거나 회피할 수 있다. 이때는 보조치료사와 협동으로 진행한다.
- 집단의 구성원이 많을 경우 6명 정도를 하나의 소그룹으로 나누어 진행하는 것이 집단 응집력을 촉진시킨다.

(2) 회기 및 환경

① 회기
- 일반적으로 1주일에 1회 진행한다.
- 1회당 진행시간은 1시간에서 2시간 이내로 진행하는 것이 적당하다.
- 2시간 진행 시에는 중간에 휴식시간을 갖도록 한다.

② 공간
- 치료사가 보통 정해진 자리에 앉고 집단원은 자유롭게 좌석을 선택하나 집단의 특성에 따라 다르게 적용 될 수 있다. 예를 들면 특정한 두 명의 집단원이 계속 붙어 앉는다면 그들은 다른 집단원들과의 상호작용을 할 기회가 없을 수 있어 이럴 때에는 치료사는 게임 등의 여러 가지 다양한 방법으로 자리를 바꾸어 앉도록 유도한다.
- 집단원의 수나 특성에 따라 공간의 크기와 분위기가 다르게 적용된다

③ 환경
- 5~6명이 1조가 되어 작업할 수 있는 큰 책상 필요하다.
- 치료실은 너무 크거나 작지 않고 인원수에 맞게 적당한 크기여야 하며 외부의 소음이 크게 들려 방해가 되는 곳은 피하는 것이 좋다.
- 집단원 간의 소통과 상호작용이 원활하게 이루어질 수 있도록 잘 볼 수 있고 말을 잘 들을 수 있는 공간이어야 한다.
- 밝고 따뜻한 분위기를 느낄 수 있도록 충분한 채광이 들어오는 공간이 좋으며, 기본적인 미술도구가 준비되어야 한다.

(3) 집단미술치료의 구성

① 지시적과 비지시적 구성
- 집단원들에게 주제와 재료를 제공하는 지시적인 방법과 주제나 방법을 집단원들이 자유롭게 선택하는 비지시적인 방법이 있다.
- 집단의 크기, 치료기간, 집단원의 성향, 집단의 진행단계 등에 따라 다르게 적용된다.
- 대체로 치료기간이 장기적이고 집단원의 자아능력을 신뢰할 수 있을 때 비지시

적인 방법이 적합하다.

- 단기적이거나 집단원의 자아능력이 미성숙할 때 또는 집단 초기에 시작의 어려움이 있거나 미술에 대한 고정관념이 강한 경우 지시적 방법이 유용하다.

- 일반적으로 집단미술치료에서는 어느 한가지 방법만으로 구성하기보다 지시적인 방법과 비지시적인 방법을 함께 구성하는 경우가 많다.

② 발달단계에 따른 구성

- 집단원들이 서로 다른 발달단계에 있다면 서로간의 의사소통을 제대로 하지 못할 수 있고, 상호간의 역동이 일어나기 어렵다. 또한 집단에서 지루함을 느끼게 될 수 있다. 따라서 치료사는 비슷한 문제를 지니고 있으며 발달 정도가 비슷한 청소년들로 집단을 구성하도록 한다.

③ 개방적 또는 폐쇄적 구성

- **개방적 집단**

  특정한 시간과 장소에서 1회기로 진행하거나 집단의 구성원들이 수시로 바뀌면서 진행한다.

- **폐쇄적 집단**

  ‣ 구성원들이 갑자기 들어오거나 나가지 않아 혼란스럽거나 분열되지 않은 채로 집단의 성장 과정을 이끌어 간다.

  ‣ 집단 초기에 서로의 신뢰감을 형성하는 시간이 필요하다.

  ‣ 새로운 집단원이 안정된 집단에 꼭 들어와야 한다면 몇 주 전에 기존의 집단원들에게 미리 알려주고 심리적으로 새로운 친구를 받아들일 수 있는 마음의 준비를 시키는 것이 필요하다.

(4) 치료사의 역할

- 집단 미술치료의 치료사는 집단의 리더로서 정서적 지지자와 기술적 보조자 역할을 수행해야 한다.

- 치료사는 집단원에게 수용과 공감, 존중의 태도를 보여야 한다. 이러한 태도는 구성원들이 자기표현하는 것에 대한 거부감을 줄여준다. 또한 존중받는 경험은

대인관계 기술 향상에 도움을 준다.

- 치료사는 집단원들이 미술매체에 대한 사용에 어려움을 겪어 좌절하지 않도록 적절한 도움을 제공하는 역할을 한다.
- 집단원들이 비밀보장에 대한 규칙을 지키도록 설명해주어야 한다.

(5) 프로그램의 선텍

집단심리치료, 집단미술치료 등 집단치료를 할 때 대체로 프로그램을 준비한다. 프로그램에 대해서도 전문가들마다 의견이 분분하다. 내담자마다 특성이 다르고, 상태가 다르고, 요구가 다른데 어떻게 짜여진 프로그램으로 치료를 진행할 수 있느냐는 의문을 제기한다.

물론 옳은 지적이다. 그런데 집단을 운영하자면 기관에서 프로그램을 요청할 때도 있고 참여자들도 어떤 것을 하는지 궁금해 할 때도 있다. 그래서 기본적으로 회기마다 어떤 활동을 할 것인지 알려줄 필요가 있을 때가 있다.

그리고 치료사도 정해진 회기 동안 무엇을 어떻게 진행할지에 대해 미리 계획하고 생각해보는 과정이 필요하다. 회기마다 어떤 방식으로 작업을 진행할지 머릿속으로 시뮬레이션을 해본다면 집단을 운영하는 데 큰 도움이 될 것이다. 물론 생각한 대로 되지 않을 수 있다는 건 치료사가 가장 잘 안다. 그때그때 집단원의 역동과 집단의 상황에 맞게 조절할 수 있는 융통성을 발휘하는 것 또한 치료사의 역할이자 역량이다.

3 집단미술치료의 진행 과정

(1) 진행단계

① 초기
- 서로를 소개하는 과정과 미술재료 탐색과 매체를 다루는 과정을 진행한다.
- 긴장감을 완화하는 기법 등을 활용하여 자기표현이 활발해지고 친밀감을 형성하도록 한다
- 기법의 예를 들면 이름꾸미기, 별칭짓고 상징그리기, 애칭으로 자기 나타내기, 색으로 자기 표현하기, 자유화로 자기 표현하기 등이 있다.

- 신뢰 형성하기: 신뢰감이 형성되어야 집단원은 집단을 안전하게 생각하고 자신을 노출 할 수 있다.
- 목표 명확히 하기: 집단의 목표도 있지만 집단원 개개인은 그들이 집단경험을 통해 얻고자 하는 바를 명확히 해야한다.

② 중기

- 집단에서의 위치 확보를 위해 경쟁적 관계를 이루는 단계로 서로 상호작용하며 알아갈 수 있는 기법으로 구성한다.
- 기법의 예를들면 감정을 다루는 기법인 '감정파이', '감정 표현하기' 등이 있고 자기인식을 이끄는 '자아상', '요즘 나의모습', '신체 본뜨기', '가면 만들기' 등의 활동이 있으며 관계 속에서의 자신을 탐색하는 '동굴화', '소시오그램' 등의 활동을 들 수 있다.

●● **중기단계의 과제**

- 집단미술치료의 중기단계는 집단심리치료의 과도기에 해당한다. 과도기의 과제는 저항다루기이다. 과도기는 집단이 어느 정도 진행되면서 다양한 저항이 표현되는 시기이다. 대표적으로 참여를 안하는 행동으로 저항을 한다. 집단미술치료에서 집단원들은 작품을 통해 자기표현을 한다. 그리고 작품에 대해 이야기를 나누면서 자신의 속마음을 털어놓게 된다. 그런데 저항이 있을 경우 작품 활동을 잘 하지 않거나 작품에 대한 설명을 할 때 뒤로 빠지고 참여를 거부하기도 한다. 집단의 지도자는 너무 참여를 강요하지 말고 이러한 집단원의 내면을 탐색하는 기회를 갖도록 한다.

③ 후기

- 집단의 성격에 따라 좀 더 협동력과 조직력이 필요한 기법을 활용한다.
- 집단의식을 키우고 자신을 전체적으로 바라보고 정리하는 자아개념 증진 활동 등의 방법을 활용한다.
- 기법의 예를들면 미래의 희망적인 자신의 모습을 기대해보는 나의 미래 모습, 버리고 싶은 나, 가지고 싶은 나, 등의 활동이 있다.

●● **후기단계의 과제** ─────────────────────────────────●

- 후기단계는 작업단계에 해당한다고 볼 수 있는데 작업단계는 과도기를 거친 후 집단원들이 응집력이 높아지고 서로 신뢰가 쌓여 자신을 솔직하게 공개하는 단계이다. 지도자는 자신을 과감하게 개방하는 집단원을 지지해주고 자기이해와 통찰을 통해 발견한 것들을 일상생활에 옮기도록 도와주어야 한다. 또한 이때 직면을 통해 집단원이 좀 더 깊이 자기탐색을 할 수 있도록 돕는다

──●

④ 종결

- 실생활에서의 변화를 훈련하도록 한다.
- 이제까지의 과정을 돌아보는 시간을 갖고 긍정적 자아개념이나 대인 관계 기술 향상 등 미래지향적인 활동으로 마무리 한다.
- 기법의 예를들면 작품집 만들기, 소망나무, 북아트 등의 활동을 들 수 있다.

●● **종결단계의 과제** ─────────────────────────────────●

- 종결에 대한 두려움이나 불안감을 가질 수 있는데 이러한 감정을 표현할 수 있도록 도와주고 격려한다.
- 집단과정을 통해 변화된 것에 대해 표현 하도록 하고 노력한 결과임을 알려준다.
- 집단의 경험을 통해 배운 것들, 알게된 것들, 좋았던 것들은 나누도록 한다.
- 현실적으로 집단의 과정에서 집단원들이 꺼낸 문제를 다 해결할 수 는 없기 때문에 집단원들이 자신의 문제를 해결하지 못한 것에 대해 표현하고 토론할 기회를 주고 격려한다.

──●

(2) 한 회기 내의 과정

① 도입(10분~15분)

- 지난 한 주간 잘 지냈는지 인사를 나누면서 시작한다.
- 서로 친밀해지면서 편안한 분위기를 조성한다.
- 회기의 치료 목표를 설정한다.
- 진행할 미술치료에 대한 전반적 설명과 규칙을 정하거나 이번 시간의 활동에 대해 간단히 설명한다.

② 활동(대략 50분)

• 활동 자체에 몰입하여 깊은 경험을 할 수 있도록 불필요한 대화를 하지 않는다.

• 집단 구성원의 시각적 표현을 언어적으로 반영해주는 정도의 개입을 한다.

• 작품을 완성하는 과정과 시간의 개인차가 있으므로 집단원 간의 상호작용을 위해 시간조절의 필요성을 알려준다

③ 토론(대략 30분)

• 집단원들이 자신의 작품을 살펴보는 과정이 필요하다.

• 재료를 다룰 때의 느낌이나 작업동안 느낀점, 작품을 완정한 후에 느낀 점들을 서로 이야기한다.

• 치료사와 집단원, 집단원과 집단원, 집단원과 작품 사이의 상호작용이 일어난다.

4 집단미술치료 기법과 구성

• 개인 미술치료에서 사용되는 여러 가지 미술치료 기법과 구성은 집단미술치료 에서도 동일하게 사용할 수 있다.

• 단, 집단미술치료에서는 집단 속에서 자신을 표현하고 다른 사람들에게 수용 받는 경험이 제공되어야 한다.

• 집단의 역동성과 상호 의사소통의 과정을 통한 사회적 역할 및 원만한 대인관 계 기술의 향상이 목표이다. 이러한 목표를 위해 2인 1조나 조별 활동 또는 집 단원 모두가 공동의 작품을 완성하는 등의 사회성 및 협동성을 기르는 작업을 구성한다.

• 초기와 후기에 집-나무-사람검사 또는 동적 가족화, 동적 학교생활화 등의 그 림 진단 검사를 실시하여 집단미술치료의 사전과 사후를 비교 하여 효과를 평 가하고 분석한다(필요에 따라 질문지 검사를 함께 사용할 수도 있다).

• 보통 12회기로 구성(짧게는 4~10회기 사이로 진행)한다.

• 기법과 구성내용은 집단의 구성과 성격에 따라 융통성 있게 조절되어야 한다.

▣ 참고할 집단미술치료 사례는 7장 청소년 문제와 미술치료 - 인간관계, 11장 청소년 문제와 미 술치료 - 진로문제에 제시되어 있다.

Ⅲ 청소년 가족 미술치료

아동 청소년 심리치료를 하다보면 부모상담의 병행이 필요할 때가 많다. 특히 가족 간의 갈등이나 의사소통의 문제를 다룰 때는 개인치료를 진행하면서 내담자와 부모, 형제를 동참시키기도 한다. 내담자의 문제를 이해하기 위해서 꼭 필요한 과정이다.

그런데 청소년 심리치료를 진행할 때에는 가족의 연합이 어려울 때가 많다. 가족 간의 반목이 너무 오래되었다거나 문제가 벌써 깊이 진행되어 있어서 어디서 어떻게 풀어나가야 할지 모르는 부모들은 그냥 아이만 심리치료센터에 맡기면 다 될 것이라고 생각하기 때문이다.

그러나 청소년의 문제는 환경의 영향을 많이 받기 때문에 가족 내의 역동을 살펴볼 필요가 있다. 청소년의 행동 변화를 이끌어내기 위해서는 부모의 올바른 부모역할이 중요하기 때문이며 또한 불안정한 발달단계에 있는 청소년의 문제를 이해하고 해결하는 방법으로 가족치료가 효과적일 수 있기 때문이다.

가족치료 이론은 가족 구성원 중 어느 한 개인에게 나타나고 있는 어떤 병리나 증상, 문제, 부적응 행동은 그 발생 원인이 한 개인에게만 있는 것이 아니라 가족 전체 또는 부분의 상호작용에 의한 것이라고 전제하고 있다.

따라서 청소년의 문제행동은 청소년 개인의 문제라기보다 전체적인 가족의 역기능적 현상이 가족 내 한 구성원에게 표출된 것이라고 볼 수 있다. 물론 가족의 문제가 아니라고 해도 한 구성원의 문제를 이해하기 위해서는 가족 전체를 살펴보는 것이 효과적이다.

또한 한 구성원 문제가 가족 전체의 문제로 확산될 수도 있기 때문에 가족 전체를 대상으로 문제를 이해할 수 있는 가족치료의 기법을 활용하는 것이 내담자뿐 아니라 가족 전체의 삶에 도움이 된다.

가족 미술치료는 가족치료에 미술을 접목한 것이다. 이에 가족 미술치료를 이해하기에 앞서 가족치료 이론에 대해 살펴보도록 하겠다. 더하여 청소년 심리치료에서 유용하게 활용할 수 있는 가족 치료 기법에 대해서 제시해 보겠다. 그런 후 가족 미술치료의 특성과 과정을 살펴보고 청소년을 대상으로 한 가족 미술치료 사례로 청소년 가족 미술치료의 이해를 돕도록 하겠다

1 가족 심리치료

(1) 가족 심리치료의 의미

- 개인 심리치료는 한 개인의 성격형성에 가족의 영향이 크다고는 하지만 그 영향이 개인 안에서 어떻게 내재화되고 심리내적 역동이 개인의 행동을 어떻게 지배하는가를 이해하는 것이 중요하다고 보았다. 즉 문제의 원인이 개인에게 있다고 보는 관점이다.

- 가족치료에서는 가족을 하나의 체계로 보며 그 체계 속에서 개인이 가족 구성원과 어떤 관계 양상을 보이는가, 어떻게 상호작용하는가를 중요하게 생각한다. 즉 개인이 겪고 있는 문제의 원인이 그 개인 때문이라기보다는 가족관계의 맥락 속에서 발생한다는 관점이다. 또한 그 문제는 가족의 상호작용 속에서 더욱 심각해질 수 있는데 그렇기 때문에 필요에 따라 개인, 부부, 부모와 개인 등의 상호접근을 한다. 가족치료에서는 한 개인의 치료는 가족관계 속에서의 역동 문제를 다루는 것이며 결국 가족관계 안에서 이루어지는 것이라고 본다.

(2) 가족 심리치료에서 중요하게 여기는 가족 요인

○● 가족 생활주기

가족의 발달과 가족 구성원의 발달을 이해하는 데 있어 가족 생활주기는 매우 중요한 요인이다. 가족 구성원 중 한 개인이 새로운 환경에 적응해야 할 때, 예를 들면 초등학교를 졸업하고 중학교에 입학하게 된 자녀가 있을 때 자녀는 새로운 환경에 대처하는 것을 배워야 하며 전체 가족도 그에 따라 재적응해야 한다. 즉, 가족 한 사람에게 나타나는 변화는 모든 가족 구성원에게 영향을 미친다.

따라서 치료사는 청소년 내담자가 처해 있는 가족 생활주기상의 상황과 그에 대응하는 부모의 태도 및 부모 – 자녀 간의 상호작용 양상을 세심히 탐색하고 개입할 필요가 있다(김동일 외, 2020).

○● 가족형태

가족형태에 따라 가족 구성원이 경험하게 되는 문제의 양상은 매우 다양하다. 우라나라는 저출산, 고령화 및 결혼인구의 감소, 이혼의 증가 등으로 인해 가족의 형태가 많이 변화되었다. 한부모가정, 조손가정, 이혼가정 등 다양한 형태의 가족이 증가하고 있다.

청소년 심리치료사는 청소년 내담자의 가족 형태에 대해 이해하고 있어야 하며 심리치료를 진행할 때 가족형태에 따라 어떤 점들을 고려하여야 하는지 알고 있어야 한다.

○● 가족구조과 기능

가족구조의 하위체계는 세대, 성별, 기능 등으로 결정된다. 조부모세대, 부모세대, 자녀세대는 가족구조 안의 각각의 하위체계이다. 각 하위체계는 분명한 경계선을 가지고 상호작용해야 건강한 가족의 기능을 유지할 수 있다. 예를 들어 청소년이 되어 또래관계에 집중하는 자녀세대와 너무 밀착하고 떨어지지 않으려는 부모세대의 갈등은 불안, 우울 같은 내면화 장애를 일으킬 수 도 있다.

○● 가족 신념

가족의 정체성을 이루는 토대가 되는 가족 신념체계는 가족체계의 효과적인 변화를 위해 중요한 역할을 하는 요인이다. 예를 들어 '이 세상은 노력한다고 다 잘되는 건 아니야.'라는 부정적인 신념이 가족의 신념체계를 형성하고 있다면 이러한 가정에 소속된 청소년은 부정적으로 세상을 바라보게 될 것이며 노력해서 얻는 성취의 기쁨을 알지 못하게 될지도 모른다.

반대로 긍정적인 가족 신념체계를 형성하고 있는 가정의 구성원은 '어려운 일이 닥쳐도 이겨낼 수 있다'는 긍정성을 바탕으로 효율적인 대처를 해나갈 수 있을 것이다.

(3) 청소년 가족 심리치료

① 청소년 가족 심리치료의 특성

- 비자발적인 내담자를 단독으로 만나는 것보다는 내담자의 가족을 동참시키면 훨씬 쉽게 회기를 운영할 수 있다.
- 청소년 내담자는 대부분 비자발적인 경우가 많기 때문에 심리치료를 계획할 때 개인 치료를 진행할지, 가족을 포함한 가족치료를 진행할지, 가족치료를 한다면 가족 중 치료에 참여할 수 있는 가족이 누구누구인지, 가족이 가족치료에 참

여하기를 거부하는지 등에 대해 판단하여 진행해야한다.
- 가족 구성원이 개인적인 문제를 가지고 있을 때는 가족치료를 진행하는 것이 도움이 되지 못할 수 있기 때문에 신중하게 결정해야 한다.
- 일반적으로 청소년 심리치료를 진행할 때 참여하는 가족은 내담자의 어머니이다. 사실 처음 계획할 당시에는 아버지도 어머니만큼은 아니어도 몇 회기 참여하도록 하지만 아버지들은 약속을 어기는 경우가 많다.
- 실제로 응급상황이 아니라면 가족 모두가 치료에 참여하는 것은 현실적으로 어려운 일이다. 그런데 청소년 가족치료에서 아버지가 참여했을 때 긍정적인 효과가 크기 때문에 치료사는 아버지의 참여를 권유하는 전략을 가지고 있을 필요가 있다.

2 가족 미술치료

(1) 가족 미술치료의 특성
- 가족치료에 미술을 접목한 것이 가족 미술치료이다. 가족 미술치료는 전체 가족을 대상으로 공동 미술 체험을 통해 가족문제를 진단하고 치료할 수 있도록 도와준다.
- 가족의 문제는 강력하면서도 눈에 보이지 않는 구조를 가지고 있어 저항적인 경우가 많다. 가족 미술치료에서 미술활동은 이미지 표출 과정에 있어서 비언어적인 의사소통기법으로, 언어적 이미지와 시각적 이미지에서 억제되어 있는 상황이나 상실, 왜곡, 방어 등을 보다 명확하게 표출할 수 있다(Wadeson, 1980).
- 가족의 미술활동을 보면서 치료사는 가족 내의 의사소통 방식을 분석할 수 있으며 가족이 표현한 작품을 보고 가족의 역동을 이해할 수 있다.

(2) 가족 미술치료에 있어서 미술활동의 장점

- 첫째, 미술활동 과정은 가족 문제를 진단하는 데 도움을 주고 가족의 상호작용을 활성화시키며 미술 활동 과정 자체가 의사소통의 도구가 된다.

- 둘째, 미술활동은 무의식적인 의사소통과 의식적인 의사소통을 모두 표출해 낼 수 있는 수단이 된다.
- 셋째, 미술작업의 결과물들은 가족 역동성의 증거가 될 수 있으며 결과물을 통해서 변화의 지속성을 확인할 수 있다.

(3) 가족 미술치료의 목표

- 가족체계의 변화를 통해 가족 구성원의 삶을 개선시키는 것을 목표로 한다.
- 가족 미술치료는 가족관계의 문제해결을 돕는 접근적 방법으로 가족을 하나의 체계로 보고 그 체계 속의 상호작용 양상에 변화를 줌으로써 가족구성원의 대인관계기술과 적응능력을 향상시켜 건강한 개인과 가족으로 기능할 수 있도록 도와주는 것을 목표로 한다(김효숙, 2007).

3 가족 미술치료의 평가

가족 미술치료 평가 과제는 내담자의 초기 경험들의 해결, 원가족 탐색, 과거와 현재의 생활사 조사, 전의식적인 것들의 표면화, 통찰력을 얻는 것, 정서적 경험, 원인과 결과를 이해하고 역기능적 행동 형태를 지적하는 것, 갈등해결, 가족구성원의 분화, 부모됨, 문제해결능력향상, 고통스럽거나 슬픈일 등(권기덕, 2000)이다.

(1) 동적 가족화

동적 가족화는 가족화가 가지는 상동적인 표현을 배제하고 움직임을 첨가하여 개인을 통해 가족의 역동성을 파악하기 쉽다. 연령순이나 사회적 지위순으로 그림을 그리는 가족화의 단점을 보완하여 가족 구성원에 대한 감정이나 태도를 투사하게 된다.

내담자 자신의 눈에 비친 가족들의 일상생활 태도나 감정을 그림으로 나타냄으로써 가족에 대한 내담자의 주관적 판단을 들여다 볼 수 있다.

① A4 용지, 연필, 지우개를 준비한다.

② 시간제한은 없지만 30분에서 40분 정도가 바람직하다.

③ 지시의 예

- "자신을 포함해서 가족이 무엇인가를 하고 있는 그림을 그려보세요."
- "만화나 막대기 같은 사람이 아니라 실제 사람처럼 그리셔야 합니다. 어떠한 행위를 하고 있는 그림을 그려야 해요. 본인을 꼭 포함시키세요."

④ 해석

- 가족을 그리는 순서, 가족 구성원의 위치, 크기, 동작, 표정, 전체적인 그림의 분위기를 통해 가족의 역동성을 알 수 있다.
- 해석에 있어서 인물상의 행위, 그림의 양식, 상징, 그림의 역동성, 인물상의 특징 등이 진단영역으로 나누어진다.

⑤ 해석에 필요한 질문예시

- 각 인물에 대해서
  ‣ 이사람은 지금 무엇을 하고 있나요?
  ‣ 이 사람의 좋은 점은 무엇인가요? 이 사람의 나쁜 점은 무엇인가요?
  ‣ 이 사람의 나이는 몇살인가요?
- 가족 중에서 생략된 사람은 없나요?
- 가족 외에 첨가한 사람은 없나요?
- 지우고 다시 그린 사람이 있나요?

⑥ 인물상의 행위

- 행위의 상호작용 측면, 가족의 전체적 역동성, 각 인물상의 행위를 중심으로 가족 내 역할 등을 알 수 있다.
- 행위에 대한 해석은 그림의 양식, 상징 등을 함께 고려하여 전체적 관점에서 해석해야 한다.

⑦ 그림의 양식

- 일반적인 양식: 보통의 신뢰감에 가득 찬 관계를 체험하고 있는 그림이다. 복잡하지 않고 온화한 우호적인 상호관계를 암시하는 그림이다

- 구분: 하나 또는 그 이상의 직선이나 곡선을 사용하여 그림에서 인물들을 의도적으로 분리하는 경우이다. 솔직한 애정표현이 허용되지 않거나 내성적 성격일 경우 나타난다

- 포위: 하나 또는 그 이상의 인물을 어떤 사물이나 선으로 둘러싸는 경우이다.

- 가장자리: 인물상을 용지 주변에 나열해서 그리는 경우이다. 방어적이고 회피적일 때 나타난다.

⑧ 상징

- 내담자에 따라서는 그림에 상징을 사용하기도 한다. 특히 그림에 포함된 사물에 상징성이 있는 경우가 있다. 상징을 일대일 방식으로 해석하는 것은 피해야 하며, 개인마다 사물의 상징성이 다를 수 있다.

- 공이나 날카로운 물체는 공격성이나 경쟁심을 상징하기도 한다.

- 칼이나 총은 분노를 차, 비행기 등은 대체로 힘의 과시를 상징한다.

⑨ 역동성

- 인물이 그려진 순서: 그리는 순서는 자신에게 중요한 사람 순서대로 그리는 편이다. 가족 내의 일상적 서열을 반영하기도 한다.

- 인물들 간의 거리: 인물들 간의 거리는 내담자 내면의 심리적 거리를 그대로 보여주는 경우가 많다.

- 인물의 위치: 도화지의 중앙인지, 가장자리인지, 혹은 왼쪽이나 오른쪽 공간에 치우쳐서 그렸는지 살펴본다. 구석보다는 중앙에 사람들을 배치한 그림이 심리적으로 더 건강한 상태이다.

- 인물의 크기: 인물의 크기는 주관성이 반영되는 항목이다. 자신에게 중요한 사람, 자신이 좋아하는 사람은 크게 그리고, 자신에게 중요하지 않거나 관심이 덜한 경우에는 작게 그린다. 그림 속에 자기 자신을 묘사한 경우에는 해당 인물의 크기는 피검자의 자존감 정도를 보여준다.

⑩ 인물의 특징

- 음영, 윤곽선의 형태, 신체부분의 과장, 신체부분의 생략, 얼굴표정 옷의 장식, 필압 등을 살펴본다.

(2) 가족 체계의 진단을 위한 평가기법

① 퀴아트코스카의 평가기법(Christine Kerr et al, 2010).

• **자유화**

각 구성원에게 "마음에 떠오르는 것을 그려보세요. 어떤 것이든 괜찮습니다." 라고 지시한다.

• **가족그림**

각 구성원에게 "가족 그림, 즉 당신을 포함해서 가족구성원 각각을 그리세요. 또 한 사람을 전체적으로 그렸으면 좋겠습니다."라고 요청한다. 이러한 지시는 가족에 대해 통찰하고 새로운 정보를 얻는 데 도움을 받기 위한 것이다.

• **추상적인 가족화**

각 구성원에게 추상적인 표현으로 가족화를 그리게 한다. 가족의 얼굴이나 신체를 사실과 같게 구체적으로 그리는 것이 아니라 그 사람을 나타낼 수 있는 어떤 특징을 추상적으로 표현하는 것이라고 할 수 있다.

• **개인 난화**

'개별적으로 낙서를 하고 거기서 상징을 찾아낼 것'을 요청한다. 이 작업으로 조직적인 추상적 사고에 대한 구성원의 능력에 대해 정확한 정보를 알 수 있다.

• **합동 난화**

개인적인 난화와 달리 공동으로 작업한다. 가족 구성원에게 '한 그림 안에서 무엇이 보이는지 함께 판단한 다음에 합동 그림에서 토대로 이용할 만한 한 가지 낙서를 선택'할 것을 요구한다. 가족이 종이 한 장에 함께 작업을 하게 함으로써 치료사는 친밀성(closeness)을 견딜 수 있는 가족의 능력과 경계에 대한 가족의 필요 수준을 관찰할 수 있다(손수정, 2017).

• **두 번째 자유화**

스트레스에 대한 가족의 인내심을 평가하고, 가족이 회기 중에 안정을 유지하거나 회기 전후에 변하는 정도를 나타낸다.

② 랜드가르텐의 언어적 및 비언어적 팀 미술과제

가족 미술치료 작업 과정과 작품내용에서 가족 의사소통의 유형을 확인하고 가족의 체계와 집단의 형태를 알아낼 수 있다. 가족 구성원 사이의 협력이 드러나게 되는 평가방법으로 서로 다른 색상을 사용하면 각 구성원의 활동의 양이 시각적으로 나타난다. 가족구성원 각자가 지니고 있는 강점, 약점과 함께 가족 전체가 지니고 있는 강점과 약점이 드러나는 평가방법이다.

• **언어를 사용하지 않는 팀 미술과제**

가족을 두 팀으로 나누어 각 팀이 하나의 종이로 작업하도록 한다. 각 팀에 속한 사람들은 각각 서로 다른 색상의 마커를 선택하여 이를 회기 내내 사용해야 한다. 가족 구성원에게는 말을 하거나 신호를 보내거나 메모를 건네지 않도록 한다. 모든 과제를 완료한 다음 미술작품의 제목을 붙이기 위해 논의할 때에는 서로 말을 할 수 있다.

• **언어를 사용하지 않는 가족미술 과제**

언어를 사용하지 않고 전체 가족이 종이 한 장으로 작업을 한다.완료하면 그림의 제목을 붙이기 위해 다시 말을 할 수 있다.

• **언어적 가족 미술작업**

언어적, 비언어적 의사소통이 허용된 상태에서 한 장의 종이 위에 함께 그림을 그린다. 각자 한 가지 색상의 마커나 한 가지 색상의 점토 또는 종이를 사용한다.

체계적 가족 진단 관찰 내용(Landgarten, 1987)

1. 누가 그림을 처음 그리기 시작하였고 그 사람이 처음 시작하도록 이끈 과정은 무엇인가?
2. 구성원 중의 나머지 사람들은 어떤 순서로 참가했는가?
3. 어느 구성원의 제안이 채택되었으며 어느 구성원의 제안이 무시되었는가?

4. 각자의 참여 정도는 어떠했는가?

5. 자신의 공간에 머물러 있는 사람은 누구이며 공간 전체를 넘나들며 활동한 사람은 누구인가?

6. 다른 사람의 그림 위에 덧칠을 함으로써 다른 구성원의 그림을 지워버린 사람은 누구인가?

7. 어떤 상징적 접촉이 이루어졌고 누가 이런 제안을 했는가?

8. 구성원들은 교대로 작업을 하였는가, 팀으로 작업했는가, 아니면 동시에 작업을 했는가?

9. 접근법의 변화가 있었다면, 무엇이 그 변화를 촉진했는가?

10. 각 구성원이 작업한 공간적 위치는 어디인가(중심, 끝, 모서리, 전체)?

11. 각 구성원은 얼마나 많은 공간을 차지했나?

12. 각 구성원의 분담이 상징적으로 의미하는 것은 무엇인가?

13. 어느 구성원이 독자적으로 행동했는가?

14. 누가 주도자인가?

15. 누가 추종자 혹은 반응자였나?

16. 정서적 반응이 있었는가? (웃음, 눈짓)

17. 가족의 작업형태는 협조적 개별적, 혹은 비협조적이었는가?

4 청소년 가족 미술치료 사례

어머니에 의해 의뢰된 중학교 3학년 남학생 내담자(준우, 가명)의 미술치료를 진행하였다. 의뢰사유는 등교거부와 잦은 교실이탈이었다. 내담자는 면담 도중 대답을 고개를 끄덕이거나 가로젓는 것으로 대신하였다. 나쁜 의도는 없어 보였고 무기력하고 모든 것에 의욕이 없어 보였다. 등교거부의 이유는 그냥 무작정 학교에 가기 싫어서라고 대답했지만 그것이 전부는 아니고 이유는 있는데 말하지 않는 것으로 보였다. 4교시 후 학교에서 무단으로 나오는 이유는 점심을 편의점에서 먹고 싶어서 나왔다가 안 들어가게 된 것이라고 대답했다. 성적은 하위권이었으며 학교에서 수업시간 내내 엎드려 있다고 하였다.

내담자의 아버지는 자영업자이며 어머니는 전업주부이면서 틈틈이 아르바이트를 하고 있다고 하였다.

가정형편은 나쁘지 않았는데 어머니와 면담하면서 어머니도 무기력하다는 것을 느꼈다. 어머니는 스스로 무언가를 결정하고 실행하는 것에 두려움이 있어 보였다.

어머니의 보고에 의하면 아버지는 무뚝뚝하고 말이 없으며 아들에게 애정이 없어서라기보다 어떻게 다가가야 하는지 모르는 것 같았다. 결론적으로 모든 가족 구성원이 의사소통능력이 결여되어 있다고 보였으며 소통도 제대로 이루어지지 않는 것 같았다.

치료회기가 거듭되면서 가족치료가 필요하다는 생각에 가족치료를 진행하기로 하였다. 내담자의 치료를 진행하면서 아버지 어머니를 각각 1회기씩 진행한 후 3가족 모두의 미술치료를 4회기 진행하였다.

아버지의 거부가 심하였지만 치료 기간 중에도 내담자의 문제가 심각해져서 담임 선생님의 전화를 수차례 받고 학교에 다녀온 어머니의 권유와 설득으로 아버지도 참여하게 되었다. 아버지는 그때까지 내담자의 상황에 대해 모르고 있었다.

(1) 가족 미술치료 과정과 내용

아버지와 어머니를 각각 1회기씩 따로 진행하면서 HTP, 빗속의 사람그림검사와 문장완성검사를 실시하여 가족간의 관계, 대인관계양상, 자기개념 등과 스트레스 정도에 대해 살펴보고 다음과 같은 가족 미술치료를 계획하고 진행하였다.

1회기: 가족체계진단
○● 언어를 사용하지 않는 가족 미술과제
세 구성원이 한 종이 위에 그림을 그려보라는 지시에 난감해했다. 좀 머뭇거리며 시간이 흐르고 난 뒤 아들 준우가 먼저 검은색 마커를 들고 왼쪽에 축구공을 그렸다. 준우가 그리는 것을 본 어머니는 준우 공 옆에 초록색 마커로 나뭇잎을 그렸다. 이어서 아버지는 파란색 마커로 오른쪽에 배(타고 다니는 배)를 하나 그렸다. 어머니는 아들의 공 옆에 풀밭을 그렸고 아버지는 도대체 무엇을 그려야 할지 몰라 난감해 하는 것 같았다. 아들 준우는 공을 그린 후 마커를 내려놓고 작업을 하지 않았다.

조금 시간이 흐른 뒤 어머니는 나뭇잎 옆에 잔디를 그렸다. 그리고 조금 뒤, 잔디를 더 넓게 그려 아들이 그린 축구공 아래까지 그렸다. 아버지는 배를 쳐다보기만 하다가 배에 낚시하는 사람을 그려 넣었다. 제목을 정해보라고 하자 준우는 말이 없었고 어머니는 공원이라고 짓자고 했다. 아버지는 휴식이라고 짓자고 했다. 아버지의 의견을 어머니가 수용했다

■ 평가

가족은 종이에 비해 너무 작은 그림을 그리고 더 이상 그리려고 하지 않았다. 다만 어머니가 아들의 그림에 무언가를 그려넣고 싶어하는 마음이 보였다. 나중에 이야기 할 때 멋쩍게 웃으면서 축구를 하는 아들을 그리고 싶었지만 그림을 잘못 그려 포기했다고 하였다. 그러면서 아들이 친구들하고 운동하면서 노는 걸 본게 언제인지 모르겠다며 말끝을 흐렸다. 아버지는 가족과 동떨어진 먼 자리에 낚시배를 타고있는 자신을 그렸다고 했다. 자신이 가장 좋아하는 건 낚시인데 그마저도 요즘은 일에 치여 갈 수 없다고 말하였다.

어머니는 어떻게 해서든 삶을 아들과 공유하고 싶은 마음을 드러냈다면 아버지는 가족과 분리된 상태에서 자유로움을 느끼는 것으로 파악되었다. 가족의 일에서 회피하고 싶은 것이 보였다.

○● 언어를 사용하는 가족미술과제

무엇을 그릴지 서로 의논을 하는 과정에서 새로 이사 갈 집에 대해 그리자고 어머니가 제안했다. 어머니는 새로 이사 갈 집 거실에 커다란 화분을 놓을 거라고 하면서 이번에도 초록색 마커로 종이의 왼쪽에 나무화분을 그렸다. 아버지는 오른쪽에 갈색 마커로 소파를 그렸다. 준우는 검은 색 마커로 왼쪽 하단에 조그맣게 네모칸을 그린 후 내방이라고 썼다. 어머니는 아들의 방 그림을 보고 "방이 너무 작아. 그리고 학생 방에 왜 책상이 없니?" 하면서 준우가 그린 방에 책상을 그려 넣었는데 준우는 그 책상에 검은 색칠을 했다. 그림의 제목은 새집이라고 지었다. 어머니와 아버지의 의견이었고 준우는 거의 말을 하지 않았다.

■ 평가

어머니의 이사 갈 집을 그리자는 제안이 받아들여진건 어머니의 자기주장이 강

해서가아니라 다른 가족이 이 활동에 관심과 참여도가 낮아서였다. 누군가 제안해주길 바라고 어머니가 제안하자 그렇게 하자고 무언의 동의를 했다. 아무도 먼저 그리려고 하지 않자 어머니는 약간 불안감을 보이며 새집 거실에 커다란 해피트리 나무를 놓고 싶다고 하며 종이의 왼쪽에 그림을 그렸다. 커다란 화분을 놓고 싶다고 했지만 정작 그림은 작은 화분을 그렸다. 어머니의 소심한 성격을 나타내주고 있다고 보인다.

아버지는 어머니가 그리고 나자 "에이 나는 소파가 제일 좋지 뭐." 하면서 종이의 오른쪽에 갈색소파를 그렸다. 어머니와 아버지의 그림은 거의 종이의 왼쪽과 오른쪽에 치우쳐 있었다. 아들은 이번에는 어디에 그릴지 조금 고민을 했다. 어머니의 화분이 왼쪽 중간쯤에 그려져 있어 방을 그 위에 그릴지, 그 아래 그릴지 손으로 먼저 그려보더니 아래에 조그만 네모를 그려넣고 안에 내방이라고 써넣었다. 아들은 부모와 분리되고 싶어하는 것을 표현 한 것 같은데 그래도 어머니 주변에 있고 싶은 내면을 보여준 것 같다. 어머니가 아들의 방에 책상을 그려준 것에 대해 아들은 불평을 했고 화를 냈다. "엄마는 왜 그래?"라며 책상위에 검은색을 칠해버렸다. 평소 어머니에게 의존하지만 어머니에게 불만을 가지고 있는 관계의 양상을 보여준다고 할 수 있다.

아버지는 나머지 가족과 심리적으로 동떨어져 있음을 알 수 있었다.

2회기: 현재의 가족 이미지

가계도를 그린 후 가계도에 가족 이미지를 그리고 그 이미지와 비슷한 동물 인형을 찾아 그림위에 올려놓고 설명하는 활동이다.

○● 내용

아버지는 가계도를 그리고 가족의 이미지를 그린 후 자신을 닮은 동물로 곰을 어내를 닮은 동물로는 쥐를 아들을 닮은 동물로는 닭을 골랐다. 설명을 해보라고 하자 자신은 집에서 가장 힘이 세고 또 묵묵하며 화도 잘내지 않지만 한 번 화내면 무서운 경향이 있어 꼭 곰과 같다는 생각이 든다고 했다. 아내는 쥐처럼 이리저리 돌아다니지만 설치거나 그러지는 않고 조용하고 소심하고 마음이 약해서 쥐로 표현했다고 했다. 아들은 말을 잘 듣지 않고 제멋대로인게 꼭 닭 같다고 했다.

어머니에게 아버지의 설명을 듣고 어떻게 생각하냐고 묻자 아버지가 곰 같은 건 자신도 그렇게 생각하지만 자신을 쥐로 표현한건 기분이 나쁘다고 하였다. "내가 언제 쥐처럼 그렇게 이리저리 싸돌아다녀요? 나는 집에만 있고 일 있을 때만 아르바이트하러 나가는 건데 너무한다"고 좀 화를 냈다. 그러자 아버지는 "아니 나는 당신이 알뜰하다고 생각해서 그런건데" 하며 멋쩍어했다. 아들은 "닭이 제멋대로인 동물인가요?" 하고 치료사에게 질문을 했다.

아버지가 그린 가계도에 나머지 가족은 불만을 표시했다.

어머니는 가계도를 그린 후 가족의 이미지를 그리고 가족을 닮은 동물로 아버지를 닮은 동물로는 소를 선택했고 자신을 닮은 동물로는 양을, 아들을 닮은 동물로는 강아지를 선택했다.

이유를 설명해달라고 하자 남편은 일을 열심히 한다면서 너무 일만 하는게 안쓰러울 때도 있다고 말했다. 그래서 일하는 소를 선택했으며 자신은 양처럼 온순한 사람같아 양을 선택했고 아들은 아직도 아이 같은 구석이 있어 돌봐줘야하는 강아지를 선택했다고 말했다.

어머니의 설명에 대해 어떻게 생각하느냐고 아버지에게 묻자 멋쩍게 웃으며 자신이 열심히 일하는 걸 알아줘서 고맙다고 했다. 아들은 자신은 그렇게 어린애가 아닌데 엄마는 자꾸 나를 어린애 취급하시는 것 같다고 했다.

아들 준우의 가계도 그림의 동물 이미지로는 아버지는 사자 어머니는 다람쥐 자신은 말을 선택했다. 아버지는 화를 내시면 너무 무서워서 사자 같고 어머니는 항상 다람쥐처럼 부지런하시다는 설명을 했다. 자신은 말 같지는 않지만 말처럼 신나게 뛰어다니고 싶어서 말을 선택했다고 말했다.

준우의 설명을 듣고 어머니는 자신이 부지런한 건 사실이라고 웃었으며 아버지는 "내가 그렇게 무섭지는 않은데"라고 말했다. 그러자 어머니는 "당신이 화내면 무섭잖아요? 아이를 그렇게 잡았으면서"라고 말끝을 흐렸다. 준우가 아버지에게 심하게 야단을 맞았던 적이 있는 것 같았다.

이번 회기에서는 가족이 많은 이야기를 나누었으며 서로에 대한 이해가 시작된 것으로 보였다.

한자리에 모여 이야기할 기회가 거의 없던 가족이 서로 시간을 정해 한 자리에 모여 서로에 대해 생각하고 이야기 하는 것 자체가 가족의 소통에 큰 도움이 된 것 같았다.

3회기: 과거의 가족 이미지

어린 시절에 살던 집과 연관된 중요한 기억들을 그려봄으로써 현재 가족건강성에 미친 영향을 탐색하는 것을 목표로 회기를 진행하였다.

어린 시절 살던 집들 중 기억에 남는 집을 그린 후, 그 집과 관련된 사건과 인물을 회상하며 이야기 나누는 활동이다.

○● **내용**

아버지의 옛날 시골집을 그렸다. 집 뒤편에는 산이 있고 옆에는 장독대가 있는 옛날 집을 그렸다. 아버지는 어린시절 시골에 살았었는데 뒷산에 자주 놀러다니곤 했다고 한다. 할아버지와 아버지는 엄하시고 말씀이 별로 없으셨으며 할머니는 자신을 잘 챙겨주셨지만 어머니는 농사와 집안일을 하시느라 바쁘셔서 별로 이야기도 많이 못하면서 살았다고 말했다. 형이 둘 있지만 나이 차이가 많이 나서 어릴 때도 서로 이야기하고 그런 기억이 없다고 하였다.

어머니는 골목길에 늘어서 있는 집을 그렸다. '어린 시절 우리 집은 골목에 있었는데 옆에 집들이 많이 있었고 그중의 한집에 살았다.'고 했다. 지금 생각해보면 집이 좀 작았는데 아버지, 어머니, 할머니, 언니 둘, 오빠 이렇게 일곱 식구가 어떻게 살았는지 모르겠다는 말을 했다. "이제 이사 갈 우리 집은 그때 집에 비하면 천국이지요." 라는 말도 했다. "식구가 많아 나를 챙겨주는 사람은 바로 위의 언니뿐이었어요. 언니가 학교 갈 준비도 해주고 숙제도 봐주고 그랬어요. 지금도 그 언니랑 가장 친해요. 언니에게 많이 물어보죠. 무슨 일이든." 이렇게 말하면서 아들을 쳐다봤다. 아들의 일은 언니가 속상해 할까봐 말하지 못했다고 했다.

아들 준우가 그린 과거의 집은 8살 때의 집이라고 했다. 준우는 8살 때 옆집에 친한 친구가 있었는데 그때가 가장 즐거웠다고 한다. 저녁 때까지 아이들과 놀았던 기억이 있는데 다음 해에 이사를 가게되었고 이사 가서는 동네 친구를 사귀지 못했다고 한다. 그때 말고는 기억나는 게 별로 없다고 말했다.

아버지는 많은 식구들과 경제적으로 빠듯하게 살면서 어린 시절 부모님의 사랑을 충분히 느끼지 못했고 따뜻한 보살핌의 기억이 부족한 듯 보였다. 아버지는 그렇게 사는 데 익숙해져서 아들에게도 표현을 잘 못하는 것 같았다.

4회기: 석고 손 본뜨기

석고 손 본뜨기는 서로의 손을 만지면서 하는 작업이어서 이 작업을 선택했다. 준우의 가족은 평상시에 대화와 친밀한 접촉이 없는 가족이다. 서먹서먹한 이 가족에게 아버지, 어머니, 아들이 서로의 손을 만지고 같이 작업을 하면서 친밀감을 형성할 수 있는 기회를 제공하고자 하는 의도였다.

세 명이 해야 하기 때문에 석고붕대를 손에 얹어 본을 떠주는 순서는 먼저 내담자가 아버지에게, 다음은 내담자가 어머니에게, 다음은 석고 본이 다 말라 손이 자유로운 아버지가 내담자에게 본을 떠 주었다.

치료사는 방법에 대한 설명을 짧게 해주고 가족이 서로 의논하면서 하도록 하였다.

○● **내용**

준우와 아버지는 서로의 손에 작업을 하는 것에 어색해했지만 거부하지는 않았다. 지난 3회기 동안 가족이 같이 작업을 하면서 같이 하는 것에 좀 익숙해진 것 같았다. 본이 마르고 색칠 작업을 할 때에는 준우가 아버지, 어머니에게 설명을 해주고 도움을 주었다. 아버지는 '이게 마른거냐?', '이제 색칠해도 되냐?' 등의 질문을 준우에게 하였고 준우는 아버지에게 방법을 잘 설명했다. 아버지는 '나는 어떤 색으로 칠해야 할지 모르겠다'며 어머니에게 색을 골라 달라고 했다. 어머니는 웃으면서 색을 골라 주었다. 어느 정도 가족의 의사소통의 문이 열린 느낌이었다.

그림 5-7 • **아들의 석고 손**　　그림 5-8 • **아버지의 석고 손**　　그림 5-9 • **어머니의 석고 손**

(2) 가족 미술치료 이후

준우의 가족 미술치료를 진행하면서 처음 가졌던 준우의 아버지가 아들을 대하는 태도에 대한 의문점이 많이 풀렸다. 준우의 문제가 꽤 심각한 것이었는데 아버지는 전혀 관여하지도 않고 알고 있지도 않았다.

아버지는 어린 시절 부모님이 사는 데 바쁘시고 또한 우리나라에 흐르는 가부장적인 정서로 인해 아버지가 어떻게 아들을 사랑해야 하는지, 그것을 어떻게 표현해야 하는지를 경험하지 못했던 것으로 보인다. 마음속에는 아들에 대한 충분한 사랑을 품고 있었지만 그것을 열심히 일해서 아들에게 좀 더 좋은 환경을 만들어주는 것이 대신할 수 있을 것이라고 생각 했던 것 같다.

그런데 아버지가 아들로 살던 시대와 지금 아들의 아버지로 살고 있는 시대는 많이 다르다. 환경이 변했기 때문에 자식을 대하는 아버지의 역할과 태도에도 변화가 있어야 한다. 아버지는 그것을 깨닫지 못했던 것 같다. 가족 미술치료가 아버지에게 그것을 상기시켜주는 기회가 되었을 것이라고 생각한다.

가족 미술치료를 진행한 후 준우에게 생긴 변화는 지각을 하지 않는 것이었다. 처음 준우의 치료를 시작할 때는 시간을 어기는 정도가 아니라 약속을 다른 날로 매번 다시 잡아야 했다. 약속한 날에 제대로 오지 않았기 때문이다. 그것을 바로잡는 데 한 달 도 더 걸렸다. 그렇지만 시간은 잘 지키지 않았다. 매번 늦게 왔다. 그런데 가족 미술치료를 진행한 이후에 준우는 치료실에 오는 시간을 잘 지켰다. 또한 아버지가 준우의 학교에서 생긴 일에 관심을 갖고 어머니와 같이 해결하는 데 힘쓰게 되었다. 가족 미술치료 진행 이후에도 준우와는 6개월 정도 더 미술치료를 진행하였다.

청소년 미술치료의 기법과 매체

미술치료에서 매체는 중요한 의미를 가지고 있다. 내담자의 내면은 작품을 통해 드러나는데 그 작품을 만드는 도구가 매체이다. 매체는 내담자의 창작의욕을 불러일으킬 수도 있고, 내면의 욕구를 표출시키고자 하는 마음이 생기게 할 수도 있다. 그렇기 때문에 치료사는 매체의 속성과 사용법, 그 매체가 도움이 되는 심리적 문제와 내담자의 특성 등에 대해서 알고 있어야 한다.

　　또한 미술치료사는 내담자와의 신뢰관계 형성을 위한 기법에는 어떤 것들이 있는지, 내담자의 감정을 다룰 때는 어떤 방법을 활용하는지, 내담자의 자기탐색을 위해서는 어떤 기법을 활용해야 하는지 등에 대한 지식을 가지고 있어야 한다. 그리고 이러한 매체나 기법을 사용할 때에는 내담자의 발달수준을 고려해야 한다. 따라서 내담자가 현재 어떤 미술표현 발달단계에 있는지에 대해서도 파악하고 있어야 한다.

　　이 장에서는 미술치료사가 기본적으로 알고 있어야 할 미술표현 발달단계를 비롯하여 미술치료 기법과 매체에 대해 다루어 보겠다.

Ⅰ 청소년의 미술표현 발달단계

우리는 앞서 청소년의 신체, 인지, 도덕성, 사회성 등의 발달에 대해 알아보았다. 그런데 미술표현도 연령 별로 변화하며 그 시기의 특징을 가지고 있다.

아동 초기에서 청년기까지 미술표현 발달에 대해 살펴보겠다.

■ 표 6-1 **발달단계에 따른 미술표현 발달**

분류	연령	미술표현 발달단계	미술표현의 특징
아동 초기	1-5 5-7	조작단계 전 상징단계	선긋기 인물의 원시적 형태묘사
아동 중기	7-9 9-11	상징단계 사실적 인식단계	주제에 대한 자신의 감정표현 원근법, 사실적 그림 표현
아동 후기	11-13	분석적 사실주의 단계	관찰력 증가 색체, 면, 공간을 본다
청소년 전기	13-15	감각적 사실주의 단계	실제와 자연을 시각적인 사실로 표현 자신의 작품에 대한 비판적인 인식
청소년 후기	15-19	르네상스기	자신의 개성을 발견하고 자기나름대로 대상 탐구
청년기	20~	창조적 문예부흥기	자신의 능력과 한계에 대한 자각

현실적인 묘사를 원하는 시기

〈표 6-1〉에서 보는 바와 같이 청소년기는 사실적인 표현을 하는 시기이며 자신의 작품에 대한 비판적 인식이 가능한 시기다. 청소년 전기는 합리적인 묘사의 시기로서 사실적 표현 경향이 짙어진다. 또한 관찰 묘사에 의존하려고 하는 경향이 있다. 청소년 후기는 합리적, 과학적인 원근과 색채 표현을 하고 입체적 공간표현이 시도되며 숙달된다. 또한 청소년 후기에는 자신의 개성을 발견하고 나름대로 대상을 탐구할 수 있다.

청소년들에게 미술치료를 진행할 때 청소년기의 미술표현 발달단계를 이해하는 것은 중요하다. 청소년 내담자의 그림에서 아동기의 특징이 나타난다면 이것은 퇴행을 의미할 수도 있다는 것을 치료사는 생각할 수 있어야 한다.

Ⅱ 미술치료의 기법

1 진단을 위한 기법

내담자의 심리상태를 진단하기 위해 그림검사를 실시한다.

(1) 나무그림검사

열매가 달린 나무 한 그루를 그리도록 지시한다. 자기이해, 심리진단의 효과를 기대한다. 나무는 내담자의 심리상태를 잘 반영한다고 할 수 있는데 나무의 줄기, 가지, 뿌리, 열매, 잎, 전체 인상을 기준으로 분석한다.

(2) 인물화 검사(DAP)

성격검사로 사용한다. 전신상의 남녀를 따로 그린다. 사회생활, 관계파악, 지능검사 및 성격변화의 진단효과를 기대한다. 자유화에 비해서 저항이 적어 심리검사로 활용되고 있다. 인물화 분석은 집-나무-사람검사나 가족화의 기초가 되므로 깊이 이해할 필요가 있다.

○● **진단 및 해석**
① 크기

종이 크기에 비해 상대적으로 큰 그림은 자의식과 주도성을 나타낸다. 인물이 작게 그려졌을 때는 열등감과 소심함을 나타낸다고 볼 수 있다. 종이를 가득 채울 정도로 너무 과도하게 큰 그림은 공격성이나 과도한 자신감의 표현일 수 있다. 반대로 너무 열등감이 큰 경우 보상심리로 과도하게 크게 그릴 수도 있다. 우울증의 내담자는 평범한 그림보다 작게 그린다.

② 순서

대부분 자신과 동일한 성을 먼저 그리는데, 만일 반대의 성을 먼저 그렸다면 성정체성의 혼돈을 경험하고 있거나 이성에 대한 강한 의존을 나타낸다고 볼 수 있다.

③ 위치

왼쪽에 위치한 그림은 소심함을 나타낸다고 볼 수 있으며 왼쪽 상단에 위치했다면 불안과 관련이 있을 수 있다. 아래 쪽에 위치한 경우는 안정된 상태거나 우울감, 패배감을 나타낸다고 할 수 있다. 그림 정중앙에 위치했을 때 가장 긍정적인 자아상을 가지고 있다고 볼 수 있다.

④ 신체의 생략이나 왜곡

내담자가 심리적 갈등을 경험하고 있을 수 있다. 신체 중요부위의 생략은 조현병 환자나 심한 퇴행과 관련이 있다. 눈의 생략은 현실도피, 입의 생략은 사회적 철회, 팔의 생략은 적개심이나 성적 충동에 대한 죄책감, 신체에 비해 너무 작은 발은 불안정한 심리상태, 긴 다리는 자율성에 대한 욕구를 나타내고 있다고 할 수 있다

⑤ 필압

강한 필압은 자신감, 약한 필압은 부적응을 나타낸다고 할 수 있다.

- 그림을 잘 그리고 못 그리고는 중요하지 않다. 묘사된 인물의 신체의 비율이 조화로운지, 그림의 위치, 인물의 동작 등이 해석하는 데 중요한 요소이다.
- 일반적으로 인물화는 그림의 형식, 그림의 선, 그림의 내용의 세가지 차원에서 해석한다.
  ‣ 그림의 형식에는 그림의 순서, 크기, 위치, 대칭성이 포함된다.
  ‣ 그림의 선은 인물화에 나타난 선의 강도와 특징을 나타낸다.
  ‣ 그림의 내용은 그림에 표현된 각 부분들의 특징을 의미한다.
- 인물의 해석 전 먼저 동일시하고 있는 인물을 밝히는 것이 중요하다.

○● 실시방법

① A4용지를 세로 방향으로 제시하며 사실적인 사람의 모습을 그리도록 요청한다. 이때 남, 여상에 관한 지시는 하지 않는다. 한 장의 그림이 완성되고 나면 그 그림과 반대 성을 그리게 한다.
  - 예시: "한 명의 사람을 그려보세요."
    한 명의 사람을 그린 다음,
    "다음은 지금 그린 사람과 다른 성의 사람을 그려보세요."

② 이렇게 남, 여 두 장의 그림이 완성되면 그려진 인물에 대한 생각이 어떠한지 질문한다. 인물의 나이, 먼저 그린 성별, 기분에 관한 질문을 한다.

(3) 자유화

내담자 스스로 무엇이든 자유롭게 그리게 한다. 내담자가 내적 요구에 맞추어 자유롭게 소재를 선택하여 그리는 그림검사이다. 제시된 재료 중 자신이 원하는 재료를 골라 형식 없이 자유롭게 그림을 그린다.

자유롭게 그림을 그리기 때문에 환경에 대한 태도, 감정, 사고, 욕구, 흥미의 대상 등이 무의식적으로 투사되어 나타날 수 있다. 따라서 내담자의 내적 욕구와 기대, 통찰, 자기표현의 향상, 심리상태의 파악에 활용한다.

- 색채사용, 선, 형태, 공간의 사용과 그림의 내용을 분석한다.
- 자발성이 없는 내담자에게는 적합하지 않을 수 있다.
- 자유로운 주제를 통해 내담자의 심리적 상황에 접근하기 쉽다는 장점이 있다.
- 내담자가 떠오르는 대로 그리고, 표현하고 싶은 대로 마음껏 하도록 격려하고 지지해 주는 것이 미술치료의 핵심이라고 할 수 있는데, 자유화는 이러한 면에서 미술치료기법 중에서 가장 핵심적인 방법이며 가장 많이 사용되는 기법 중의 하나이다.

(4) 풍경구성법

원래 정신분열증 환자를 주 대상으로 하여 모래상자 기법의 적용 가능성을 결정하는 예비검사로 고안되었으나 현재는 진단 및 치료기법으로 널리 활용되고 있다(최외선외, 2007).

4면에 테두리가 그려진 도화지와 검은색 싸인펜을 피검자에게 건네준 다음 강, 산, 밭, 길, 집, 나무, 꽃, 사람, 동물, 돌 등 열 가지 요소를 차례로 그려 넣어 하나의 풍경을 그리도록 한다. 마지막에 그리고 싶은 사물을 그리도록 한다. 그 다음 채색을 하도록 한다.

테두리는 내담자의 깊은 내면세계를 표현하는 데 도움을 주며 동시에 내담자가 그림을 그리도록 유도하는 역할을 한다.

○● 실시예시

1. 지금부터 풍경을 그릴 겁니다. 잘 그리는 것을 보려고 하는 것이 아니니 자신이 원하는대로 편하게 그리시면 됩니다. 단, 내가 불러주는 순서대로 그려주셔야 합니다.
2. 먼저 강을 그려주세요.
3. 네, 이번에는 산입니다. 산을 그려주세요.
4. 이번에는 밭을 그려주세요. 논도 괜찮습니다.
5. 다음은 길입니다. 길을 그려주세요.
6. 길을 그리셨지요? 길 다음은 집을 그려주세요.
7. 이번엔 나무를 그려주세요.
8. 나무를 다 그리셨으면 다음은 사람을 그려볼까요?
9. 다음은 꽃입니다. 꽃을 그려보세요.
10. 네, 꽃 다음은 동물을 그려주세요. 동물 중 어떤 동물이라도 괜찮아요.
11. 이번엔 돌을 그려볼까요?
12. 순서대로 정해진 것을 다 그렸습니다. 이제 무언가 부족한 것이 있다고 느끼는 것이나 혹은 더 그리고 싶은 것을 그려주세요.
13. 네. 풍경을 완성시켜주세요.
14. 색칠을 하겠습니다. 여기있는 크레파스나 색연필로 색칠을 해주세요.

○● 상징과 의미
• 강

무의식의 흐름을 의미한다. 강이 1/2, 2/3 이상 차지하고 있다면 무의식의 세계에 지배당하고 있다는 것을 나타낸다. 강을 너무 크게 그리거나 물의 양이 많은 강의 경우 신경증을 의심할 수 있다. 또한 강박경향이 심하거나 무의식에 대해서 자아경계가 약한 사람은 완만한 강의 흐름 안에 강박적이라고도 보이는 돌을 정성스럽게 쌓거나 둘러쌓기도 하는데 이는 무의식의 침입으로부터 자신을 지키려는 의지를 나타내기도 한다(김향임, 2013).

•산

그리는 사람의 주어진 상황과 앞으로의 전망을 나타낸다. 극복해야 하는 문제의 수를 시사하는 경우도 있다. 산의 크기, 모양, 수를 주의 깊게 살펴야 하는데 산의 끝 모양이 너무 뾰족하다면 현재 직면해 있는 갈등에 대한 많은 어려움을 내포하고 있는 상태를 대변하며, 완만한 경우 힘들어도 나름대로 잘 넘어간다는 것을 의미하기도 한다(박강화, 2009).

•밭(논)

밭이나 논에 무언가를 심고 있을 때 심은 작물이 잘 익고 있을 때를 그린 경우 그린 사람의 마음의 지향을 암시한다. 때로는 발병의 시기, 즐거웠던 지난날을 회상하기도 한다. 벼 이삭을 한 알 한 알 세심하게 그린 경우는 강박경향을 나타내기도 한다.

•길

강이 무의식을 나타낸다면 길은 의식적인 영역이다.

•집

내담자의 가정상황을 나타낸다. 내담자가 자신의 가정과 가족관계를 어떻게 인지하는지 어떤 감정을 가지고 있는지 어떤 태도를 가지고 있는지를 보여준다.

•나무

내담자의 기본적인 자기상을 나타낸다. 자신의 마음의 평형상태에 대해 어떻게 느끼고 있는가를 나타내며 내담자의 정신적 성숙도를 의미한다. 또한 나무의 수와 크기는 성장, 성취하고자 하는 욕구와 연결된다.

•사람

사람이 취하고 있는 자세에 따라 해석이 달리 될 수 있는데, 보통 내담자가 심적·육체적으로 피곤한 경우 서 있지 않고 다른 물체에 기대어 있거나 누워있는 그림으로 나타난다. 인물화는 피검자에게 경계심을 품게 하고 자기를 방어하려는 생각을 높이기 때문에 의식적 무의식적으로 자기의 모습을 왜곡시켜 나타내며 자기 이외의 인간의 모습을 그리는 경우도 많다.

• 꽃

사랑과 아름다움의 상징이며 애정의 욕구를 나타낸다.

• 동물

보통 개, 고양이, 토끼, 닭 등 가축이 많고 말이나 소 등을 그리는 경우도 많다. 동물이 가지고 있는 특성, 생태, 신화, 전설 등에 맞추어 해석하는 게 일반적이다.

• 돌

돌의 속성은 단단함, 냉정, 불변성이다. 돌은 일반적으로 눈에 띄지 않고 무수히 많은 것으로 존재를 알아차리기 어려운 경우가 많다. 큰 돌이나 큰 바위일 경우, 이것들이 우뚝 솟아 앞길을 가로막고 무겁게 짓누르고 있을 경우에는 장애, 무거운 짐, 엄격함, 냉정을 의미한다. 이처럼 크기와 위치가 중요한데 밭에 돌이 있다면 그것은 자신의 현재 일에 걸림돌, 즉 장애가 존재한다는 뜻이다.

• 추가그림

가장 많이 추가하는 것은 태양과 다리이다. 다리는 종종 길 단계에서 강을 건널 때 이미 그려진 경우가 많으며 무의식 세계와 의식세계를 잇는 의미이다. 치료의 진전이나 내적 세계의 발전으로서 파악되기도 한다.

(5) 학교생활화

• A4용지, 연필, 지우개를 준비한다.
• 학교의 친구와 선생님을 포함해서 그림을 그리게 한다.
• 내담자의 학교생활을 분석하는 데 활용한다.
• 학급집단 내의 사회적 위치, 역할, 적응상태 등을 파악할 수 있다.

(6) 동적 가족화

• A4용지, 연필, 지우개를 준비한다.
• 가족 모두가 무언가를 하고있는 그림을 그리도록 한다.
• 예시: "너를 포함해서 가족 모두가 무언가를 하고있는 그림을 그려보자. 만화나 막대기 같은 사람을 그리지 말고 사람 모습과 같은 그림을 그려야 해. 그리

고 가족들이 언가를 하고 있는 그림을 그려야 한다. 꼭 너도 포함하여 그림을 그리도록 해.”

- 가족을 그리는 순서나 가족 구성원의 위치, 크기, 동작, 표정, 전체적인 그림 분위기를 통해 가족의 역동성을 짐작할 수 있다.
- 해석을 위해 각 인물에 대한 질문을 할 수 있다.

  질문 예시: “이 사람은 지금 무엇을 하고있는 거니?

               “이 사람의 좋은 점은 무엇일까?”

               “이 그림을 보면서 무슨 생각을 했니?”

               “앞으로 이 가족은 어떻게 될 것 같아?”

               “이 그림의 상황 이전에는 어떤 일이 있었던 것 같니?”

(7) 집-나무-사람검사

- A4용지 4장과 연필, 지우개를 준비한다.
- A4용지에 집, 나무, 사람, 반대 성의 사람을 그리도록 한다. 그림을 다 그린 후 질문을 한다.
- 지시예시: “지금부터 그림을 그릴거에요. 그런데 그림을 잘 그리고 못 그리는 것을 보는 게 아니에요. 그러니 마음을 편하게 하고 즐겁게 그리세요. 한 장의 종이에 하나씩 그리는 겁니다.”

      첫 번째 종이를 제시하며

       “이 종이에 집을 그려주세요.”

      두 번째 종이를 제시하며

       “이 종이에 나무를 그려주세요.”

      세번째 종이를 제시하며

       “이 종이에 사람을 그려주세요.”

      네 번째 종이를 제시하며

       “이 종이에 좀 전에 그린 사람과 반대의 성을 가진 사람을 그려주세요.”

- 질문예시: “이 집은 어디에 있는 집인가요.”

              “이 집 근처에 다른 집은 없나요?”

              “이 집엔 누가 살고 있나요?”

"이 나무는 어떤 나무인가요?"

"이 나무는 얼마나 오래 살고 있나요?"

"이 나무에게 필요한 것은 무엇일까요?

"이 사람은 몇 살인가요?"

"이 사람은 지금 무엇을 하고 있나요?"

"이 사람은 무슨 생각을 하고 있을까요?"

- **해석**

‣ 집은 가정상황을 나타낸다. 문이나 창문은 외부와의 접촉에 대한 정보를 제공
한다.

‣ 나무는 무의식적인 자아상을 나타낸다.

‣ 사람은 현실에서의 자신의 감정과 태도가 투사되어 나타난다.

‣ 그림이 너무 작은 경우 열등감, 너무 큰 경우 공격성을 나타낸다.

그림 6-1 • 학교폭력 피해자의 그림이다.
필압이 낮고 선이 불안정하다.

그림 6-2 • 빗줄기가 굵고 직선, 사선이 겹쳐있다. 작은 우산을
손에 들고 있지만 그마저도 펼쳐 쓰지 않았다. 자동차가 있는 것으
로 보아 도로 한복판인 것 같다

(8) 빗속의 사람 그리기

외적인 스트레스 요인을 비가 오는 상황을 상징화하여 그 속에 사람이 보이는 자세를 그림으로 관찰하는 것이다(Oster & Gould, 1999). 빗속의 사람을 그리게 함으로써 내담자가 힘든 상황에서 어떻게 반응하는지, 위험한 상황에서 어떻게 반응하는지, 어려운 상황을 대면하기 위해 어떤 방어기제를 사용하는지 등을 알아본다.

2 자아개념을 알아보는 기법

- 자소상: 눈을 감고 한 손으로 얼굴을 더듬고 다른 손으로 찰흙을 빚어 만든다. 자기 및 타인에 대한 이식의 확대를 돕는다.

- 이름 꾸미기: 자신의 이름을 사실적으로 묘사하거나 상징적으로 묘사한다. 치료초기에 긴장을 완화하고 친밀감을 형성하기 위한 활동으로 활용된다.

- 가면 만들기: 도화지에 자유로운 형태로 자신이 갖고 싶은 얼굴의 모습을 그려 가면을 만든다. 또는 시중에 판매하는 다양한 종이 가면을 준비한다. 내적 자아의 다양한 모습을 탐색한 후에 유성매직, 폼클레이, 색연필 등을 활용해 자신이 원하는 진짜 나의 모습을 표현한다. 현재의 나의 모습과 내적 자아의 모습의 차이를 살펴본다. 자기 이해의 기회를 주는 활동이다.

- 콜라주: 사진이나 그림들을 이용해서 자신의 심상을 자유롭게 표현할 수 있다는 장점이 있다. 내담자들은 대부분 이 기법에 흥미를 보이며 별다른 저항 없이 자신의 감정과 욕구 등의 내적 심상을 솔직하게 표현한다. 잡지 등에서 마음에 드는 그림이나 사진을 찾아 오리거나 찢어서 도화지에 붙여서 꾸민다. 도화지에 붙인 사진의 우선순위를 정해 내담자가 현재 가장 원하는 것이 무엇인지, 가장 필요한 것이 무엇인지를 탐색할 수 있다.

- 나의 안과 밖: 상자를 이용하여 안에는 내가 보는 나를 표현하고, 밖에는 남이 보는 나를 표현한다. 자신에 대한 새롭게 인식할 수 있는 기회를 제공한다.

3 무의식을 드러내기 위한 기법

- 눈감고 난화그리기: 흰 도화지에 난화를 그리는동안 움직이지 않도록 고정시키고 한 가지 색을 선택하여 눈을감고 30초 동안 선을 긋는다.

- 자주 사용하지 않는 손으로 난화 그리기: 보편적으로 글을 쓸 때 사용하지 않던 손으로 그림을 그리는 것이다.

- 잉크와 끈으로 난화 그리기: 종이 위에 잉크나 검정 템페라에 끈을 적셔서 선과 형태 만들기를 하고 끌어당긴다.

- 물감 얼룩 만들기: 종이 위에 크레용이나 파스텔을 이용하여 그린 후 물감을 사용해서 자신만의 얼룩을 만든다.

- 만다라 그리기: 흰 종이에 컴퍼스나 접시를 대고 연필로 원을 그린다. 원한다면, 직접 원을 그린다. 실시 방법은 먼저 모든 재료를 내려놓고 몇 분간 명상을 통해 이완 작업을 한다. 이완이 되면 눈을 감고 내면세계에 초점을 맞춰 내면에 떠오르는 색상, 형태, 느낌 등으로 이미지를 보도록 한다. 눈을 뜨고 앞에 놓여 있는 종이에 동그라미를 그리거나 둥근 종이, 접시 등에 만다라를 제작한다. 크레파스, 색연필, 색종이 등의 재료를 이용할 수 있다.

- 핑거페인팅: 손에 물감을 묻혀 종이 위에 찍거나 바르거나 문지르는 등의 자유로운 활동이다. 물감에 풀죽을 섞어 사용하기도 한다. 거부감 감소, 흥미 유발 및 촉진 등에 효과적으로 쓰이고 있으다. 치료 초기에는 긴장 완화와 흥미 유발을 목적으로, 중기에는 저항 감소와 감정 발산 및 스트레스 해소를 목적으로, 종결기에는 자기이해와 자기인식 향상을 목적으로 쓰인다. 안전감 있고 허용적인 분위기에서 자유롭게 이루어지는 작업으로 긴장과 방어가 낮아진다.

4 가족관계를 알아보기 위한 기법

- 가족관계도 그리기: 가족구성원 개개인이 상호작용하고 서로 결합되어 있는 방식을 전달하는 것. 가족구성원들을 상징하는 간단한 도형을 사용하여 그린다.
- 돌려그리기: 가족 구성원들이 한 사람씩 돌려가면서 비언어적으로 자신의 그림을 그린다.
- 가족인형 만들기: 가족 구성원의 인형을 만들어 이미지를 구체적으로 표현해 본다.
- 동물가족화 그리기: 가족을 동물로 나타나게 하고 설명하도록 한다.

5 치료시기에 따른 미술치료 기법

(1) 치료 초기

미술치료 초기에는 치료 자체에 대한 어색함과 미술표현에 익숙하지 않아 거부감이 수 있는 내담자들의 저항을 줄이고 긴장을 완화할 수 있는 기법들을 활용한다

○● 출발그림

그림을 그릴 때의 공포, 수줍음 등이나 저항 등을 줄여서 그림 그리기를 자극하고 촉진시키는 데 사용한다. 종이에 치료사가 직접 얼굴을 그려주거나 잡지에서 오린 그림을 붙여준다. 내담자는 이어서 그림을 완성해 나간다.

○● 난화

난화는 그림을 그린 사람의 무의식 속에 숨어 있는 상상을 표출하고 저항감을 줄이는 데 도움을 준다. 난화작업을 통해 치료사와 내담자는 신뢰감을 형성할 수 있고 내담자의 저항을 줄일 수 있으며 내담자 스스로 자신의 문제를 인식하도록 이끌 수 있다. 또한 내담자가 자신의 무의식을 의식화하는 데 도움을 줄 수 있다.

준비물은 다양한 크기의 종이, 연필 그림도구 등이다. 종이에 직선이나 곡선 등을 자유롭게 긋고 그려진 선들 속에서 이미지를 떠올려본다. 이미지가 떠오르면 색칠

을 하여 구체화시킨다.

(2) 치료 중기

치료 중기에는 테두리법, 난화 상호이야기 만들기법, 꿈의 활용, 콜라주, 핑거페인팅, 만다라 등의 기법을 사용한다. 콜라주, 핑거페인팅, 만다라는 앞서 설명했기 때문에 여기에서는 테두리법과 난화 상호이야기법, 꿈의 활용, 초기기억 신체 꾸미기에 대해 다루어본다.

○● 테두리법

각이 있는 도화지의 날카로움으로 인한 내담자의 저항을 줄여주기 위해 치료사가 도화지에 테두리를 그린 후 내담자에게 제시하는 방법이다. 공포를 줄이고 미술활동에 자극을 주기 위해 활용된다. 자아가 약한 내담자에게 주로 사용하며 테두리는 자를 이용하지 않고 그냥 손으로만 그린다. 원을 그려줄 때도 있다.

그림 6-3 • **테두리법, 사각**

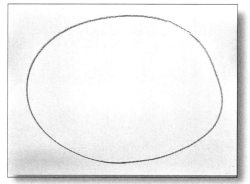

그림 6-4 • **테두리법, 원**

○● 난화 상호이야기 만들기법

난화에 이야기하기가 결합된 기법이다. 내담자가 아무렇게나 그린 선에 치료사가 그 자신의 심상을 형상화하여 이름을 짓고 또 치료사가 아무렇게나 그린 선에 내담자가 심상을 형상화하여 이름을 짓는다. 내담자와 치료사는 그림에 대해 이야기한다. 그런 후, 두 장의 난화를 이용해서 치료사와 내담자는 각각 이야기를 만든다.

난화 상호이야기는 자신의 감정이나 내적 갈등을 난화에 투사하여 이야기를 나누는 과정에서 내담자의 심리상태를 이해하고 지지해 준다는 장점이 있다. 이로 인해, 난화 상호이야기는 특히 직접적으로 자신의 내적 갈등을 표현하기 어려워하거나 꺼리는 내담자의 상담에 많이 이용되고 있다.

○● 꿈의 활용

치료사는 내담자에게 떠오르는 꿈을 그려보기를 제안한다. 준비물은 A4 용지, 채색도구, 연필, 공책 등이다. 먼저, 내담자에게 자신이 꾼 꿈의 내용을 떠올릴 수 있도록 시간을 준 뒤, A4 용지에 꿈의 내용을 단어나 그림 또는 상징으로 표현하도록 한다.

다음으로 꿈의 이미지를 색채와 형태로 표현해 보도록 한다. 마지막으로 내담자가 생각하는 꿈의 이미지를 가능한 한 상세하게 표현하도록 한다. 그림을 다 그린 다음 치료자는 내담자에게 꿈을 형상화하는 작업과 관련하여 질문을 하면서 대화를 하며 꿈을 더 깊이 탐색하도록 한다.

○● 초기기억

아들러는 한 개인의 '인생 이야기'라고 할 수 있는 초기기억에 주목하였다. 그만큼 초기기억은 내담자를 이해하기 위한 중요한 단서가 된다. 내담자들은 그들의 과거에 대해 선택적으로 기억한다. 따라서 내담자들이 기억하고 있는 초기기억은 그들의 생활양식, 인지체계 등을 반영한다고 볼 수 있으며 또한 내담자들이 가지고 있는 잘못된 신념이나 세상을 바라보는 시각, 사회적 상호작용을 이해하는 데 도움이 된다.

○● 나의 장점과 단점

나의 장점과 단점을 생각해보고 미술활동으로 표현해보는 방법에는 여러 가지가 있을 수 있다. 많이 활용되는 방법은 오른손, 왼손을 본 뜬 후 한쪽의 본에는 장점을 다른 한쪽의 본에는 단점을 글과 그림으로 표현하는 작업이다. 재료는 종이와 연필 채색도구가 필요하다. 손은 신체의 일부로 자신을 대표한다고 볼 수 있다. 따라서 손을 본뜨면서 자신에 대한 탐색을 시작하는 것이다. 각각의 손에 자신의 장점과 단점을 표현해보고 장점은 개발하고 단점은 보완하는 작업을 해나가면서 자신에 대한 통합을 시도한다.

○● 신체 꾸미기

신체를 다 그려 넣을 수 있을 만큼 커다란 종이를 준비한다. 연필, 지우개, 색채도구, 잡지 등이 필요하다. 종이를 벽에 붙이거나 바닥에 펼쳐놓고 그 위에 몸을 대어 신체의 본을 뜬다. 개인 치료에서는 치료사가 본을 떠 줄 수 있고 집단치료에서는 2인 1조가 되어 작업을 할 수 있다. 자신의 신체 본에 가장 나를 잘 나타낸다고 생각하는 이미지를 그려넣거나 잡지책에서 오려 붙인다.

자신의 미래상, 자신의 장점찾기 등의 작업으로 활용되는 기법이다. 자신의 신체를 꾸미는 과정 속에서 자신에 대해 생각하게 되고 자신을 긍정적으로 바라보게 되며 수용하게 된다.

(3) 치료후기

치료 후기 내담자가 자신에 대한 통찰을 경험함으로써 내담자의 심리적 상황이나 갈등에 대한 치료적 접근이 효과를 보이는 시기이다. 또한 미술치료를 정리하고 종결을 맞이하는 시기이다.

○● 되고 싶은 나, 미래의 내 모습

그림을 잘 그리는 내담자의 경우에는 그림으로 나타내고 싶어 할 수도 있다. 그럴땐 그렇게 하면 된다. 가장 많이 쓰이는 방법은 콜라주를 활용하는 방법이다. 잡지 속의 이미지들 속에서 내가 되고 싶은 것을 찾아 도화지에 꾸민 후 설명을 하도록 한다.

또는 미래의 자기자신에게 편지를 쓰는 작업을 할 수도 있다. 미래의 내 모습을 상상하면서 미래의 열심히 살고 있을 나에게 편지를 쓰며 자신의 희망을 구체화시켜 볼 수도 있다.

○● 소망나무

나무를 그릴 수도 있고 나무를 만들 수도 있다. 에를 들어 사과나무를 그려보자. 사과나무에 열린 사과마다 자신의 소망을 적어넣는다. 또는 시중에 판매되는 화분과 나뭇가지, 돌을 구입해서 직접 화분에 나뭇가지를 배열하고 돌을 넣어 고정시킨 후 가지마다 소망을 적은 색종이를 붙인다. 청소년들은 이 작업을 한 후 작품을 집에 가져가서 책상 위에 놓고 보기도 한다.

종결의 회기에 이 작업을 하면서 지난 회기를 돌아보고 치료과정에서 변화된 자신에 대해 알게되며 앞으로의 노력을 다짐하게 된다

Ⅲ 미술치료의 매체

매체는 내담자의 심상을 시각적으로 이미지화하는 도구이며 내담자의 내면을 자연스럽게 표현할 수 있도록 한다. 미술치료에서의 매체는 내담자의 심리상태, 심리적 발달단계를 고려해서 선택해야한다.

감정표현에 어려움을 겪는 내담자의 경우에는 단순하고 비전형적인 물감 등의 재료가 자연스러운 감정표출에 도움을 준다. 정형화된 매체들은 내담자의 자유로운 활동을 제한하기 때문에 단순하고 비구조적인 매체를 제공하여 심리적 투사를 더 많이 하게 하는 것이 도움이 된다.

자기통제가 어렵고 산만한 내담자에게는 연필이나 색연필 등 딱딱한 느낌의 매체를 제공하여 산만한 행동을 통제하고 불안정한 감정을 조절할 수 있도록 도움을 주어야 한다.

삶의 의미를 느끼지 못하는 내담자에게는 성취감을 줄 수 있고 자신의 가치를 느낄 수 있게 해주는 미술매체를 선택하여 정서표현을 촉진시키도록 해야한다. 약간의 설명으로 부담 없이 사용할 수 있는 매체가 효과적이다.

젖은 검토	그림 물감	부드러운 점토	오일파스텔	두꺼운 펠트지	콜라주	단단한 점토	얇은 펠트지	색연필	연필
1	2	3	4	5	6	7	8	9	10

■ 주: 1부터 10까지의 숫자는 통제력이 가장 낮은 것부터 통제력이 높은 순서를 의미한다. 미술매체의 특성(Landgarten, 1987)

1 특성에 따른 매체의 분류

(1) 2차원 습식매체

물감, 먹물 등이 있다. 수채화 물감은 유동적이어서 실수를 바로잡기 어렵고 통제가 힘들다는 단점이 있지만 사용하는 물의 양에 따라 경쾌한 느낌, 무거운 느낌, 힘찬 느낌 등을 표현할 수 있다. 불기, 찍기, 데칼코마니 활동에 사용한다.

유화물감은 색이 선명하고 덧칠할 때 효과적이며 정밀한 명암을 표현할 수 있다는 장점이 있다. 반면 마르는 데 시간이 오래 걸리고 경제적인 부분과 사용법 등의 제한이 있어 잘 활용하지 않는다.

먹물은 덜 위협적인 방법으로 무의식을 표현할 수 있어 감정표현에 방어적인 내담자에게 효과적이다.

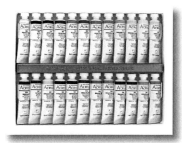

(2) 2차원 건조매체

연필, 색연필, 목탄, 콩테, 파스텔, 크레파스 등이 여기에 속한다. 처음 미술치료를 시작하거나 매체사용에 있어서 통제가 필요한 사람에게는 2차원 건조 매체가 효과적이다.

(3) 3차원 습식매체

지점토, 찰흙, 풀물감, 마스크재료 등 입체적 표현이 가능한 매체이다. 던지고 두드리는 작업이 가능한 입체 매체들은 분노, 공격성 등의 감정을 다루는 데 효과적이다. 점토는 사용이 쉽고 부담이 없는 재료로 에너지 발산에 유용하여 많이 활용된다.

풀물감은 풀과 수채화 물감으로 만들며 부드러우면서 유연하여 사용이 자유롭기 때문에 위축된 내담자에게 효과적이다. 산만한 내담자에게는 통제성이 낮아 주의해야 한다. 마스크 재료로는 석고 마스크, 붕대 마스크, 형태가 만들어진 마스크 등이 있다. 자아인식에 많이 활용된다.

(4) 3차원 건조매체

노끈, 철사 등과 플라스틱 용기, 달걀판, 상자 등 주위에 있는 일상용품들을 활용할 수 있다. 다양한 감정 표출과 자기표출이 가능한다.

청소년 문제와
미술치료 – 인간관계

인간은 혼자 세상을 살아갈 수 없다. 다른 사람과 어울리며 살아가야 한다. 부모 자식, 형제 관계 속에서 태어나 같이 배우고 놀고 생활하는 친구들의 관계 속에 들어간다. 그리고 배움을 마치고 직장생활을 하면서 직장이라는 조직에서의 관계가 시작된다. 점점 관계의 폭이 넓어진다. 살면서 인간은 계속 새로운 관계에 직면하게 된다. 이때 필요한 것이 대인관계능력이다. 인간의 대인관계능력은 어린시절 양육환경이 바탕이 되어 그 영향력이 이후 발달단계에서도 지속된다.

아동이 어떤 대상에 대하여 마음속에 가지고 있는 이미지를 내적표상이라고 한다. 이것은 아동 자신이 경험하여 자신의 마음속에 형성되어 있는 내면의 존재이다. 생애 초기에 경험한 강력한 관계는 자신이 만나는 세상을 해석하는 틀이 되는데 이것은 내적 작동모델이다. 내적 작동모델은 새로운 자극, 상황, 환경에서의 인지, 행동, 정서에 영향을 준다.

이렇게 생애 초기 주 양육자와의 관계에서 형성된 타인에 대한 내적 표상인 대상표상은 세상에 반응하는 틀이 된다. 주 양육자와의 관계의 질은 아동 자신에 대한 신뢰, 타인에 대한 신뢰에 중요한 메시지를 전달한다.

따뜻하고 민감한 양육을 받은 아동은 사랑하는 부모, 즉 좋은 대상이라는 심상과 자신이 사랑받는 대상이라는 심상을 내면화한다. 반면 충분한 사랑과 양육을 받지 못한 아동은 양육자에 대해 화내고 거부하는 나쁜 대상이라는 심상을 내면화하고 자신을 가치 없고 사랑받을 수 없는 존재로 지각하며 타인과 세상에 대한 왜곡된 생각과 정서, 낮은 자존감 연약한 자아 등을 가지게 될 수 있다. 이러한 메커니즘은 이후 발달단계에서의 대인관계에도 영향을 미친다.

청소년기는 가족의 울타리 밖으로 인간관계가 급격히 확장되는 시기이며 인지능력의 발달로 인해 인간관계에서의 친밀감, 배려, 공감 등이 중요해지는 시기이다 (Berndt & Perry, 1986). 즉, 대인관계를 유지하고 발달시켜 나갈 수 있는 사회적 능력을 개발하는 시기이다.

이 장에서는 창소년기 인간관계와 그 속에서 발생하는 문제점과 해결방안으로서의 미술치료 적용에 대해 살펴보기로 하겠다.

_____

I 청소년기의 대인관계 문제 유형

1 가족관계

인간은 태어나는 순간부터 가족이라는 가장 기초적인 집단의 구성원이 된다. 가족과의 관계는 청소년의 발달에 중요한 영향을 미치는데 그중에서도 부모-자녀관계가 중요하다. 부모와의 긍정적인 상호작용은 신뢰감, 자기개념, 성역할 등에 영향을 미친다. 그런데 청소년기의 특성상 또래관계에 집중하는 시기로 친구와의 관계를 중요시 하기 때문에 부모-자녀관계의 갈등이 생긴다.

부모-자녀 갈등해결을 위한 방법
- 폭넓은 의사소통
- 민주적 양육 속에서 부모와 자녀 간의 갈등은 최소화될 수 있다.
- 부모의 진정한 사랑은 자녀의 분리를 관용하고 후원해 주는 것이다.
- 부모와 자녀가 서로의 발달적 특징을 이해하는 것이 중요하다.

(1) 부모의 계속적인 통제와 자녀의 독립욕구

자녀가 어릴 때는 자녀의 모든 것을 부모가 결정하였다. 청소년이 된 자녀는 독립적이 되어 부모의 의존에서 벗어나고자 한다. 그런데 부모는 아직 준비가 되어있지 않아 계속 자녀의 모든 것을 자신이 결정하고자 하는데 이때 자녀는 부모의 권위에 도전하면서 갈등이 발생한다.

또한 부모는 어떨 때는 청소년 자녀에게 '너도 이제 다 컸으니 네 스스로 알아서해'라고 말하면서 또 어떨 때는 '넌 아직 어리니까 부모가 시키는 대로 해야해'라고 이중적인 모습을 보여 더욱 더 갈등은 깊어진다.

(2) 가치관의 차이에서 오는 갈등

살아온 성장배경이 다른 중년기의 부모세대와 청소년기의 자녀 세대는 서로 다른 가치관을 가지고 있을 수 있다. 자녀가 부모의 가치관에 대한 논리적 모순을 발견하고 이에 대해 부모에게 의문을 제기하는데 이때 부모는 이것을 자녀의 도전이라고 인식하여 스트레스가 될 수 있다.

(3) 서로 다른 발달 시기에서 오는 갈등

자녀는 부모로부터 심리적인 독립을 하여 정체감 형성과 진학, 진로선택 등에 대한 준비를 하는 시기에 있어 미래에 대한 희망과 설렘으로 분주한 반면 부모는 이제 중년기가 되어 신체적으로도 힘이 떨어지고 사회적으로도 은퇴를 준비하는 시기를 맞아 노후에 대한 걱정이 시작되는 단계에 있다. 이러한 상반된 발달 시기는 부모-자녀 간의 갈등을 심화시킬 수 있다.

(4) 부모자녀 관계의 갈등 해결방안

- 폭넓은 의사소통과 민주적 양육 속에서 부모와 자녀 간의 갈등은 최소화될 수 있다.
- 부모의 진정한 사랑은 자녀의 분리를 관용하고 후원해 주는 것이다.
- 부모와 자녀가 서로의 발달적 특징을 이해하는 것이 중요하다.

(5) 청소년기 부모자녀 갈등해소를 위한 미술치료 적용

- 청소년 자녀를 둔 어머니 또는 아버지를 대상으로 집단을 구성한다.
- 부모-자녀관계 향상에 효과적인 내용으로 구성한다.
- 집단미술치료를 진행한다-매 회기 작품과 느낌에 대한 이야기를 집단원들과 공유한다.
- 이러한 과정을 통해 자기자신에 대한 탐색이 이루어지며 변화가 시작된다.

2 이성과의 관계

청소년기의 이성친구는 매우 강력한 심리적 지지자가 될 수 있다. 사회적 관계를 확대시켜주며 청소년기의 자아 중심성을 극복할 수 있는 기회를 제공한다. 또한 자신의 유능성과 사회적응력을 신장시키는 계기를 마련해준다.

청소년기 이성과의 친구관계는 매우 다양한 경로로 이루어질 수 있으며 이성친구는 이성에 대해서 보다 깊은 이해를 제공해주는 모니터 역할을 수행해준다. 이성과의 친구관계는 어느 정도 과도기적 성격을 지니고 있는데 친구로 남거나 연인으로 발전할 수 있다.

청소년기는 이성에 대한 친밀감의 욕구가 높아져 이성친구를 만들고 애정적 관계를 형성하려고 한다. 이러한 욕구는 학업의 중압감 등의 현실과 맞물려 청소년에게 큰 스트레스를 주는 요인이 되기도 한다.

이성친구관계에서 발생할 수 있는 문제
- 성에 대한 호기심 증폭, 이성에 대한 관심증가
- 이성 교제와 관련된 고민과 갈등이 커짐
- 이성에 대한 지나친 관심과 개입, 짝사랑, 삼각관계, 질투, 실연, 헤어짐 등
- 이성 교제로 인한 부모와의 갈등, 건전한 이성 교제 방법 미숙 등

3 친구와의 관계(동성친구)

청소년기는 또래관계, 친구관계에 집중하는 시기이다. 따라서 청소년 발달에 있어서 친구관계는 중요한 역할을 한다. 청소년기의 개인은 친밀감의 욕구가 증가한다. 이때 친구는 친밀감의 욕구를 충족시키는 역할을 하는 존재이다.

청소년기는 아동기와는 친구관계의 양상이 달라진다. 아동기에는 놀이중심이었다면 청소년기의 친구관계는 서로의 내면을 이해하면서 친구에 대한 애착이 발달하게 된다. 다른 어떤 시기보다 우정이 발달하는 청소년기의 또래관계는 중요한 의미를 갖는데 청소년은 친구를 따라 여러 가지 결정을 하고 행동하는 경우가 많아진다 (Savin-Williams & Berndt, 1990).

청소년기의 친구는 대부분 순수한 인간지향적인 대인관계로서 상호 대등한 위치에서 맺어진다. 친구를 사귐으로써 취미 활동과 놀이 활동을 같이 하게되어 유희성을 충족할 수 있다. 또한 친구는 중요한 정서적 지지자가 된다. 청소년기의 친구는 자신과 자신의 삶을 평가하는 중요한 비교준거가 되며 청소년기 주요발달 과업인 정체성의 확립에 도움을 준다.

(1) 친구의 기능

친구의 기능에 대한 정리를 살펴보면 다음과 같다(Mendelson & Aboud,1999).

1. 친구는 교재의 즐거움을 주는 존재이다.
2. 친구는 필요한 정보를 주거나 도와주는 기능을 한다.
3. 친구는 친밀감을 제공하는 존재이다.
   - 친구는 속마음을 털어놓을 수 있는 수용적인 분위기를 제공해주는 존재이다.
   - 친구는 타인과 따뜻하고 친근한 관계를 맺을 수 있는 기회를 제공해준다.
4. 친구와의 안정된 관계를 통해 타인과의 관계에서 믿음을 가질수 있게 된다.
5. 친구는 칭찬과 존중 등 자신의 가치에 대해 확신을 주는 역할을 한다.
6. 친구는 정서적 안정의 기능을 하는데, 어려운 상황에서 친구의 격려와 위로는 마음의 안정을 되찾게 해준다.

(2) 동성 친구관계에서 발생하는 문제

- 친구 사이에서의 시기, 질투, 경쟁심, 열등감
- 친구 사이의 불신
- 친구들과의 다툼, 싸움
- 친구와 문제나 다툼 있을 때의 대처기술 부족
- 친구와의 과잉밀착,
- 진정한 친구의 부재
- 친구들로부터의 소외, 무시당함
- 친구를 사귀지 못하는 문제

Ⅱ 미술치료적 접근

청소년기는 가족에게서 분리되어 친구관계에 집중하며 친밀감을 바탕으로 한 대인관계를 형성해나가는 시기이다. 따라서 또래집단에서의 자신의 생각과 감정을 제대로 전달할 수 있는 언어적, 비언어적 소통의 방법과 상대방의 이야기에 귀 기울여 경청하고 서로의 차이를 이해하고 절충할 수 있는 효율적인 의사소통의 기술이 요구된다.

집단미술치료는 집단의 구성원 모두가 동시에 참여하는 과정이다. 개방적인 분위기에서 자기표현에 보다 적극적이 되어 작품과 작품활동에 대해 자유롭게 이야기하는 기회가 주어진다.

치료사는 지나친 해석이나 평가보다는 수용적인 태도로 구성원들의 능동적이고 자발적인 참여를 이끌어 내어 집단내의 건전한 대인관계 환경을 조성한다. 이러한 집단 미술치료는 청소년기 의사소통과 대인관계 기술을 증진시키는 데 도움이 되는 심리치료 방법이다.

1 의사소통 기술증진 집단미술치료 사례

■ 표 7-1   의사소통 기술 증진 미술치료(단계별, 총 10회기, 1회 80분)

단계	목표
초기(1~2회기) 라포형성	과정에 대한 설명, 자기소개, 구성원간 친밀감 형성
중기(3~6회기) 탐색	자신의 감정 탐색과 표출하기, 집단원간 서로 알아가기, 신뢰감 형성
후기(7~10회기) 강화	공감·경청 방법 훈련, 지지·격려 방법 훈련, 긍정적 피드백 주고받기

■ 표 7-2   진행과정

과정	시간	활동내용
도입	15분	인사하기, 집단규칙 설명 하기, 과정 소개하기
활동	50분	작품 활동/자기탐색// 서로의 작품에 대해 이야기 나누기/ 피드백 주고받기
마무리	10분	오늘 느낀 점 이야기하기/마무리 인사

(1) 집단 구성원

집단원 구성: 중학교 3학년 남학생 4명, 여학생 2명

구성원의 특성

■ A(중3, 여학생)

유복한 가정 환경에서 자라 겉으로 보기엔 큰 문제가 없어 보인다. 1남 1녀 중 막

내이다. 오빠와는 어린 시절부터 경쟁관계였다고 한다. 그런데 그건 A 혼자만의 생각이었다. 오빠는 A를 크게 신경 쓰지 않는데 A는 늘 오빠가 자신보다 더 부모님께 사랑받을까봐 걱정이었다고 한다. 이렇게 A가 오빠를 신경 쓰자 오빠도 A가 거슬렸고 그래서 지금은 남매 간의 갈등이 심한 편이다. 특히 오빠는 공부도 잘하고 모범생이라 오빠와 비교되는 것에 스트레스를 많이 받는다. 자기주장이 강해서 반 친구들과 다툼이 자주 생기기도 하고, 교사에게는 방어적인 태도를 취하고 있어서 학교생활도 어렵게 이어가고 있다.

■ B(중3, 남학생)

부모님의 이혼으로 현재 어머니와 살고 있다. 부모님은 B가 초등학교 2학년 때 이혼을 했다. 어머니가 직장생활을 하면서 B를 양육하고 있어 형편이 좋지 않지만 내색하지 않는다. 아버지와는 왕래가 거의 없다. 친구들은 B에 대해 잘 모른다. 자기중심적 성향이 강하고 친구들에게 속마음을 이야기하지 않아 친한 친구는 없는 것으로 보인다. 자기중심적 성향은 강하지만 자신감이 부족하여 자기표현에 어려움을 겪고 있다.

■ C(중3, 여학생)

어린 시절부터 몸이 약해 부모님의 과잉보호가 매우 심했다. 이렇게 과잉보호적인 양육 환경에서 자라 유약하고 스스로 무엇을 할 의지가 없다. 그런데 인정받고자 하는 욕구가 강하고 항상 부모님이 자신을 중심으로 생활해왔기 때문에 언제나 자신이 중심에 있어야 한다고 생각한다. 남에게 보여지는 모습에 관심이 많아 과시적인 행동을 하기도 하고 뜻대로 되지 않을 때는 공격적인 면을 보이기도 한다. 자신의 감정을 어떻게 표현하는 것인지 적절한 감정표현 방법을 모른다.

■ D(중3, 남학생)

겉으로 보기에는 아무런 문제가 없는 모범생이다. 아버지는 대학교수, 어머니는 약사로 가정환경은 매우 유복하고 안정적으로 보인다. 그런데 부모님의 공부에 대한 관심이 지나치게 높아 D는 항상 스트레스를 많이 받는다. 시험 때가 되면 아버지, 어머니가 모두 수험생이 된 것 같이 행동해서 집을 나가고 싶기도 하다. 특히 의대에 가야 한다는 압박감은 이루 말할 수 없이 큰 스트레스이다. 스트레스 도피 차원으로 이성교재를 시작했는데 더 힘든 상황이 되어 버렸다.

■ E(중3, 남학생)

초등학교 때 아버지로부터 가정폭력을 당한 경험이 있다. 그로 인해 아버지와 어머니는 E가 초등학교 5학년 때 이혼을 했다. 가정폭력의 시작은 기억이 안나지만 부모가 이혼할 무렵까지 지속되었다. 현재 어머니와 여동생과 살고 있다. 괜히 위축되고 자신감이 없다. 어머니는 E를 항상 안쓰러워 한다. E가 친구를 사귀지 못하는 것도 폭력의 경험 때문일지 모른다고 생각하여 더 미안해 한다. 친구들과 교류가 전혀 없으며 의사소통에 어려움을 겪고 있다.

■ F(중3, 남학생)

또래에 비해 체격이 왜소하고 수줍음이 많다. 키가 작아 어머니의 성화로 한약을 먹고 있지만 효과는 없는 것 같다. 키가 쑥쑥 자라지 않는다. 여동생은 발육이 잘 되고 있어 더욱 비교가 된다. 어머니는 심하게 키에 신경을 쓴다. 키에 대한 어머니의 지나친 관심으로 힘들어 하고 있다. F는 초등학교 때부터 친구를 잘 사귀지 못했다. 크게 신경쓰지 않았는데 어머니의 성화 때문에 키가 작은 게 언제부터인가 콤플렉스로 작용하고 있다.

지금은 여러 명의 친구를 사귀지 못하지만 친한 친구 한 명이 있어 그 친구와 소통한다. 손톱을 자주 물어뜯고 소극적이고 소심하며 자기주장, 자기표현을 안한다. 교사에게는 수줍게 웃는 것으로 의사표현을 한다.

(2) 집단미술치료 진행 과정과 내용

○● 1회기

자기를 소개하는 시간을 가졌으며 집단원과 치료사 그리고 집단원 간의 신뢰감 형성을 목표로 회기의 내용을 구성하였다.

몸으로 자기 이름쓰기를 하며 긴장을 풀었다. 대체로 의사표현에 소극적인 성향을 가지고 있어 많이 어색해했지만 모두 다 참여했다. 이어 별칭을 만들어서 도화지에 꾸며보고 발표하였다. 제각각 자기에게 어울릴 만한 별칭을 만들었다. 회기가 끝날 무렵에는 분위기가 조금 부드러워졌다.

○● 2회기

두 번째 회기는 도화지에 자신을 상징하는 그림을 그린 후 옆으로 돌려 다른 집단 구성원들에게 자신을 상징하는 것을 그려달라고 하는 작업이다. 다 돌아가고 다시 본인에게로 온 도화지에는 자신이 그린 그림 이외에 5명의 구성원들이 그린 그림이 추가되어 있다. 마음에 드는 그림도 있고 뜻밖의 표현도 있다. 그렇게 그린 이유와 그렇게 생각한 이유를 서로 이야기 하며 서로에 대한 친밀감을 형성하는 시간을 가졌다. 집단원들은 내가 보는 나와 다른 사람이 보는 내가 일치하는 부분도 있지만 전혀 다른 부분도 있다는 것을 알게 되면서 자신에 대한 탐색의 첫걸음을 내딛었다.

○● 3회기

세 번째 회기는 구체적인 자기 탐색의 시간으로 구성하였다. 준비물은 상자와 색지, 색종이, 채색도구와 풀, 가위 등이다. 2인 1조가 되어 각자 자신의 상자의 안쪽에는 대인관계에서의 부정적인 모습을 바깥쪽에는 긍정적인 모습을 표현하도록 하였다.

조별로 작업을 했기 때문에 서로 이야기를 나누며 상대방의 표현에 공감하기도 하면서 또래관계에서의 자신의 모습과 관계에서의 갈등을 탐색해보는 시간을 가져보았다.

집단원들이 표현한 친구관계에서 나타나는 대인관계의 유형에는 부정적인 표현이 많았다. 거부당하고 놀림당할 때의 모습에 대해 표현하기도 하고 앞에서는 좋은 말을 하지만 뒤돌아서서 자기를 흉보는 아이들의 모습을 이야기하기도 하였다.

이 작업을 통해 친구들과의 관계에서 어려움을 겪고 있는 자신들의 모습을 상자에 투영하여 드러내기도 하는 등 점차 자신들을 객관적으로 바라보는 시선이 생긴 것 같았다.

○● 4회기

4회기에서는 석고 손 본뜨기 작업을 하였다. 이 작업도 2인 1조로 진행하였다. 지난 회기 때와 조원이 겹치지 않도록 구성하였다. 한 명이 다른 한 명의 손에 석고붕대를 얹어주면서 상대방을 존중하고 배려하는 마음을 갖도록 해보자고 이야기 했다. 석고붕대를 물에 살짝 적셔서 상대의 손 위에 얹어 손 모양의 본을 뜬다. 이때 각자 어떤 느낌인지 서로 이야기를 나누면서 작업을 하였다.

집단원들은 '존중받는 느낌', 배려받는 느낌이라고 이야기하며 즐거워하기도 했고 또는 '좀 부담스럽다', '불편하다'고 이야하는 집단원도 있었다.

본을 뜨고 나서는 다 마른 자신의 본 뜬 손에 물감으로 색을 칠하는 작업을 하였다. 이 작업을 마치고는 집단원 중에는 자신의 본뜬 손을 예쁘게 꾸미면서 '자신을 감싸주는 느낌', '보듬어 주는 느낌'을 받았다고 이야기 하기도 하였다. 평소 나 자신을 아끼고 사랑하는 마음을 갖는 것의 중요성에 대해 이야기를 나누며 활동을 마쳤다.

○● 5회기

가면 꾸미기 작업을 통해 부정적 감정에 대해 탐색하는 시간을 가졌다. 집단원들은 관계의 어려움이 많은 청소년들이기 때문에 평소에 긍정적 감정보다는 부정적 감정이 더 많이 자리잡고 있었다. 때때로 나타나는 부정적 감정을 해소하고 긍정적으로 변화하는 방법에 대한 작업을 하였다.

진행방법은 먼저 여러 가면의 모형 중에서 마음에 드는 가면 모형을 고르게 했다. 그런 후 2인 1조가 되어 각자 평소에 혹은 예전에 자신에게 부정적인 감정을 불러일으킨 대상과 상황에 대해 상대에게 이야기하면서 그 사람의 가면을 꾸미도록 했다.

꾸며진 가면을 서로 교환하여 역할놀이를 하였다. 나에게 부정적이 감정을 일으켰던 사람의 가면을 쓴 상대방에게 그때 하지 못했던 이야기를 하는데 이때 충분히 천천히 자신의 마음과 생각을 표현하며 상대에게 자신의 입장과 감정을 적절하게 표현할 수 있도록 하였다. 이야기를 듣는 가면을 쓴 상대는 충분히 경청하고 공감해주도록 하였다.

이렇게 가면을 쓴 상대가 적절히 반응해줌으로써 부정적 감정이 해소될 수 있고 또한 대화의 방법에 대해서도 배울 수 있는 활동이었다. 역할을 바꾸어 진행한 후 다같이 서로의 생각과 느낌을 나누었다.

집단원들은 처음엔 대화의 방법에 대해 어색해했으며 자신의 뜻을 잘 전달하지 못하는 모습을 보였다. 특히 F는 의사 표현을 하는 것에 대해 매우 어려워하였다. 그렇지만 상대가 되어준 D가 잘 이끌어 주고 모델링이 되어주어 D를 따라 하면서 의사 표현 하는 것에 용기가 생긴 것 같았다

○● 6회기

이번 회기에는 잡단원들이 서로 각자 자신의 단점을 노출하고 스스로 그것을 수용하며 또한 다른 집단원들이 노출한 단점에 대해서도 이해하는 자기수용과 타인이해

를 경험하는 시간을 가져보았다.

준비물은 도화지와 크레파스, 파스텔 등의 채색도구이다.

도화지 중앙에 원을 그려서 그 안에 '나의 단점'이라고 생각하는 것을 적거나 그림으로 표현하였다. 그런 후 그 도화지를 옆 집단원에게 돌렸다. 집단원들은 그 도화지를 받고 단점이라고 표현된 것을 긍정적인 시각으로 변화시켜주었다. 되돌아 온 도화지를 본 집단원들은 멋쩍은 웃음을 지으며 기뻐하는 것 같아 보였다.

E는 자신의 단점으로 '숨고 싶어하는 성격'을 표현했다. 굴속에 갇혀있는 자신의 모습을 그림으로 그렸는데 집단원들은 E의 그림 옆에 '철학자 같다.', '혼자 굴속에서 시간을 보냈으니 생각이 깊어졌을 것 같다.', '나오기만 하면 되겠네' 등의 이야기를 적어 주었다.

작업을 마친 후 토론 시간에 집단원들은 '나의 단점에 대해 이제 창피해 하지 않겠다.', '누구나 다 어려운 점이 있다는 걸 알게 되었다.', '다 비슷한 고민이 있구나.'라는 이야기를 하였다.

이번 회기 작업을 통하여 집단원들은 각자의 단점에 대해 인식하고 수용하게 되었으며 또한 상대방의 어려움, 아픔을 이해하는 경험을 해보았다.

○● 7회기

이번 회기에서는 경청하고 공감하는 훈련을 하였다. 상대방의 이야기를 잘 듣고 그것에 대해 공감하는 경험을 하여 이것을 실생활에서도 적용하도록 연습하는 회기였다.

준비물은 도화지와 연필, 크레파스, 파스텔 등의 그림도구이다. 이번에도 2인 1조가 되어 한 사람이 먼저 이야기를 한다. 이야기의 주제는 지금까지 살면서 가장 잊을 수 없는 기억이다. 이 이야기를 들려주면 상대방은 잘 듣고 그림으로 그 이야기를 표현하는 것이었다. 그림은 연필로만 그려도 되고 색을 칠하고 싶은 사람은 색칠을 해도 된다. 이야기를 한 사람은 생대방의 그림을 보고 자신의 이야기와 그림이 얼마나 일치하는지, 자신의 이야기가 잘 표현되었는지에 대해 이야기했다. 그리고 그 그림을 본 자신의 느낌은 어떤지에 대해서도 이야기했다.

집단원들은 자신의 이야기가 그림에 잘 표현되었을 때 공감받았다는 느낌을 받아 기분이 좋았다고 이야기했다. 반면 자신이 한 이야기와 그림의 표현이 좀 달랐을 때는 답답하기도 하고 기분이 나쁘기도 하였다고 했다.

혹은 자신이 한 이야기가 '이렇게도 표현될 수 있구나' 하는 생각을 하기도 했다고 했다. 말한 사람의 말과 의도가 일치하지 않을 수 있고 그건 오해를 불러 일으킬 수도 있다는 것을 깨달았다고 이야기 했다. 특히 A는 자신이 상대방의 말을 제대로 듣지 않는 사람인 것 같다고 말하였다.

이번 회기에서는 상대의 말을 잘 듣는 것과 상대의 말에 공감해주는 것에 대해 훈련하는 시간을 가져보았으며 이것을 실제 생활에서 적용해 보기로 하였다.

○● 8회기

준비물은 몇 권의 잡지책, 가위, 풀 등이다. 이번회기에서는 콜라주 작업을 하면서 자신의 미래에 대해 생각해보기로 하였다. 잡지책 속의 이미지들 중에서 미래 내모습 이었으면 좋겠다고 생각하거나 '미래의 나는 이럴거야'라고 생각되는 사진들을 오려 도화지에 붙이고 다같이 이야기를 나누는 시간을 가졌다.

이번 시간에는 '나의 희망찬 미래'가 주제이기도 하지만 다른 사람에게 피드백을 해주고 지지와 격려를 해주는 연습을 하는 시간이기도 하였다. 집단원 한 사람 한 사람에게 구체적인 이유를 들어 칭찬을 하고 격려하는 연습을 하였다. 한 사람이 나머지 다섯 명의 장점을 찾아 칭찬을 해주었다. 치료의 초반부에는 말을 잘 하지 않던 E와 F도 이제는 자기 표현을 어느 정도 잘하게 되었다.

지지와 격려를 할 때의 느낌과 받았을 때의 감정에 대해서도 이야기를 나누었다. 이번 시간에 한 작업도 실제 생활에서 연습해보기로 하며 회기를 마쳤다.

○● 9회기

2인 1조가 되어 전신 본뜨기를 한 후, 자신의 전신 본에 원하는 색을 칠하거나 잡지책에서 사진을 오려 붙이거나 색종이를 붙여서 꾸미기를 완성했다. 완성한 각자의 전신 그림에 나머지 집단원들이 희망의 메시지를 적어주었다. 집단원들은 이제 의미 없는 겉치레식의 메시지가 아니라 진심에서 우러나오는 구체적인 내용을 적었다.

○● 10회기

재료는 도화지 색종이, 색지, 크레파스, 파스텔, 색연필, 싸인펜 등을 준비한다.

각 집단원은 도화지에 자신이 원하는 모양의 나무를 그리고 소망의 메시지를 색종이나 색지에 적어 나무에 붙였다.

    끝으로 이번 미술치료가 어떤 도움을 주었는지, 모두 자신이 설정한 목표를 이루기 위해서 어떤 노력을 해야하는지에 대해 이야기 하며 작업을 마무리하였다.

    회기별 미술치료 활동내용과 주제와 목표를 〈회기별 미술치료 진행 내용〉으로 정리했다.

■ 표 7-3 **회기별 미술치료 진행 내용**

회기	주제	목표	활동내용
1	나의 소개	신뢰감 형성	자기소개/몸으로 자기 이름 쓰기/별칭 만들기와 발표
2	내가 보는 나 네가 보는 나	친밀감 형성 / 신뢰감 형성	돌아가며 그리기 도화지에 나를 상징하는 그림을 그린 후 옆으로 돌려 다른 구성원에게 나를 상징하는 것을 그리게 한다. 모든 작업이 끝난 후 왜 그렇게 생각하는지 서로 이야기를 나눈다.
3	대인관계 돌아보기	자기탐색	상자에 표현하기 2명이 한 조가 되어 자신의 대인관계의 모습을 상자의 외면과 내면에 비유하여 표현하여본다.
4	감정 인식하기	자기탐색	석고 손 본뜨기 2명이 한조가 되어 서로의 손에 석고로 본뜨기를 한다. 본뜬 석고 손에 그림을 그리고 채색을 하며 자신의 감정을 들여다본다.
5	감정표출	부정적 감정에 대한 탐색과 해소	2인 1조가 되어 되어 역할놀이를 하면서 상대에게 대화로 적절히 반응해줌으로써 부정적 감정이 해소될 수 있도록 한다. 상호작용을 한 다음 서로의 생각과 느낌을 나눈다.
6	친구이해하기	자기노출 자기수용 타인이해	만다라 작업 도화지 중앙에 원을 그리고 자신의 단점이라고 생각하는 것을 적고 표현한 후 옆 친구들에게 돌린다. 친구들은 단점이라고 적은 내용을 긍정적인 시각으로 변화시켜준다(그림이나 글로).
7	마음나누기	공감하기 경청하기	2인 1조가 되어 서로 자신의 잊을 수 없는 기억에 대한 이야기를 한다. 서로 들은 이야기를 그림으로 그린다. 그림을 보며 상대방이 이야기한 내용과 감정이 자신이 그린 그림에 잘 표현되었는지 또한 나의 이야기를 그려준 상대방이 그린 그림을 본 나의 느낌은 어떤지 이야기를 나눈다. 그러면서 공감과 경청에 대해 훈련한다.

8	나의 미래	미래의 꿈과 희망에 대해 생각하기	콜라주 작업을 통해 자신의 미래를 만들어 본다. 서로 이야기를 나누며 격려와 지지의 피드백을 한다.
9	나에게 중요한 사람들과의 교류	전신 본뜨기	2인 1조가 되어 전신 본뜨기를 한 후 나의 몸 그림을 완성한다. 각 집단원들의 몸그림에 희망의 메시지를 적어준다.
10	그동안의 작업 되돌아보며 의미 되새기기	소망나무 만들기	지난 회기동안 작업한 내용을 담아 소망나무에 잎을 만들고 글을 쓴다.

(3) 효과

집단미술치료 실시 후의 구정원들의 변화된 모습을 표로 정리하였다.

■ 표 7-4 **집단구성원의 변화 내용**

A여	유복한 가정 환경, 큰 문제 없이 자라왔음. 1남1녀중 막내. 오빠와의 갈등이 심한 편임. 공부 잘하고 모범생인 오빠와 비교되는 것에 스트레스를 많이 받음. 특히 엄마는 오빠에 대한 편애가 심하다고 함. 자기주장이 강해서 반친구들과 다툼이 생기기도 함, 교사에게는는 방어적인 태도를 취함. → A는 집단 초기 방어적이고 자기표현에 솔직하지 못한 모습을 보였으며 집단원의 말을 끝까지 경청하지 못하고 중간에 끼어들기를 하는 등 어려움을 겪었다. 미술활동을 통해 자신에 대한 통찰이 이루어지고 자신의 부정적인 모습을 인정하게 되었으며 고치려고 노력하는 중이다.
B남	부모님의 이혼으로 엄마와 살고 있음. 형편이 좋지 않지만 내색하지 않음. 자기중심적 성향이 강하고 친구들에게 속마음을 이야기 하지 않아 친한 친구는 없는 것으로 보임. 자신감이 부족하여 지기표현에 어려움을 겪고 있음. → 자신감이 부족해 자기 속마음을 친구들에게 털어놓지 못하고 이혼과 가정형편에 대해 열등감이 있었던 B는 현재 상황은 자신의 잘못이 아니라는 것을 인식하게 되고 친구들이 그런 이유로 자신에게 다가오지 않을 것이란 생각이 잘못되었다는 것을 깨닫게 되면서 점차 마음을 열고 의사표현에 적극적인 모습을 보이게 되었다.
C여	과잉보호적인 양육환경에서 자라 유약함. 인정받고자하는 욕구가 강하고 항상 자신이 중심에 있어야 한다고 생각함. 과시적인 행동을 하고 공격적인 면도 있으며 자신의 감정을 적절히 표현하는 방법을 모름. → 자신의 감정이 어떤 것인지 잘 깨닫지 못했던 C는 감정 표출 회기에 적극적이었다. 자신의 마음속 감정과 갈등을 다 털어놓으면서 누구에게 잘보이려고 하는 행동이 얼마나 어리석었는지 알게 되었고 그로 인해 자신의 행동이 부자연스러웠다는 것을 이야기했다. 앞으로는 부모님의 인정보다는 자신이 좋아하는 것에 열중하겠다고 하면서 솔직한 모습을 보여주며 초반 공격적이고 부정적이었던 태도와 행동이 많이 개선되었다.

D남 →	겉으로 보기에는 아무런 문제가 없는 모범생임. 부는 대학교수, 모는 약사로 가정환경은 유복함. 공부에 너무 민감한 부모로 인해 스트레스를 많이 받고 있음. 의대를 가야한다는 압박감에 반항심으로 이성 교제를 시작하여 더욱 힘든 상황에 있음. 부모님의 학업성적에 대한 압박감에 대한 스트레스를 여자친구에게 의존과 집착하는 형태로 전환시켜 여자친구와의 관계도 원만하지 않았고 부모님과의 관계도 좋지 않았는데 치료회기가 거듭될수록 쌓였던 감정을 발산시키고 관계와 의사소통에 대한 기술을 습득하며 긍정적 변화가 시작되었다.
E남 →	초등학교 시절 가정폭력의 경험이 있음. 현재는 부모가 이혼한 상태로 어머니와 여동생과 생활함. 친구들과 교류가 거의 없으며 의사소통에 어려움을 겪고 있음. 소심하고 남 앞에 나서서 이야기하지 못하며 자기 주장을 전혀 내세우지 못했던 E는 회기가 거듭될수록 표정이 밝아지고 친구들의 긍정적인 피드백을 받으면서 자신도 친구들에게 피드백을 해줄 수 있는 정도로 발전하였다.
F남 →	또래에 비해 체격이 왜소하고 수줍음이 많음. 키가 작아 어머니의 성화로 한약을 먹고 있지만 효과는 없음. 키에 대한 어머니의 지나친 관심으로 힘들어 함. 여러명의 친구를 사귀지 못하고 친한 친구 한 명이 있음. 손톱을 자주 물어뜯음. 소극적이고 소심하며 자기주장, 자기표현을 안함. 대인관계에 있어서의 자신의 부족했던 점이 무엇인지 작품활동을 통해 깨닫게 되고 어머니로 인해 생긴 신체에 대한 부정적인 자아상도 많이 수정되었다. 의사소통 기술을 적극적으로 배우려고 하였으며 자신의 속마음을 이야기하기 시작했다. 손톱 물어뜯는 습관은 거의 고쳐졌다.

그림 7-1 · **5회기 가면만들기**

그림 7-2 · **10회기 소망나무**

청소년 문제와
미술치료 – 우울/불안

청소년기를 일컬을 때 흔히 사람들은 질풍노도의 시기, 격변기, 과도기라는 표현을 사용한다. 청소년기가 급격한 변화를 보이는 시기이기 때문이다. 청소년기는 생물학적 변화로 사춘기가 시작되고, 인지적 변화로 아동기보다 진보된 사고능력이 나타나며, 사회적 변화로 또래관계, 부모-자녀의 관계에서 아동기와는 다른 역할을 수행하게 된다(Hill, 1983). 이러한 변화의 시기에 청소년들은 긴장감과 혼란을 경험하며 신체적, 심리 사회적으로 성장하게 된다. 대부분의 청소년은 다양한 변화를 긍정적으로 잘 받아들이고 스트레스 대처능력도 충분한 반면 변화에 적응하지 못한 일부 청소년은 의욕과 흥미를 잃고 자신감이 없어지는 등 적응적인 문제를 경험할 수 있다.

이번 장에서는 청소년에게 흔히 나타나는 대표적인 정신건강문제인 우울장애와 불안장애에 대해서 알아보기로 하겠다

Ⅰ 청소년의 우울증

1 청소년 우울증의 특성

주요 우울장애는 우울, 슬픔, 좌절감, 고독감, 무가치함, 허무감, 절망감 등과 같은 고통스러운 정서상태가 지속되며 우울하고 슬픈 감정이 강해지면서 자주 눈물을 흘리고 울기도 한다. 심한 우울장애일 때는 무표정, 무감각의 정서상태가 나타날 수도 있으며 일상생활에서의 흥미와 재미를 잃게 되고 모든 일이 무의미하게 느껴지며 의욕이 현저하게 떨어진다.

그런데 청소년기의 우울증은 또 다른 중요한 특성을 보인다. 침체되는 생활태도 외에 분노감이나 불안정하고 짜증스러운 감정을 나타내기도 한다. 화를 내고 짜증을 내는 감정표현 때문에 우울한 감정이 드러나지 않는 경우도 있으므로 주의가 필요하다.

치열한 입시로 인해 누구보다 바쁜 일상을 살아가야 하는 우리나라 청소년들은 개개인의 정서적인 부분을 돌볼 시간적 여유가 없다. 그러다보니 청소년의 정서적 문제는 매우 심각한 상황에 이르기도 한다. 우울은 청소년의 정서문제 중 가장 유병률이 높고 흔한 장애이다. 청소년기의 우울은 학교생활의 부적응, 문제행동 등에 영향을 미치며 나아가 성인 이후의 정서장애와도 관련성이 있다.

상당수의 청소년이 우울증을 앓고 있지만 청소년 우울은 내현화 장애로 외적으로 두드러지게 드러나지 않기 때문에 학교나 가정에서는 조기 발견이 어렵다, 따라서 치료적 개입이 늦어지는 경우가 많아 더욱 주의를 요한다.

청소년기 우울 증상은 성인과 비슷한 양상을 보여 자기비하, 죄책감, 수치심, 수면과다, 체중변화 등의 심리적·신체적 증상이 나타난다. 그런데 성인에 비해 청소년 우울은 자살시도와 자살 성공률이 높은 편이다. 청소년 우울은 시간이 지나면 사라지는 발달상의 과정이 아니며 재발의 위험성이 높아 간과해서는 안되는 증상이다 (Kovacs,1989).

앞에서도 밝혔듯이 청소년 우울증은 성인의 우울증과는 다른 양상을 보이기도 한다. 우울한 감정이 은폐되어 겉으로 드러나지 않고 충동성과 파괴적 행동이 나타나기도 한다. 또는 우울 증상이 표면적으로 나타나지 않는 가면성 우울을 보이기도 한다.

2 우울증의 원인

(1) 정신분석 이론에 의하면

우울은 분노가 무의식적으로 자기에게 향해진 현상이다(조미경, 2014). 프로이드는 우울증은 사랑하는 대상의 무의식적 상실에 대한 반응이라고 보았는데 이는 실제 상실했을 수도 있고 상상 속의 상실일 수도 있다.

사랑하는 대상 상실의 경험은 자신을 버리고 떠나간 대상에 대한 분노의 감정을 느끼게 한다. 시간이 지남에 따라 이러한 부정적인 감정은 억압되면서 무의식 속에 잠복한다. 그리고 비슷한 상황을 겪게 될 때 반복적으로 드러난다.

그런데 분노가 향해야 할 대상을 상실했기 때문에 분노는 자기자신에게 향하게 되고 이렇게 자신에게 향해진 분노는 자기비난, 죄책감을 느끼게 하며 종국에는 자기가치감의 손상과 더불어 자아기능을 약화시키게 되어 우울이 발생한다. 이 과정은 무의식적으로 진행되기 때문에 본인은 지각하지 못한다.

(2) 행동주의 관점에서

우울은 학습된 것이라고 본다. 정적 강화의 결핍과 불쾌한 경험의 증가는 우울을 발생시킨다. 우울한 사람들은 그렇지 않은 사람들에 비해 상대적으로 일상생활에서 더 많은 부정적인 사건을 경험하는데 이를 확대해석하여 더욱 부정적인 것으로 평가한다(Lewinsohn, 1974), 혐오자극에 대해서도 상대적으로 더 높은 민감성을 보인다.

우울의 원인을 세가지 요인으로 정리해보면 다음과 같다(Lewinsohn, 1974).

첫째, 사별이나 사고 등의 부정적이고 충격적인 사건이 발생하면, 개인은 자신을 둘러싸고 있는 환경으로부터 긍정적 자극을 받을 수 없게 되고 자신에 대한 부정적 사고를 가져오게 된다. 이것이 우울에 대한 환경관련 요인이다.

둘째, 타인과의 관계에 있어서, 긍정적인 경험이 부족하거나 의사소통 기술과 대처능력이 부족하면 우울증을 경험할 수 있다. 즉, 대인관계에 있어서 타인에게 자신에 대한 긍정적인 평가나 반응을 이끌어낼 수 있어야 하는데 그렇지 못하고 부정적이고, 불쾌한 형태의 피드백을 반복적으로 받게 되면 우울의 원인이 된다. 이것이 사회기술의 결핍 요인이다.

셋째, 우울에 관한 부정적 정서에 대한 민감성요인이다. 일반적으로 우울증 소인이 있는 사람들은 부정적인 처벌이나 반응에 대해서는 보다 더 적극적으로 수용하고 반면, 긍정적인 강화에 대해서는 소극적으로 받아들이려는 경향이 있다. 즉 이들은 높은 불쾌감과 상대적으로 낮은 만족감을 나타낸다. 이러한 경험이 반복 되면서 행동 자체에 대한 위축을 가져오게 되며 우울상태가 심화된다 .

(3) 인지적 관점에서

우울은 개인의 부정적 사고와 왜곡된 신념에서 비롯된다. Beck(1967)은 우울증은 개인의 논리적 오류에서 출발한다고 주장하였다. Beck은 우울증 환자들이 자신을 둘러싼 상황과 사건들에 대하여 필요 이상으로 자신을 비난하고 부정적인 결과를 중심으로만 사고하는 경향을 발견하였다(조미경, 2014). 즉, 우울증은 개인과 개인의 경험에 대한 부정적인 관점과 미래에 대한 부정적인 태도에서 비롯된다는 것을 발견했다. 즉 벡에 의하면 우울의 원인은 개인의 부정적 사고와 왜곡된 신념이다.

청소년의 우울의 원인을 심리적 측면에서 정리하면, 정신분석관점의 대상에 대한 상실경험, 행동주의 관점의 혐오나 불쾌한 경험증가, 인지이론에서의 부정적 자동적 사고와 왜곡된 신념 등이 우울의 원인이 될 수 있다.

청소년 우울의 상황적 주요 원인
또래관계에 갈등이 생길 때
학업성적이 떨어졌을 때
좌절하고 자포자기하는 상황
미래에 대해 불확실하다고 느낄 때
가족에게 병이 생겼을 때
경제적인 어려움
부모의 불화

3 청소년 우울증의 미술치료적 접근

- 과도기적 특성에서 오는 여러 가지 혼란과 그로 인한 다양한 문제들을 경험하는 청소년기의 우울증은 학업포기, 등교거부, 의욕상실, 자살 등의 형태로 나타나 성인기로 안전하게 진입하는 것을 방해한다. 심리치료를 통해 우울증상을 완화시킬 수 있는데 특히 심리치료의 한 분야인 미술치료는 매체를 통해 비언어적인 방법으로 억압된 감정이나 생각을 표현할 수 있어 무기력과 의욕상실을 특징으로 하는 청소년의 우울증 치료에 효과적이다.

- 작품활동 과정에서 억압된 감정을 표출함으로써 카타르시스를 느끼고 자신의 성취물인 작품을 보고 만족감을 느낄 수 있으며 또한 우울한 자신의 내면을 직면할 수 있게 된다. 이를 통해 자아인식, 감정적 변화, 개인 성장을 유도할 수 있다.

- 특히, 청소년기는 미술표현 발달 측면으로 볼 때 자기의 개성을 발견하고 자기 나름대로 대상을 탐구하며, 창조성이 뛰어난 시기(성복순, 2008)이다. 따라서 미술을 통해 자기 자신의 내면과 주요대상인 가족에 대해 표현하고, 그에 따른 여러 가지 감정과 사건들을 드러내는 것이 우울증을 극복하고 건강한 정신을 갖도록 하는 데 도움이 될 것이다.

4 우울 청소년 대상 집단미술치료 사례

(1) 집단의 크기와 회기

고등학교 1학년 학생 7명을 대상으로 총 12회기 진행(주 2회, 1회 90분).

(2) 진행과정

- 도입단계: 1, 2회기. 미술치료 소개, 자기소개, 친밀감형성 - 별칭 만들고 그림으로 그려 꾸미기를 하고 발표하였다.

- 중기단계: 3~6회기. 감정 표출, 분노표출, 욕구표출 – 신문지 찢기 등 여러가지 기법으로 내면의 욕구를 분출하였다.
- 후기단계: 7~10회기. 자기탐색, 자기인식 – 내가보는 나, 타인이 보는 나, 나의 장점과 단점, 나의 미래 등을 주제로 활동을 하면서 자신에 대해 탐색하고 수용하며 미래의 꿈을 생각해 보았다.
- 종결: 11, 12회기. 앞으로의 희망, 집단원 간의 선물교환 등의 활동을 하며 마무리하였다.

(3) 주요회기내용

○● 중기단계 4회기

소심하고 소극적이며 무기력한 내담자들에게 감정을 발산하도록 하였다. 초기단계에서 신뢰감이 형성되었기 때문에 어렵지 않게 내면에 감추어진 감정을 폭발적으로 나타내었다.

감정을 분출시킴으로써 긴장감이 완화되고 스트레스를 발산시켜 카타르시스를 느꼈다. 구성원 중 한 명은 억눌렸던 것들이 빠져나가는 것 같은 느낌을 받았다고 이야기하였다.

이러한 감정발산을 통해 무기력한 자신과 맞설 내면의 힘을 기르게 된다.

그림 8-1 • **중기단계 4회기 감정표출, 분노표출**

이 그림을 그린 집단 구성원은 죄측의 두꺼운 세로막대는 아버지를 상징하며 아버지가 기분이 나빠지면 그 화를 자신에게 온통 쏟아 붙는 것 같다고 말하였다. 그림 위쪽 화살표가 향한 것은 자신이라고 이야기 했다.

○● 후기단계 7회기

도화지를 반으로 나누어 한쪽에는 지금 현재의 나의 모습을 표현하고, 나머지 반쪽에는 지금의 내가 아닌 되고 싶은 나를 표현하였다.

작업이 끝나고 모두 각자의 도화지를 보고 이야기를 나누었다. 한 구성원은 지금의 나를 스스로 어떻게 생각하고 있는지에 대해 표현하다가 울컥하고 눈물이 나기도 했다고 하였다. 지금의 자신의 모습에 대해 생각해본 적이 없는데 지금 생각해보니 자신이 너무 지치고 힘든 것 같아 보여 눈물이 났다고 이야기했다.

또 다른 구성원은 되고 싶은 나에 대해 누구에게도 말해보지 못했다고 이야기하며 이런 내용을 이야기 할 수 있는 자신의 모습에 대해 놀랐다는 말을 했다. 이렇게 자신의 내면의 탐색과 욕구의 탐색 과정을 통해 자신에 대해 직면하는 경험을 해보았으며 자신에 대한 좀 더 깊은 이해의 시간을 가져보았다.

○● 후기단계 9회기

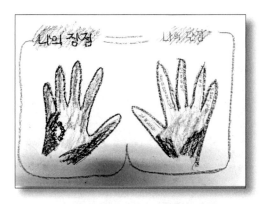

그림 8-2 · **후기단계 나의장점과 단점**

자신의 장점과 단점에 대해 생각해보면서 자신을 탐색하고 알아가는 시간을 가져보았다. 손 모양을 그린 후 손가락에 장잠과 단점을 쓰는 작업을 하였다. 활동을 마친 후 이야기를 나누었는데 집단구성원들은 각각 다양한 장점과 단점에 대해 이야기

하였다. 시간을 잘지키는 장점, 약속을 잘지키는 장점, 청소를 깨끗이 하는 장점 등에 대해 이야기 했고, 단점으로는 학원에 지각하는 것, 글씨를 못쓰는 것, 발표를 잘 못하는 것 등을 이야기했다. 아직 자기표현이 서툰 집단원은 이 상황을 회피하고자 집중하지 않는 모습을 보이기도 했다. 그럴 때 치료사는 그동안 보아온 그 집단원의 장점에 대해 이야기 해주면서 분위기를 이어 나갔다.

○● 종결 12회기

주고 싶은 선물과 받고 싶은 선물을 만들어보았다. 회기를 거듭하면서 구성원들의 친밀도가 높아지고 서로의 고민에 대해 피드백을 주고받으며 신뢰가 쌓였기 때문에 헤어지는 아쉬움이 컸다. 아쉬운 마음을 선물을 준비하면서 또한 선물을 건네면서 어떤 생각들을 했는지 어떤 감정을 느꼈는지 이야기해 보았다. 그리고 선물을 받았을 때의 느낌은 어땠는지 이야기하는 시간을 가져보았다. 서로 이야기를 주고받으면서 구성원 모두 변화되고 있음을 알게 되었고 서로에게 격려하며 마무리 했다.

Ⅱ 청소년의 불안장애

1 청소년 불안장애의 특성

불안은 일상 생활 속에서 보편적으로 경험하는 고통스럽고 불쾌한 감정이다. 불안은 정상적인 불안과 병적인 불안으로 구분할 수 있다. 사람들 앞에서 발표를 해야 할 때 혹은 시험 전날 어느정도의 긴장과 불안은 능력 발휘에 도움을 주어 수행효과를 높일 수 있다.

위험한 동물이 다가오거나 자동차가 앞으로 질주해 올 때 우리는 불안을 느끼고 그 순간을 피하기 위해 행동한다. 이러한 불안은 적응적이고 정상적인 불안이다. 그런데 위험한 상황이 아닌데도 불안을 느끼고 불안이 지나치게 심하거나 장기간 지속될 경우는 병적인 불안이다. 병적인 불안이 만성화되면 우울증 등으로 발전할 수도 있다.

불안장애는 이유 없이 불안을 느끼거나 불안의 정도가 지나친 경우를 말하며 공황장애, 사회공포증, 범불안장애 등으로 분류된다. 불안의 증상으로는 짜증, 주의 집중 곤란, 초조감, 호흡곤란, 식은땀, 피로감 등이 있다.

청소년에게 많이 나타나는 불안장애의 하위유형으로는 사회공포증, 학교 공포증, 시험 공포증이 있다. 청소년의 불안은 자살, 우울증, 약물 남용, 중독 등의 심각한 문제행동으로 연계될 수 있어 위험성이 크다고 할 수 있다.

사회불안 장애의 예

중학교 2학년 P양은 학교에서의 음악 수행평가 시간을 매우 힘들어한다. 열심히 연습해도 잘 못해서 친구들에게 창피당하고 놀림당할 걸 생각하면 잠이 오지 않는다.

P양은 초등학교 시절 합창대회에서 갑자기 웃음이 터져 합창을 망친 일이 있다. 그 일이 있은 후부터 음악에 관련된 발표를 할 때면 숨이 가빠지고 손발이 떨리고 배가 아파 제대로 발표를 못 한다.

청소년기의 불안은 일상생활의 기능을 방해하며 사회적 기술의 발달을 저해하는 요인이다. 청소년은 불안으로 인해 사회에 대한 부적응을 일으키고 정상적인 성인으로 성장하는 데 어려움을 겪을 수 있다. 또한, 불안은 우울장애, 해리 및 히스테리 반응, 신체화 장애와 같은 다양한 형태의 장애들과의 합병률을 높일 가능성이 있다.

청소년기에 흔하게 나타나는 증상 중 하나인 불안은 선택적 주의집중을 어렵게 하고 인지적 작동, 기억의 활성화, 학습동기, 정보처리 과정에 악영향을 끼친다. 불안의 영향으로 학업 성취도가 낮아지고, 수행의 실패가 반복된다. 이러한 실패의 반복은 학업부진이나 또래관계의 어려움, 낮은 자존감 등 정신건강의 여러 방면에 걸쳐 영향을 미치게 되는데 그 결과 스스로를 무능하다고 생각하거나 무가치하다고 느껴 우울을 경험하게 한다. 반대로 불안이 감소할 경우는 학업수행과 사회적 기능이 개선될 수 있다(Wood, 2006).

2 청소년 불안장애의 원인

- **정신분석학적 관점**에서 불안은 무의식적 갈등이 원인이다. 그렇기 때문에 불안을 경험하는 개인은 불안의 이유를 자각하기 어렵다.
- **인지행동적 관점**에서 불안은 독특한 사고양식이 원인이다. 더 위협적인 단서

에 주의를 집중하거나 같은 상황을 더 위험한 상황으로 받아들이는 인지편향이 불안의 원인이다.

- **심리사회적 관점**에서 볼 때 부모의 과도한 규제, 과잉보호 부모의 독재적 의사결정이나 부모의 불안한 행동의 모델링, 불안정한 애착 형성도 불안장애의 원인이 된다.

■ 표 8-1 DSM-5 불안장애 범주

분리불안장애	• 주 양육자 혹은 집과 분리 되는 것에 대한 지나친 걱정을 보임 • 적어도 4주 이상 지속, 심각한 고통과 손상을 초래함
선택적 함구증	• 특정 상황에서 말하는 것의 실패, 언어장애가 원인이 아님 • 높은 수준의 사회불안이 특징
특정공포증	• 사물이나 상황에 의해 유발된 특정 불안과 두려움, 결과적으로 회피행동을 야기함
사회불안장애 (사회공포증)	• 사회적 상황 혹은 수행 기대와 관련된 특정 상황에 대한 불안과 공포
공황발작	• 신체적 증상(숨이 가쁨, 심계항진)을 동반한 집중적이고 갑작스런 두려움, 공포, 격정의 감정발생 그리고 인지왜곡(도피하고 싶음, 미쳐버리지 않을까 두려움)
공황장애	• 공황장애가 찾아올 것에 대한 두려움
광장공포증	• 공황장애를 떠올리게 할 수 있는 장소나 상황에 대한 두려움
범불안장애	• 만연하고 지나친 걱정과 불안, 예: 유동불안

3 청소년 불안의 미술치료적 접근

청소년들은 심리치료의 개입이 어렵다. 저항이 심하고 비자발적이며 자신의 이야기를 하는 것을 꺼려하고 문제의 해결보다는 회피하려 하는 태도를 보이기 때문이다. 미술치료에서는 매체를 통해 작품으로 자신의 내면을 표현할 수 있다. 미술매체는 긴장을 이완시키는 역할을 한다. 따라서 불안한 내담자는 매체를 도구로 하여 자신의 내면의 감정을 자연스럽게 표현할 수 있게 된다.

그 과정에서 경험하는 감정의 탐색, 표출, 승화와 통찰은 불안감을 해소시켜주며 자신의 상태를 객관적, 시각적으로 인식하게 하고, 문제를 극복하도록 돕기 때문에 청소년에게 효과적인 심리치료방법이 된다. 미술활동의 창조성을 통해 청소년 내담자는 솔직한 자기표현을 하게 되고 이는 왜곡된 생각이나 비합리적 신념으로 인해 생긴 불안을 해소하는 데 도움이 될 수 있다.

사회적 기술이 부족하고 친구 관계에서 어려움을 겪으면서 정서적으로 높은 긴장과 불안을 경험하는 청소년은 심리적으로 위축되어 침묵, 무기력 등의 행동 특성을 나타내기도 한다. 이러한 청소년에게도 미술치료는 도움이 된다. 작품 활동을 하면서 주체적인 활동을 해보고 작품을 완성하면서 성공의 경험을 해볼 수 있기 때문이다. 따라서 표현에 제한이 없고, 비언어적 방법으로도 내면을 표현할 수 있는 미술치료가 청소년의 불안치료에 적절하다고 할 수 있다.

불안장애를 경험하는 사람들은 주변의 시선을 의식하여 어떤 일에 주체적으로 나서지 못하며 자신의 능력을 믿지 못해 스스로를 과소평가하게 된다. 그런데 미술치료는 작품을 만드는 과정에서 스스로가 중심이 되기 때문에 주체적인 활동을 가능하게 도와주고 작업활동 자체가 즐거움을 느끼게 해준다. 이러한 미술활동을 통해 내담자는 자발적 선택의 기회를 많이 갖게 되고 그에 따른 성공감을 느끼게 된다.

미술치료는 여러 가지 다양한 재료를 사용하는 데 내담자에게 재료의 선택을 하도록 하여 주도성을 경험할 수 있게 할 수 있다. 또한 이렇게 주도적으로 선택한 재료를 이용하여 작품을 완성하고 난 후 그 결과에 대한 인식의 기회를 제공할 수 있다.

이렇게 미술활동 속에서 자신이 만든 창작물의 완성과정을 통해 스스로의 변화를 감지할 수 있으며, 창조적인 과정의 즐거움을 느껴 에너지를 조절할 수 있게 된다. 따라서 미술치료는 불안장애 청소년의 방어를 감소시켜주고, 사회적 기술 부족으로 인한 의사소통의 어려움을 해소시켜 주어 부적응 행동을 줄여나가는 데 효과적인 치료방법이 될 수 있다.

4 미술치료 사례

(1) 내담자 정보

현우(가명), 중학교 2학년(15세) 남학생

- 병원에서 불안장애 진단을 받고 약물을 복용하다 중단했으며 심리치료를 권유받아 센터에 오게 되었다.
- 수업시간에 집중을 못 하고 공부를 해도 자꾸 딴 생각이 나서 요즘 능률이 오르지 않는다.
- 면담을 할 때 굉장히 작은 목소리로 '네, 아니오'로만 대답을 하였고 개방형 질문에는 대답을 하지 않았다.
- 눈을 깜빡이고 다리를 떠는 등 매우 불안한 태도를 보였다.
- 위로 어머니가 다른 네 살 터울의 형이 한 명 있다.
- 어린 시절 부모님이 자주 싸움을 하여 불안함을 느끼는 일이 잦았으며 그때마다 방에 들어가 혼자 시간을 보냈다.
- 초등학교 때부터 친구관계가 나쁘지는 않았지만 갑자기 친구에게 화를 내거나 욕을 해서 문제가 된 적이 있다. 이로 인해 담임선생님과 상담하였고 담임선생님의 권유로 심리치료를 받은 적이 있다. 이때의 심리검사 결과도 불안이 높다고 하였다.
- 요즘 친구들이 자신을 미워하고 따돌리며 자신의 험담을 하고 다닌다고 생각한다. 특별히 괴롭히는 친구가 있는 것은 아니지만 이상하게 소외감을 느끼고 학교에 가기 싫다고 한다.
- 그런데다 자신을 무시하는 눈빛으로 쳐다보는 학급 아이들을 보면 너무 화가 나서 억울하지만 어떻게 할 수 없어 죽고 싶은 생각이 든다고 말한다.
- 부모님의 불화는 현재까지 지속되고 있어 심리적으로 매우 힘들어 하고 있다.
- 아버지는 강한 성격으로 술을 마시면 목소리가 커지고 물건을 부순다.
- 어머니는 약하고 소극적인 성격으로 어머니와는 대화를 하는 편이지만 최근 어머니도 술을 마시기 시작했다.
- 어머니의 그런 모습을 보면 내담자는 화가 난다고 말한다.
- 형은 짜증을 잘 내고 화를 잘 내며 자기주장이 강하다.

위의 내용은 내담자와의 면담을 통해 얻은 정보이다. 이와 더불어 부모와의 면담을 진행하고 객관적 검사는 내담자가 제공해준 것(병원에서 실시한 결과자료)을 참고했으며 그림진단 검사(HTP, 동적 학교 생활화, 빗속의 사람 그림검사)를 실시한 후 사례개념화를 하여 치료 계획과 목표를 세우고 미술치료를 진행하였다.

주 1회씩 대략 4개월 정도, 총 15회기를 진행하였으며 1회기는 60분 실시를 원칙으로 하였다.

그림 8-3 • 내담자의 빗속의 사람 그림 검사

(2) 사례개념화

① 치료의뢰 계기 및 촉발내용

불안 진단을 받고 미술치료 권유를 받아 오게 되었다.

② 내담자의 현재 주 호소문제

친구들이 자신을 미워하고 따돌리며 욕하고 험담하는 것 같아 학교에 가기 싫다.

③ 내담자의 과거력과 발달사의 주요 내용

어린시절부터 부모님의 싸움이 잦았고 그때마다 내담자는 불안했으며 손톱 물어뜯기, 다리 떨기 등이 그때부터 시작되었다. 친구는 있지만 번번이 친구들이 자신을 따돌린다고 생각한다.

아버지는 재혼이고 어머니는 초혼으로 어머니는 아들이 있는 아버지와 결혼을 하여 내담자를 낳았다. 그래서 내담자에게는 어머니가 다른 형이 있다.

④ 내담자의 생활환경과 문화적 배경

가부장적이고 강한 성격에 술을 자주 마시는 아버지와 소심하고 예민한 성격의 어머니로 인해 내담자는 항상 집이 안전한 공간이라는 생각을 못했다. 게다가 어머니가 다른 형은 자신의 어머니에게 좋은 태도를 보이지 않아 형과 어머니와의 관계도 원만하지 않다. 형은 내담자와도 좋은 관계가 아니다.

⑤ 내담자 개인 및 환경의 보호요인(강점)

내담자에게는 강점을 찾기가 어려웠다. 가족 내에서 내담자를 지지해줄 지지자를 찾을 수 없었고 또래관계도 좋지 않아 의지할 친구도 없었다. 다만 내담자 가정은 경제적으로 부유하며 부모가 내담자의 심리치료에 관심을 많이 갖고 있다는 점이 강점으로 작용한다고 볼 수 있다. 또한 내담자가 공격성이 없고 온화한 성격이며 지능이 높다는 것이 내담자의 강점이 될 것이라 기대한다.

⑥ 치료의 목표와 전략

내담자의 불안을 감소시키고 자존감을 회복시키는 것을 목표로 하였다. 불안을 감소시키기 위해서는 자신의 내면의 모습과 생활 속의 자신의 모습을 탐색하도록 하는 미술치료를 진행하여 승화와 통찰을 경험할 수 있도록 하는 방법을 선택하였다.

자존감 회복을 위해서는 내담자의 강점인 학습능력을 활용해 학교성적을 향상시켜 좌절된 자존감을 회복하도록 하는 전략을 수립하였다. 즉, 내담자가 가지고 있는 강점을 더욱 부각시켜 내담자의 여러 가지 위험요인을 생쇄할 수 있도록 하는 것이 치료전략이다.

(3) 미술치료 진행

① 초기

1~3회기, 친밀감 형성의 단계로 프로그램에 대한 설명과 흥미유발 활동을 중심으로 진행한다.

② 중기

4~12회기, 자기탐색이 단계로 부정적 감정에 대한 탐색을 통해 자신에 대한 이해를 넓히며 잘못 생각했던 부분들에 대해 성찰하도록 한다.

③ 종결

13~15회기, 미래의 자신의 모습을 그려보고 그동안 변화된 자신을 인정하고 수용한다.

(4) 회기별 미술치료 진행내용

1회기에서는 여느 미술치료와 마찬가지로 1회기에는 자신을 소개하고 치료사와 친밀감을 형성하는 시간을 가졌다. 현우는 다른 청소년 내담자처럼 비자발적 내담자였지만 비협조적이지는 않았다. 누군가의 도움이 절실히 필요하다는 것을 본인이 너무 잘 알고 있었으며 도움받기를 원했다. 현우는 공부를 잘하고 능력 있는 사람이 되고 싶다고 하였다. 미래에 대한 욕구가 뚜렷한 현우는 조금만 도움을 주면 자존감을 회복하고 건강한 청소년이 되어 훌륭한 성인으로 성장할 수 있을 것 같았다. 희망이 보였다.

2회기에서는 자유롭게 난화를 그리며 자신의 마음속에 무엇이 들어 있는지 살펴보는 시간을 가졌다. 마음속에 담아두어 나를 괴롭히던 생각들, 기억들이 무엇이 있는지 탐색해보았다.

3회기에서는 인생 그래프를 그리며 자신의 지나온 시간들에 대해 생각해보고 후회되는 점들, 바꾸어야할 점들, 잘했다고 생각되는 것들, 앞으로는 어떻게 해야할까? 등에 대해 생각해보고 이야기를 나누었다.

4회기에서는 불안에 대해 구체적으로 다루기 전에 현우의 하루일과에 대해 생각해보는 시간을 가졌다. 하루를 어떻게 보내는지, 그 하루의 시간들 중에 언제, 왜, 어떤 상황에 불안한지 탐색해보았다.

5회기에서는 4회기에 이어 현우의 불안에 대해 탐색했다. 도화지를 반으로 접었다 편 후, 한 쪽에만 물감을 짜고 접어서 표현해보는 작업을 하였다. 표현된 그림을 보고 부정적인 마음을 탐색하며 그것에 대해 이야기를 나누었다. 현우는 공부에 대한 자신의 생각을 이야기했다. 성적이 떨어지면서 불안이 심해진 것 같다고 이야기했다. 오랫동안 같은 클라스에서 공부하던 친구들 중 자신만 상위권반에서 밀려난 것에 대해 열등감, 낭패감을 심하게 느낀 것 같았다. 현우의 성적이 떨어지기 시작한 시점이 언제인지, 그때의 불안은 무엇이었는지 등에 대해 이야기를 나누었다.

6회기에서는 불안한 마음에 대해 구체적으로 탐색하였다. 부모님과의 관계, 형과의 관계 등에 대해 이야기 하였다. 현우는 부모님이 너무 자주 다투는 것에는 아버지의 전부인인 형의 친어머니와도 관련이 있다는 이야기를 하였다. 어머니가 그 이야기를 꺼내면 아버지가 버럭 화를 낸다고 하였다. 아버지는 사업을 하시기 때문에 약속이 많으시고 술도 많이 드신다고 하였다. 술을 드시고 와서 기분이 조금이라도 나빠지면 물건을 던지고 부수는데 사람은 때리지 않는다고 하였다. 아버지가 가족들과 자신을 때리지 않아 다행이지만 그 순간은 너무 무섭다고 하였다. 어린 시절엔 정말 무서워서 맨날 자는 척했다고도 이야기 했다.

부정적 감정의 표출 활동으로 풍선다트를 활용한 작업을 하였다. 작업방법은 스트레스를 종이에 적고 그 종이를 풍선에 넣고 풍선을 분다. 그런 후 다트로 풍선을 터뜨리는 것이다.

현우는 의외로 속이 시원하다고 말했다. 자신의 속마음을 이야기 하니까 속이 시원하고 또 그 이야기를 풍선 속에 넣어 터뜨려 날려버리면서 그때의 기분도 날려버린 것 같아 시원하다고 하였다.

7회기, 8회기, 9회기는 자기 표현과 자기이해, 자기탐색의 시간을 가졌다.

현우는 초등학교 때부터 친구들과 잘 지내다가 갑자기 친구에게 폭언을 하여 문제를 일으키곤 했다. 현우는 친구가 자신을 비웃고 험담하는 게 너무 화가나서 그랬다고 이야기한다.

그때의 기억을 떠올려 친구들이 진짜 현우를 비웃었는지, 그랬다면 그 이유가 무엇인지, 그렇지 않았다면 그렇게 생각한 이유가 무엇인지 탐색해보았다. 그렇게 함으로써 현우의 마음속에 열등감이 생기고 불안이 생기는 상황에 대해 생각해보았다.

현우는 자신의 마음속에 자신은 항상 똑똑한 아이, 칭찬받는 아이, 인정받는 아이가 되어야 한다는 신념이 자리잡고 있음을 깨닫게 되었다.

10회기에서는 가족에 대해 생각해보는 작업을 하였다. 가족과 행복했던 기억과 힘들었던 기억을 떠올려 그려보자고 했더니 현우는 '행복한 기억은 없어요.', '저는 항상 힘들었어요.'라고 이야하며 그림을 그렸다. 침대 위 이불 속에 숨어서 자는 척하는 자신의 모습을 그렸다.

그림 8-4 • 침대 속에 숨어있는 현우의 그림 – 머리만 살짝 보임

　　현우는 어린시절 아버지가 술을 마시고 들어오시는 날에는 항상 잠을 자고 있지 않아도 잠자는 척했다고 한다. 자는 척을 하지 않으면 아버지가 자신에게도 화를 내고 소리를 지르기도 했는데 그게 너무 무서웠다고 이야기 했다. 아버지는 폭력을 쓰지는 않았지만 짜증과 화를 잘 냈다.

　　이제까지 두 번의 현우 어머니와의 만남을 가졌다. 현우 어머니의 말에 의하면 현우의 아버지는 자수성가하여 부를 축적한 사람이다. 시골의 가난한 집안에서 태어나 부모의 지원 없이 장학금을 받으며 대학을 다녔고 졸업 후 대기업에 취업하여 승승장구하다가 개인 사업을 시작했는데 사업도 잘되었다. 그렇지만 너무 바빠 집에는 항상 늦게 들어왔고 또한 항상 술을 마신 상태였다. 현우의 어머니는 거기에 대한 불만을 아버지에게는 표현하지 못했다. 전처의 아들인 현우의 형에게도 자칫 계모라서 그런다는 말을 들을까봐 잘해주기만 했다. 그 스트레스를 모두 현우에게 풀었던 것 같다고 이야기했다. 현우가 아버지를 유독 무서워하고 마주치지 않으려고 한다는 말도 했다. 현우는 최근 학원의 반편성 시험을 잘 못봐서 이전부터 계속 친하게 지내던 친구들과 떨어지게 되었고 그것 때문에 굉장히 예민해져 있다고 한다.

　　초등학교 때에도 불안 때문에 심리치료를 받은 적이 있다고 했다.

　　현우는 아버지와 어머니가 왜 싸우는지 잠자는 척하면서 다 들었다고 한다. 매번 그런 이야기를 들을 때마다. '우리 집은 이상한 집이다.', '형과 나는 친해질 수 없다.', '엄마는 왜 아빠와 결혼을 해서 이렇게 나를 힘들게 할까?'라는 생각을 했다고 한다.

'이런 이야기는 절대 엄마한테 하시지 마세요.'라는 말도 잊지 않고 필자에게 했다.

아마도 현우는 자신의 속마음을 어딘가에 털어놓고 싶었지만 그럼 엄마가 이상하게 비춰질까봐 또 자신의 가족들을 이상하게 생각할까봐 아무에게도 이런 이야기를 한 적이 없는 것 같다.

청소년 내담자들을 치료할 때 이들은 어느 시기가 되면 답답한 자신의 속마음을 털어 놓는다. 그런데 그러고 나서는 꼭 비밀을 지켜줄 것을 확인받는다. 이야기 하고 나서 후회하기도 한다. '혹시나 치료사 신생님이 부모님께 이야기하면 어떡하지?' 하는 걱정에서이다.

여태까지의 치료에서 형성된 신뢰감으로 현우는 용기를 내어 자신의 이야기를 할 수 있었던 것이다. 그런 내담자에게 치료사는 '나는 너를 이해하는 사람이고 너의 안전과 관계없는 이야기는 부모님께 하지 않을 것이다.'라는 것을 확인해주어 내담자 청소년에게 신뢰감을 유지시켜야 한다.

11회기, 12회기는 내담자의 긍정성에 대해서 탐색하였다.

13회기에서는 친구에 대해 이야기를 나누고 작업을 하였다. 가장 기억에 남는 고마웠던 친구를 떠올려 보고 글로 써보고 그림으로 그려보았다. 이런 작업을 하면서 '나에게 친구란 어떤 의미인가?'를 생각해보도록 하였다.

현우는 지난 시험에서 성적이 많이 올라 다시 상위권 반에 들어가게 되었고 부모님에게도 칭찬을 받았다. 그리고 무엇보다 친구들과 다시 같이 공부하게 되어 기쁘다고 하였다.

친구를 경쟁자이자 이겨야 하는 존재로만 생각했던 현우가 친구에 대한 올바른 인식을 갖도록 하는 시간을 가졌다.

14회기에는 현우의 미래에 대해 이야기를 나누었다.

현우에게 "너는 미래에 어떤 일을 하면서 살고 싶니?"라고 질문하자

"저는 미래에 회계사가 되려구요."라고 답하였다. 그 이유를 묻자

"사실 그 생각을 한 건 얼마되지 않아요. 예전부터 아빠가 회계사가 되어야 한다고, 그래야 아빠 일을 도울 수 있다고 말씀하셨지만 그때는 별로 아무 생각 없었어요."

"그런데 요즘 아빠가 조금 달라지셨어요. 저에게 이것저것 물어보시기도 하고 그러니까 전에는 일방적으로 넌 회계사가 되어야 해. 그니까 공부열심히해. 그러셨는데 며칠 전에는 제 의견을 물어보시는 거에요."

"그래? 그때 어떤 느낌이었어?" 하고 물으니

"처음엔 웬일? 그랬는데, 나름 저를 챙기시는 것 같기도 하고, 나도 아들이 맞구나 이런 생각? 그래서 좀 생각해보니까 저는 수학을 좋아하거든요. 그래서 회계사도 괜찮을 거 같아요."

현우가 심리치료를 받고 있다는 것을 현우의 아버지는 알고 있고 현우의 어머니를 통해 아버지의 변화해야 할 것들에 대해 듣고 있었다. 현우의 아버지와도 어머니와 마찬가지로 한 두 번의 만남을 요청하여 약속을 잡았지만 번번이 일이 생겼다는 이유로 약속을 취소하고 치료실을 방문하지는 않았다. 그렇지만 현우 어머니의 말에 의하면 현우의 아버지도 많이 노력하고 있다고 한다. 아마도 그런 노력으로 현우와의 관계가 조금씩 개선되고 있는 것 같았다.

그림 8-5 • 나의미래 – 현우는 회계사가 되어 돈을 많이 벌어
큰 회사를 운영하는 사람이 되고 싶은 미래를 나타냈다.

15회기 지지난 회기부터 오늘이 종결이 될 것이라는 것을 현우에게 이야기하였다. 현우는 섭섭하다고 이야기했지만 후련한 감도 있어 보였다.

"우리가 벌써 4달을 만나왔어. 그 동안 너에게 어떤 변화가 있었던 것 같니?"

라고 물었다.

"처음엔 호기심도 있었구요. 그리고 누군가 제 말을 들어주는 게 사실 되게 좋았어요."

"제가 변한 게 있는지는 잘 모르겠는데 부모님은 많이 변하셨어요. 특히 엄마가. 아, 물론 저도 변한 게 있긴 해요. 화도 잘 안 내고 의심도 잘 안 해요. 또 엄마가 그러시는데 저 눈을 잘 안 깜빡인대요."라고 말하면서 웃었다.

(5) 미술치료의 결과

현우는 여름방학이 끝나고 2학기가 시작될 무렵 치료를 시작했다. 치료 후반기가 되면서 차츰 현우에게 변화가 보이기 시작했다. 눈을 깜빡이는 행동이 눈에 띄게 줄어들었으며 불안한 마음을 다루어 준 후 성적이 월등히 올랐다. 부모님은 특목고 준비를 할 생각이라고 말하였다. 성적이 오르고 팀을 이루어 학원에 다니고, 과외를 하면서 현우는 원만한 친구관계를 유지하게 되었다. 치료 중간에 어머니와의 상담을 3번 진행하였다. 부모님의 불화, 행동 등이 현우를 얼마나 불안하게 하는지에 대해 인식시키고 현우를 위해 부모님이 해야 할 것들, 태도 등에 대해 이야기를 하였다.

▣ 표 8-2 **그동안의 치료과정 정리 내용**

회기	주제	목표	활동
1	자기소개	신뢰감 형성	이름꾸미기 도화지에 이름을 쓰고 이름에 어울리는 상징들을 그린다. 왜 이렇게 그렸는지 편안하게 이야기하며 신뢰감을 형성한다.
2	내 마음 알기	긴장 이완	난화 자유롭게 그림을 그린 후 상징을 찾아 이야기하며 긴장을 푼다.
3	나의 인생 이야기	자기탐색	인생그래프 그리기 태어나서부터 미래까지의 인생 그래프를 그려 지나간 시간들에 대해 탐색해보고 앞으로의 삶에 대해 이야기 해본다.
4	나의 하루	생활 속 나의 모습탐색	9분할법 도화지에 테두리를 그린 후 3*3으로 9분할한 후 한 공간에 하나씩 하루의 일상을 그림으로 표현한다. 표현된 그림을 보고 자신의 일상에 대해 탐색한다.

5	나의 마음	부정감정탐색	데칼코마니 도화지를 반으로 접었다 편 후, 한쪽에만 물감을 짜고 접어서 표현해본다. 표현된 그림을 보고 부정적인 마음을 탐색하며 그것에 대해 이야기를 나눈다.
6	불안한 마음	부정감정표출	풍선다트 스트레스를 종이에 적는다. 종이를 풍선에 넣고 풍선을 분다. 그런 후 다트로 풍선을 터뜨린다.
7	내가 좋아하는 것, 싫어하는 것	자기표현	콜라주 작업 잡지책 속의 사진들 중에서 좋아하는 것과 싫어하는 것을 오려서 작품을 만든다.
8	버리고 싶은 나	자기탐색	마음에 안드는 내 모습 그리기 도화지에 마음에 안드는 자신의 모습을 표현해보고 이야기를 나누며 자신의 내면을 탐색한다.
9	내가 보는 나 남이 보는 나	자기이해 자신의 모습을 직면, 수용.	상자기법 상자 안에는 내가 보는 내 모습을 표현하고 상자 밖에는 타인이 보는 내 모습을 표현해본다. 표현한 내용에 대해 이야기 하며 자신에 대한 이해를 넓힌다.
10	가족과의 인상깊었던 기억 그리기	가족탐색과 이해	동물 가족화 가족을 떠올리며 가족들의 성격을 탐색해 동물로 표현해보며 그렇게 생각한 이유에 대해 이야기한다.
11	칭찬받은 나	긍정적인 내 모습 찾기	칭찬받았을 때의 나의 모습 표현하기 칭찬받았을 때의 나의 모습을 그려본다. 그때의 기분은 어땠는지 이야기하며 자랑스러웠던 나의 모습과 느낌을 생각해본다.
12	성실한 내 손	긍정적인 내모습찾기	석고 손 본뜨기를 하며 몰입한 경험 이야기하기 석고로 손을 본뜬 후 몰입하여 채색을 한다. 완성된 자신의 손을 보며 자신의 어떤 모습이 연상되는지 이야기 한다.
13	나에게 친구란?	감사	친구의 의미에 대해 생각해보기 가장 고마운 친구에게 그림과 글로 편지를 쓴다. 나에게도 지지적인 친구가 있다는 것을 깨닫고 힘을 얻는다.
14	나의 미래	나의 꿈 찾기	콜라주 작업 미래의 내모습을 잡지 책에서 찾아 콜라주 작업을 한다.
15	미술치료를 마치며	그동안의 작업 돌아보기	북아트 만들기 그동안의 작업하는 장면과 작업결과물의 사진으로 북아트를 만들고 지나간 회기를 되돌아 보며 변화된 자신에 대해 이야기한다.

청소년 문제와
미술치료 – 학교폭력

가장 심각한 청소년 문제 중의 하나인 학교폭력은 왕따, 집단 괴롭힘 등에 의해 비관한 학생들의 자살이 급증하면서 사회적 관심을 받게 되었고 역설적이게도 이러한 현상은 청소년상담, 학교상담의 발전을 이루었다.

　　문제의 심각성은 예방조치 및 신속한 대처방법을 발달시켜 학교폭력의 발생률은 수치상 줄어들었다. 그렇지만 비가시적 폭력인 언어폭력, 사이버 괴롭힘 등은 증가하고 있는 양상이다. 다시 말하면 갈수록 폭력의 방식이 진화하고 그 중대성은 증가되어가는 추세라고 할 수 있다.

　　학교폭력의 피해 청소년은 이후 정도가 심한 심리적 후유증을 경험할 수 있고 이로 인해 적응적인 일상생활을 유지하지 못할 수도 있다. 피해 청소년이 경험하는 신체적, 정신적 고통은 성인기의 대인관계에도 부정적 영향을 미칠 수 있으며 우울, 외상후 스트레스 등과 같은 장애를 겪게 되거나 또는 자살에 이르게 하기도 한다.

　　이 장에서는 학교폭력의 이해를 통해 효과적인 미술치료 방법에 대해 살펴보기로 하겠다.

I 학교폭력의 개념과 유형

1 학교폭력의 정의

학교폭력 예방에 대한 법률에 의하면 학교폭력은 학교 안팎 또는 사이버 공간 등 발생 장소에 상관없이 학생을 대상으로 이루어지는 상해, 폭행, 감금, 협박, 약취, 유인, 공갈, 명예훼손, 모욕, 강제적인 심부름, 사이버 따돌림을 포함한 집단 따돌림, 성폭력, 언어폭력, SNS 등 정보통신망을 이용한 음란 및 사이버폭력 등 학생에게 정신적 신체적으로 고통과 괴로움을 주거나 재산상 피해를 수반하는 행위를 말한다.

2 학교폭력의 주체자

(1) 가해자

- 폭력을 직접적으로 제공하는 학생이다.
- 공격적이고 폭력에 대해 긍정적인 태도를 가지고 있으며 충동적이다(Ol-weus,1991).
- 다른 사람들에 대한 지배의 욕구가 있다.

▌가해 위험성이 높은 학생의 행동단서

- ‣ 교사가 질문할 때 다른 학생의 이름을 대면서 그 학생이 대답하게 한다.
- ‣ 교사의 권위에 도전하는 행동을 종종 나타낸다.
- ‣ 자신의 문제행동에 대해서 이유와 핑계가 많다.
- ‣ 성미가 급하고 충동적이다.
- ‣ 화를 잘 내고 공격적이다.
- ‣ 친구에게 받았다고 하면서 비싼 물건을 가지고 다닌다.
- ‣ 자기자신에 대해 과도하게 자존심이 강하다.
- ‣ 작은 칼 등 흉기를 소지하고 다닌다.
- ‣ 등·하교 시 책가방을 들어주는 친구나 후배가 있다.

(2) 피해자

- 학교폭력을 당하는 학생이다.
- 자존감이 낮고 자기자신을 하찮게 여긴다.
- 우울하고 불안이 높고 덜 행복해 하는 경향이 있다(James, 2010).

▌피해위험성이 높은 학생의 행동단서

‣ 특정 학생을 빼고 이를 둘러싼 학생들이 알 수 없는 웃음을 짓는다.

‣ 교과서가 없거나 필기도구가 없고 자주 준비물을 챙겨오지 않아 야단을 맞는다.

‣ 교복이 젖어 있거나 찢겨있어 물어보면 별일 아니라고 대답한다.

‣ 자주 등을 만지고 가려운 듯 몸을 자주 비튼다.

‣ 평상시와 달리 수업에 집중하지 못하고 불안해 보인다.

‣ 교과서와 노트, 가방에 낙서가 많다.

‣ 자주 점심을 먹지 않고 혼자 먹을 때가 많으며 빨리 먹는다.

‣ 친구들과 자주 스파링 연습, 격투기 등을 한다.

‣ 교실보다는 교실 밖에서 시간을 보내려 한다.

‣ 종종 무슨 생각에 골몰해 있는지 정신이 팔려있는 듯이 보인다.

(3) 피해-가해자

- 가해와 피해 중복 경험자이다.
- 학교폭력의 피해자였으나 보복을 위해 가해자가 되는 경우 이를 피해-가해자라 한다(Olweus,1993).
- 전형적인 피해자에 비해 신체적으로 강하고 자기주장을 하는 편이다.
- 복수의 대상에게 파괴적 행동을 보이고, 약한 학생에게 공격적인 행동을 한다(정여주 외, 2018).

(4) 주변인

- 주변인이란 학교폭력에 의해 가해자와 피해자 등의 영향을 모두 받지만 가해자, 피해자, 피해-가해자 등에 속하지 않는 학급 구성원을 말한다.

  ‣ 동조자: 가해자에 동조하고 가해행동에 참여한다.

‣ 강화자: 가해행동을 부추긴다.

‣ 방어자: 피해자를 방어해준다.

‣ 방관자: 나에게 닥친 일이 아니라 생각하기 때문에 관여하지 않는다.

가해자에게 직접적으로 피해자를 괴롭히지 말 것을 요구하는 방어자는 피해자의 정서적 지지자가 된다. 이때 가해자는 방어자들이 많을 경우 가해행동을 감소시킬 수 있다. 따라서 방어자가 많을수록 학교폭력의 피해가 줄어들 수 있다. 주변인 중에서 방관자는 방어자들의 설득으로 행동변화를 일으켜 방어자그룹에 속할 수 있다.

가해행동을 부추기는 강화자는 앞으로 가해자가 될 확률이 높은 집단이기 때문에 학교에서는 이들을 주의깊게 살펴보고 관리해야 한다.

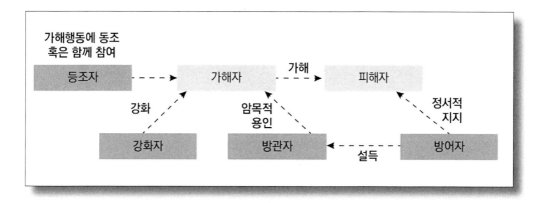

▌주변인이 방관하는 이유

‣ 나는 학교폭력에 연루되기 싫었다.

‣ 나도 학교폭력을 당할까봐 두려웠다.

‣ 그 상황에서 어떻게 행동해야 할지 몰랐다.

‣ 목격한 학교폭력이 그렇게 심각하지 않다고 생각했다.

‣ 학교폭력을 당하는 것은 나와는 상관없는 일이라고 생각한다.

‣ 학교폭력 문제를 다른 사람에게 알려 문제를 더 크게 하고 싶지 않았다.

‣ 폭력을 당하는 아이를 돕는다 해도 별반 달라지지 않을 것이라고 생각했다.

‣ 내가 누군가에게 폭력을 말한다 해도 아무도 돕지 않을 것이다.

3 학교폭력의 유형

학교폭력의 유형에는 언어폭력, 신체폭력, 강요, 따돌림, 성폭력, 사이버폭력, 금품갈취 등이 있다.

- **언어폭력:** 놀리기, 모욕하기, 모함하기, 비난하기, 위협하기 등 언어나 글로 심리적 괴로움을 주는 행위를 말한다. 신체폭력에 비해 잘 드러나지 않아 갈수록 늘어나는 양상을 보이고 있다.

- **신체폭력:** 신체적으로 해를 가하거나 재산상의 손실을 가져오는 행동을 말한다. 때리거나 감금하는 행위가 신체폭력에 속한다.

- **강요:** 강제적인 심부름, 빵셔틀, 와이파이 셔틀 등 폭행 또는 협박으로 의무가 없는 일을 하게 하거나 권리행사를 방해하는 행위를 말한다(송재홍 외, 2013).

- **따돌림:** 집단적으로 상대방을 의도적이고 반복적으로 피하는 행위를 말한다. 지속적으로 싫어하는 말로 바보취급 등 놀리기, 빈정거림, 면박주기, 겁주는 행동, 골탕먹이기, 비웃기 등의 행위와 다른 학생들과 어울리지 못하도록 막는 행위가 따돌림에 속한다.

- **성폭력:** 상대방의 동의 없이 성적인 언동을 일방적으로 행하는 것을 의미하며 개인의 성적 자기 결정권을 침해하는 범죄행위로 강간, 추행, 성희롱 등 모든 언어적 정신적 신체적 폭력을 포함한다.

- **사이버폭력:** 인터넷, 휴대전화 등을 이용해서 특정학생을 지속적이고 반복적으로 심리적 공격을 하는 행위를 말한다.

- **금품갈취:** 돈을 뺏거나 물건을 빌려 간다고 하면서 돌려주지 않는 등의 행위, 돈을 걷어가는 행위 등이 금품갈취에 속한다.

Ⅱ 학교폭력의 위험요인과 보호요인

1 위험요인

(1) 개인적 특성요인

성장배경에서 폭력에 노출되어 폭력행동이 어릴 때부터 시작된다면 학교폭력의 위험이 높아진다. 어릴 때 겪은 학대경험, 정서적 무시의 경험은 자신을 이해하고 조절할 수 있는 자기통제 능력의 발달에 지장을 주어 학교폭력의 위험을 높인다.

부모의 폭력적 대응방식을 모방하여 비공격적인 대안 방안의 학습에 어려움을 겪는다면 학교폭력의 위험성이 높아진다. 이러한 성장사는 정서 행동의 문제를 유발하는 개인적 특성에 영향을 미치고 이는 인지적 결함 발생시키는 결과를 초래하며 학교폭력에 영향을 미친다.

(2) 가족요인

부모의 범죄성, 부모의 문제적 양육태도, 가족 내 불일치와 갈등, 부모의 폭력 행동 등 가족 내 부적응 행동은 학교폭력의 위험요인이 된다.

부모의 자녀에 대한 훈육이 극단적이거나 비일관적일 때 자녀양육에 대한 부모 간의 갈등이 높을 때, 부모이 감독이 소홀할 때 자녀의 반항과 친 폭력성이 증가한다. 이러한 부모의 통제 및 감시의 부족은 학교폭력위 위험요인이다.

(3) 환경요인

학교에서의 낮은 훈육과 개입, 부정적인 또래관계, 사회적 지지의 결핍, 지역사회의 범죄와 폭력적 환경은 학교폭력에 영향을 미친다.

2 보호요인

(1) 개인적 특성요인

사회적 유능성, 문제해결능력, 자기 통제력, 긍정적인 가치관, 공감능력 등의 특성은 학교폭력을 예방할 수 있는 보호요인이다. 예방적 차원에서 이러한 특성을 향상시키는 개입이 필요하다.

(2) 가족요인

부모의 권위 있는 양육태도, 적절한 가족경제, 부모의 정서적 지지는 학교가 개입할 수 있는 부분이 아니기 때문에 부모교육을 통해 이루어져야 한다.

(3) 환경요인

- 긍정적인 학교 분위기, 학교환경에 대한 학생의 긍정적 지각, 학업에 대한 열의, 교사와의 관계, 교사와의 애착은 학교폭력의 보호요인이 된다.
- 긍정적 또래관계 및 또래의 사회적 지지가 있을 때 학교폭력이 위험은 낮아진다.
- 보호 성인의 존재 및 성인들과의 긍정적 관계, 건강한 단체활동 참여 등은 학교폭력의 위험성을 감소시킬 수 있다.

Ⅲ 학교폭력의 심리치료적 개입

학교폭력 심리치료는 청소년들이 가해, 피해자로 개입된 모든 폭력문제에 대한 심리치료적 접근이다.

학교폭력 심리치료는 개입시기에 따라 폭력 발생 전 예방활동과 폭력이 발생한 후의 위기심리치료, 이후의 추수치료로 구분되는데(문용린외, 2007) 대체로 폭력이 발생한 이후부터 시작되는 위기 심리치료인 경우가 많다.

1 학교폭력 심리치료의 목적

청소년의 학교폭력 심리치료의 궁극적 목적은 폭력으로 괴로움을 겪고 있는 청소년과 주변인물을 돕고 폭력문제를 근절시키는 것이다.

2 개입활동

(1) 예방활동

학교폭력의 문제에서 폭력이 발생한 후의 대응보다 이를 미연에 방지하는 예방적 접근이 효과적이다. 예방은 학교폭력과 관련된 문제를 발견하고 문제의 심각성을 평가하여 차별적인 개입을 하는 것이다. 예방활동은 문제가 더 심각해지는 것을 막기 위한 목적으로 실행한다. 따라서 문제발견, 평가, 예방적 개입, 문제환경개선, 교육, 캠페인, 자문 등의 활동을 한다.

(2) 학교폭력의 위기 개입

현재 진행 중이어서 시급하거나 외부로 인지된 폭력의 피해문제에 대한 심리치료이다. 학교폭력이 발생하면 신속하고 정확하게 대응해야 하며 폭력의 피해를 최소화하도록 해야 한다.

내담자로 하여금 폭력의 피해에서 벗어나게 하고 폭력의 원인을 이해하고 이에 대처하도록 돕는다.

또한 폭력과 관련된 법적 문제에 대처하도록 하며 내담자의 자존감을 회복시키고 일상에 다시 적응할 수 있도록 돕는다. 가해자에 대한 심리치료도 진행한다.

Ⅳ 미술치료의 적용

하루가 다르게 급변하는 사회 속에서 살고 있는 현대인은 가치관의 혼란을 경험하고 사회의 구조적 모순에 좌절한다. 아직 신체적, 정신적으로 성숙에 이르기 위해 발달적 과정에서 오는 혼란기에 있는 청소년들에게는 이러한 환경에서 오는 어려움이 더욱 크게 느껴질 것이다.

사회구조의 변화는 가족체계의 변화를 가져왔고 가정에서는 대가족 제도에서 자연스럽게 이루어졌던 예의범절과 도덕성, 인성교육을 더 이상 할 수 없게 되었다. 그렇다면 학교에서 이를 담당하여 전인교육을 실현하여야 하는데 학교는 그 역할을 다하지 못하고 있다. 입시 위주의 치열한 교육열은 학생들을 문제 푸는 기계로 전락시키고 여기에 적응하지 못하는 청소년들은 해소되지 못한 정신적 스트레스에 시달리게된다. 이러한 사회의 변화는 청소년의 폭력 문제에 큰 영향을 미쳤다.

학교폭력의 피해경험은 청소년에게 심각한 후유증을 초래하며 정상적인 발달에도 부정적인 영향을 미친다. 우울증을 보이기도 하고 자살에 이르기도 한다. 따라서 학교폭력 피해 청소년에게 심리치료적 개입을 통해 긍정적인 정서를 높이고 낮아진 자아존중감을 회복시켜주는 것이 필요하다.

심리치료의 한 분야인 미술치료는 청소년으로 하여금 부정적인 감정을 표출하도록 도와 감정의 정화를 경험하도록 할 수 있으며 자신을 긍정적으로 재인식하는 과정을 통해 만족감, 행복감 등의 긍정정서를 경험하도록 도울 수 있다.

V 미술치료 사례

피해자의 미술치료 사례와 가해자 집단미술치료과정에 대해 제시하였다.

1 학교폭력 피해자 미술치료 사례

(1) 사례개요

○● 내담자 정보: 다은(가명), 중학교 2학년 여학생

평범한 가정의 외동딸이다. 아버지는 개인사업을 하고 어머니는 간호사이다. 형제는 없다. 아버지는 말수가 적고 집안일이나 내담자의 교육은 전적으로 어머니에게 맡긴다. 어머니에 의하면 아버지는 사춘기 딸인 내담자를 어떻게 대해야 할지 몰라 내담자 눈치를 본다고 한다. 좋게 대화하다가도 갑자기 짜증을 내고 화를 내는 내담자를 힘들어 한다고도 한다. 그렇다고 야단을 치면 더 역효과가 날까봐 야단도 못치고 내담자의 짜증을 그냥 들어 넘긴다고 한다.

이에 반해 어머니는 내담자가 화를 내면 같이 화를 내고 며칠간 서로 말도 안 하기도 한다고 하며 내담자의 성적은 중하위 정도이고 끈기와 노력은 많이 부족해 공부를 열심히 하는 건 아니라고 한다.

최근 내담자가 학교에서 왕따를 당하고 집단 괴롭힘을 당해 등교거부 등의 행동을 보이자 어머니가 상담을 의뢰하였다.

내담자는 반에서 친하게 지내던 또래 집단에서 왕따를 당하게 되었는데 그 집단의 친구들에 의해 반에서도 따돌림을 당하게 되었다. 결국에는 학급의 아이들이 모두 내담자를 소외시키는 상황에 이르렀다.

초기 면접에서의 내담자의 첫인상은 깔끔하고 단정했다. 발육도 잘 되고 있어 적당한 키에 적당한 체격이었다. 예쁘고 귀여운 얼굴이었는데 짜증섞인 찡그린 표정으로 인해 그 장점이 부각되어 보이지 않는 것이 안타까웠다.

얼굴 표정은 좀 불편해 보였다. 짜증스러운 표정은 습관인 것 같고 말을 시키면 대답은 곧잘 했다. 아직 속마음을 정확히 털어놓지는 않지만 미술치료를 통해 도움을 받고자 하는 의지가 있었다. 현재 학교생활이 매우 힘들어 누구에게라도 도움을 받고 싶은 것 같았다. 전학을 가고 싶어하기도 한다. 주소를 할머니 집으로 옮기고 전학을 가고 싶다고 부모님을 조르고 있다고 한다.

내담자는 같은 반 친구들의 따돌림으로 인해 가장 힘든 건 수업시간이 끝나고 쉬는 시간이 되었을 때와 급식실에 갈 때라고 한다. 쉬는 시간이 되면 아이들이 서로서로 이야기를 하며 떠드는데 자신은 아무하고도 이야기할 수 없어 책상에 엎드려버린다고 한다. 그 시간이 너무 길게 느껴져 어디론가 사라지고 싶다고 한다.

점심을 먹을 친구가 한 명도 없어 급식실에도 가기 창피해서 밥도 굶고 있다. 급식실에 가서 혼자 밥을 먹는 것이 너무 창피하고 아이들의 시선이 다 자신을 향하는 것 같아 차라리 밥을 굶는다고 한다. 가끔 다른 반에 한 명 있는 친구에게 부탁해 같이 먹기도 했지만 그 친구가 불편해서 이제 그럴 수도 없다고 한다. 아침에 일어나서 학교를 가야하기 때문에 아침이 되는 게 너무 무섭고 싫다고 말한다.

(2) 심리검사 실시

내담자의 현재 상태를 정확히 알아보고 치료계획과 목표를 세우기 위해 내담자에게 적합한 검사를 진행하였다. mmpi-A(한국판 다면적 인성 검사 - 청소년용), JTCI, 문장

완성검사, HTP, K-HTP, 빗속의 사람그림검사를 실시하였다.

(3) 가설

내담자는 초등학교 때부터 관계의 문제를 여러 번 경험했다. 매번 같은 패턴이 존재했다. 4~5명의 무리가 친하게 지내다가 그중의 한 명과 문제가 생기고 내담자와 문제가 생긴 그 친구는 내담자를 제외한 친구들에게 내담자의 험담을 하여 무리의 나머지 아이들도 내담자와 멀어지게 만든다고 이야기한다. 내담자와 친하게 지내면 그 아이도 무리에서 나와야 하기 때문에 어쩔 수 없는 것이라고 한다. 그렇게 외톨이가 된 내담자는 학교생활이 점점 싫어지고 매사에 의욕을 잃어버리게 되었다.

이러한 과거 이력으로 보았을 때 내담자는 대인관계 형성에 문제를 가지고 있는 것으로 추정된다.

(4) 치료목표와 전략

○● **따라서 치료의 목표는**
1. 내담자의 대인관계 양상을 살펴보고 문제를 고치도록 도와주기
2. 지금 현재 느끼는 부정적인 사고와 정서를 긍정적으로 변화시키기

○● **치료의 전략**
내담자의 행동의 원인이 되는 부정적 사고와 왜곡된 신념을 수정하여 원만한 또래관계를 형성하고 정서적 안정을 찾기 위해 인지행동 이론을 기반으로 하여 미술치료프로그램을 구성하고 진행한다.

(5) 미술치료과정

총 28회기를 실시하였으며 주 1회 실시를 원칙으로 하고 1회기는 60분으로 구성하였다.

28회기 중에서 초기, 중기, 후기, 종결단계를 몇 회기씩 소개해 보겠다.

1회기

- 주제: 만남과 소개
- 목표: 친밀감 형성과 자기소개
- 활동내용: 프로그램에 대한 소개와 규칙을 정하였고, 9분할법으로 자기소개하는 활동을 하였다.

3회기

- 주제: 자기인식, 내면의 갈등탐색
- 목표: 스스로를 어떻게 생각하는지 인식하기, 나의 문제점은 무엇인지 알아보기
- 활동내용: 자신을 닮은 인형을 만들고 자신과 닮은 점이 무엇이지 생각해보았다. 인형과의 대화를 통해 자신의 문제를 탐색해나가는 작업을 하였다.

5회기

- 주제: 감정탐색
- 목표: 감정의 이완, 내면의 탐색
- 활동내용: 명화 속의 이미지를 재구성하여 재탄생시키는 과정에서 긴장을 이완시켰다. 작품의 감상을 통해 나의 내면을 탐색. 수용하는 과정을 거쳤으며 부정적 감정을 긍정적으로 변화시키는 작업을 하였다.

8회기

- 주제: 자기이해, 나의 앞모습과 뒷모습
- 목표: 자신에 대한 솔직한 이해
- 활동내용: 나의 뒷모습과 앞모습 표현하기 활동을 하였다. 도화지를 접어서 안과 밖을 만들고 다양한 매체를 통해 안에는 나의 앞모습 밖에는 나의 뒷모습을 표현하도록 하여 자신에 대해 탐색해보는 활동을 통해 있는 그대로의 자신을 수용하는 작업을 하였다.

10회기

- 주제: 관계 속에서의 나 인식
- 목표: 친구들 속의 내 모습

• 활동내용: 인생그래프를 그리고 각 시기마다 친구들과의 관계가 어떠했는지 표현하도록 하였다. 반복되는 사건들이 있는지 탐색해보고 관계 속에서 자신의 행동에 대해 점검해보는 작업을 하였다.

○● 12회기

• 주제: 부정적 사고탐색
• 목표: 타인에 대한 부정적인 생각을 탐색해보고 공감과 이해 배우기
• 활동내용: 도화지 가운데에 원을 그리고 원 안에는 내가 좋아하는 친구들을, 원 밖에는 내가 싫어하는 친구들을 그려 넣었다(그림으로 표현할 수 있는 친구는 그림으로 그리고 이름을 적었으며 그 외 친구들은 이름만 적었다). 그런 후 좋아하는 이유와 싫어하는 이유에 대해 이야기하면서 자신 안에 있는 잘못된 사고를 탐색하는 시간을 가졌다.

○● 15회기

• 주제: 억제된 감정해소
• 목표: 내 마음속에 억눌려있던 부정적 감정 해소하기
• 활동내용: 가장 화나고 슬펐던 때를 떠올리고 종이에 글과 그림으로 표현한 후 종이를 풍선 안에 넣고 풍선을 부는 활동이다. 그런 후 풍선을 터뜨린다. 풍선을 떠뜨리고 난 후 자신이 적었던 내용들을 보면서 그때의 감정은 어떠했는지 지금은 어떤지 이야기하며 탐색해보았다.

○● 19회기

• 주제: 가지고 싶은 나와 버리고 싶은 나
• 목표: 역기능적 신념 탐색
• 활동내용: 사고와 행동 부분에서 나타나는 역기능적 신념을 살펴보고 자신이 가지고 있는 왜곡된 신념은 어떤 것들이 있는지 확인하고 긍정적인 사고로 수정하도록 하는 작업을 진행했다.

○● 24회기

• 주제: 나의 웅덩이
• 목표: 어려운 상황에서의 문제해결 능력 키우기

- 활동내용: 눈을 감고 조용히 자신이 웅덩이에 빠졌을 때를 상상해 보도록 했다.
  → 웅덩이에 빠진 자신을 그려보도록 했다.
  → 웅덩이에서 빠져나오기 위해 해결 방안을 생각하고 표현하도록 했다.
  → 문제해결 방안에 대해 이야기를 나누었다.

○● 25회기

- 주제: 나 전달법
- 목표: 대인관계증력, 의사소통기술 훈련
- 활동내용: 친한 친구들과 관계가 나빠졌을 때의 상황을 재현해보고 그 상황에서 나의 대화법은 어떠했는지 떠올려보도록 했다. 그리고 그 대화를 나 전달법으로 바꾸어 이야기해보는 연습을 하였다.

○● 26회기

- 주제: 칭찬하기
- 목표: 의사소통 기술훈련
- 활동내용: 내 머릿속에 떠오르는 친구들의 장점을 생각해보고 친구에게 그 점에 대해 칭찬하는 연습을 하였다. 친구들에게 칭찬편지를 쓰는 작업도 하였다.

○● 28회기

- 주제: 미래의 나, 마무리
- 목표: 변화되고 싶은 자신의 모습
- 활동내용: 미래의 나는 어떤 모습으로 하루를 보내고 있을지 상상해 보도록 하였다. 상상해 본 것을 콜라주 작업으로 표현해보았다. 다은이는 도화지에 표현한 내용을 '아주 유능한 간호사가 되어 병원에서 활기차게 일하고 있을 것'이 라고 설명했다. 지난 회기를 돌아보며 치료시간에 느꼈던 것들 배운 것들을 회상하며 미래를 다짐하며 모든 치료를 종결하였다.

그림 9-1 • **미래의 나**

(6) 치료효과

다은이는 학기의 초반에는 그런대로 친구들과의 관계형성을 잘하는 편이다. 사춘기 아이들은 반에서 4명, 5명씩 집단을 이룬다. 학기 초에 하나의 집단에 속하지 못하면 외톨이가 될 수 있다. 다은이는 여기에 심한 스트레스가 있었다. 아무 집단에도 속하지 못했을 때를 미리 걱정하며 가까스로 한 집단에 들어갔다. 그런데 집단의 리더 역할을 하는 친구는 자기주장이 강하고 자신의 뜻대로 친구들이 행동하도록 만들었다. 특히 그런 행동이 다은이에게 심했다. 다은이는 자신이 또 이 집단에서 쫓겨날까 두려워 친구의 과한 부탁을 거절하지 못하고 다 들어주며 자신의 의견을 이야기하지 못 하다가 더 이상 그럴 수 없는 상황이 되어 그 친구의 부탁을 거절했을 때 따돌림을 받는 상황이 되었다.

다은이의 부정적이고 왜곡된 신념이 건강한 친구관계 형성을 방해하고 있어 다은이에게 이것을 인식시켜주었다. 다은이는 잘 이해했으며 자신의 사고와 행동에 대해 스스로 탐색하고 잘못된 점을 깨달았다. 의사소통 훈련 후 같은 반의 몇몇 친구들과 소통을 하고 지내게 되었다.

다은이는 미술치료를 진행하는 과정에서 자신도 자신의 어머니처럼 간호사가 되고 싶다고 미래의 진로에 대해 생각하게 되었다. 다은이의 미래의 하루는 간호학과에 진학하여 간호사가 되어 대학병원에서 열심히 일하다가 휴가를 떠난 하루를 표현했다. 예쁜 여성으로 성장하여 남자친구와 휴양지로 여행을 떠나는 것을 상상하면서 작업을 하였다.

2 학교폭력 가해학생 대상 집단미술치료

(1) 집단미술치료 과정

다음은 학교폭력 가해자들을 대상으로 한 협동 작업중심의 집단미술치료 과정 (김해인, 2016)이다.

▣ 표 9-1 **학교폭력 가해학생을 대상으로 한 협동중심 집단미술치료 과정**

단계	목표	회기	주제	기법	회기별 목표
초기 단계	충동성 다루기 (개인작업)	1	별칭 짓고 나 광고하기	자유화 (그리기)	프로그램에 대한 안내 및 친밀감 형성 정서 안정
		2	내가 좋아하는 것	콜라주	자신의 욕구통찰
		3	지금 나의 감정은	자유화 (감정사전)	자기감정, 정서 이해
중기 단계	공격성 다루기 (개인작업)	4	나를 화나게 만드는 것	과제화 (9분할법)	자신이 가지고 있는 분노 (공격성)감정을 수용하고 통찰하기
	공격성 다루기 (협동작업)	5	학교폭력 가해 시 나의 마음	콜라주	갈등상황 속에서 자신의 공격성 및 분노 정도 알아차리기
		6	우리의 화산	소조	분노 및 폭력행동 등 조절
	자기수용 (개인작업)	7	손 본뜨기 후 장점 찾기	과제화 (손 본뜨기)	자신의 장점을 인식하고 수용하기
후기 단계	자기애 성향 다루기 (협동작업)	8	집단만다라	만다라	협동작업을 통해 긍정적 의사소통 방식 익히기
		9	칭찬엽서	콜라주	집단원 간의 격려와 지지를 통한 긍정적 자아상 구축하기
		10	우리의 희망나무	협동화	미래에 대한 목표 설정 및 구체적 실천과제 다짐하기

■ 표 9-2 협동작업 중심의 집단미술치료 과정의 실시 절차

단계		목적	내용	치료전략
도입		시작활동 (warming up)	• 가벼운 게임을 통해 친밀 감 형성 • 회기의 주제와 활동에 대한 안내와 이해	수용적 관계에서 공감적으로 이해 하기, 무조건적인 긍정적인 존중 으로 무한한 성장 가능성이 있는 존재임을 믿어주기
실행	집단 미술 활동	미술치료 활동을 통해 단계별 목표 달성	• 미술작업하기 • 미술작품 완성 후 자신의 작품을 소개하기	작품을 자발적으로 표현할 수 있 도록 하기, 작품 과정에서 승화 작용이 나타날 수 있도록 하기
	작품 나누기	집단을 통한 강화 및 지지	다른 집단원 작품에 대한 피 드백을 통해 수정 및 공감지 지 하기	자기를 마음껏 표현할 수 있는 안정적 분위기 조성하기
마무리		집단을 통한 통찰 및 실생활에 적응하기	• 각자 미술활동 소감 듣기 • 회기 내용 정리하기	비합리적 사고 및 신념 인식하게 하기, 바람직한 정서·행동으로 전환시키기

(2) 학교폭력 가해자의 협동중심 집단 미술치료프로그램 진행 효과

• 학교폭력 가해 청소년은 충동적 행동을 억제하거나 자기규제를 할 수 있는 인
내력이 부족하다. 이런 청소년의 충동성은 외현화되어 폭력과 같은 문제행동
을 유발시켜 학교폭력의 가해자가 되는 결과를 초래할 수 있다. 다양한 미술활
동을 통해 감정과 욕구를 표출시킬 수 있는데 이는 정서적 이완에 도움이 된다.

• 미술활동을 통해 학교폭력 가해 청소년의 공격성의 원인을 탐색하고 공격성을
표출시켜 이를 완화시키는 효과를 얻을 수 있다.

• 학교폭력 가해청소년은 부정적 자기애 성향에서 비롯된 비롯한 자기중심적 태
도를 가지고 있을 수 있다. 집단미술치료를 통해 고립감과 외로움을 감소시키
며, 집단 과정에서 집단원이 동일한 주제를 가지고 그림을 그리면서 서로 좀 더
가까워질 수 있는데 이것은, 공동체 의식의 형성에 도움을 준다.

청소년 문제와 미술치료 – 학업

어린 시절부터 사교육에 길들여진 청소년들은 중·고등학교에 진학하여도 계속 사교육에서 벗어나지 못하고 자기주도적 학습습관과 학습전략을 갖추지 못하고 있다. 또한 스마트폰, 게임, SNS 등으로 인해 학습몰입에도 방해를 받고 있다. 이러한 상황은 학생들의 학업 능률을 저하시키고 더 나아가서 학업스트레스를 유발한다.

청소년에게 학업에 관한 문제는 가장 큰 스트레스이자 고민거리이다. 대학진학이라는 인생에 있어서 가장 어려운 관문을 뚫고 나아가야 하는 시기이기 때문이다. 특히 세계적으로 교육열이 높기로 유명하며 일류대학에 진학하는 것을 최종목표로 여기는 사회 분위기는 더욱 청소년들을 힘들게 한다.

지속된 학업스트레스는 부적응적 행동, 신체화 증상, 불안, 우울 등의 정신건강을 해치는 부정적 결과를 초래한다. 특히 우울이 심해지면 자살에까지 이를 수 있기 때문에 매우 심각하다고 할 수 있다(신효정 외, 2018).

이 장에서는 학업문제의 유형에 대해 살펴보고 학업문제의 유형과 변인을 파악한 후 학업 문제에 관한 미술치료적 접근에 대해 알아보겠다.

I 학업문제의 유형

1 성적 저하로 인한 스트레스

청소년에게 학업성적은 대학입시에 직접적인 영향을 미치는 변인이며 부모, 교사, 친구들에게 자신을 인정받을 수 있는 중요한 근거가 된다. 따라서 낮은 성적은 학업에 대한 심리적 피로도를 높이고 이것이 반복되면 학업에 대한 자신감을 잃게 된다. 나아가 자신감과 자존감이 떨어지고 열등감과 같은 부정적 감정이 생긴다.

2 시험불안

시험이 다가오면 불안하고 초조하여 주의 집중이 잘 되지 않고 투통, 소화불량, 장염 등과 같은 여러가지 신체적 증상을 나타낸다.

대부분의 학생들은 어느정도의 불안을 경험하는데 적당한 불안은 학생들을 시험공부에 열중하게 하고 주의를 집중시킬 수 있는 긴장감을 유지하게 하여 다가오는 시험에 대비하도록 한다.

그런데 너무 심한 불안을 경험한다면 불안하고 초조하여 주의 집중이 잘 안되고 수면이 불규칙해지고 두통과 소화불량, 장염 등과 같은 여러 가지 신체적 증상을 나타낸다. 심한 경우에는 시험 도중에 문제가 보이지 않기도 하고 너무 긴장이 높아 시험을 칠 수 없게 되기도 한다. 높은 불안으로 인한 주의 집중력 저하와 기억력의 저하는 실력발휘에도 지장을 준다.

3 학업능률의 저하

많은 시간 공부하지만 성적이 저조한 학생들이 있다. 이렇게 학업능률이 저조한 학생들은 다음과 같은 원인을 내포하고 있다. 첫째는 주의 집중력이 떨어져 학업의 효율이 오르지 않는 경우이다. 주의 집중을 하지 못하는 이유는 대체로 심리적 부담이나 가족, 친구관계에서 오는 갈등이 그 원인이다. 둘째, 공부방법이 효율적이지 못하기 때문이다. 음악을 틀어놓고 공부하거나 노트정리를 잘 하지 않는 학생들이 이 경우에 해당한다. 셋째, 잘못된 공부습관을 가지고 있기 때문이다. 밤에 공부가 잘된다는 생각에 밤에 늦게까지 공부하고 낮에 학교에서 조는 경우가 그 예이다.

4 동기 부족

공부하기 싫고 공부하는 게 무의미하다고 생각되며 학업에 점점 흥미를 잃게 된다. 정작 자신에게는 큰 문제로 다가오지 않고 부모나 교사에게 더 문제시 된다. 학업이외에 취미활동, 종교 및 예술활동에 더 많은 가치를 부여하여 상대적으로 공부에 소홀해지기도 한다.

Ⅱ 학업관련 변인

1 학습에 대한 동기와 흥미

학습에서 공부하는 것 자체에 대한 동기와 흥미는 중요한 역할을 한다. 공부를 하는 주체인 학생에게는 아무런 동기와 흥미가 없는데 단지 부모가 시키기 때문에 억지로 공부한다면 학업에 대한 동기와 흥미가 매우 낮고 이로 인해 문제가 발생하게 된다.

2 정서적 갈등과 불안

성적이 갑자기 하락한 학생들에게는 정서적 문제가 있는지 살펴보는 것이 중요하다. 시험에 대한 과도한 불안이나 걱정 또는 점점 떨어지는 성적으로 인한 스트레스는 학업수행을 더욱 어렵게 한다.

3 학습 방법 빛 전략

학업문제로 심리센터를 찾는 학생들 대부분은 '공부를 하는데 성적이 안올라요.', '저는 아는 문제를 자꾸 틀려요.', '실수를 많이해요.' 이런 말을 많이 한다. 이것은 학습 방법과 전략에 문제가 있는 경우이다.

공부를 많이 하는데 성적이 안 오르는 학생은 책상 앞에 앉아 있는 시간이 곧 공부하는 시간이라는 생각을 가지고 있다. 그런데 그것은 잘못된 공부방법이다. 책상 앞에 책을 펼치고 앉아 있어도 딴생각을 한다면 그 시간은 공부시간이 아니다. 시험 때 아는 문제를 틀린다는 학생은 실은 그 문제를 완벽히 모르는 경우가 많다. 자신이 개념에 대해 아는지 모르는지에 대한 인식을 못하고 있기 때문이다. 그래서 안다고 착각한다.

4 공부에 대한 반감

공부하는 것 자체를 싫어해서 공부를 하지 않는 경우이다. 그냥 공부하는 것에 대한 반발심과 반감을 갖는 경우이다.

Ⅲ 학업문제 치료 과정

학업문제의 심리치료는 일반적인 심리치료와 크게 다르지 않지만 학습이라는 특수한 문제를 다루기 때문에 일반적인 심리치료와 구분되는 특성이 있다.

1 치료적 관계 형성 및 구조화

비자발적인 내담자가 대부분이다. 본인의 필요에 의해서가 아니라 부모님이나 담임선생님의 권유로 심리치료를 받는 경우가 많기 때문에 스스로는 문제가 없다고 느끼고 있어 치료사를 부모와 선생님 이외의 또 다른 잔소리하는 사람으로 인식할 수 있다. 따라서 치료사는 내담자의 적극적인 참여를 위해 내담자의 불만에 경청해주고 수용해주며 내담자의 갈등과 부당한 대우에 대해 공감적으로 반응하고 열심히 치료에 참여하면 원하는 바를 이룰 수 있다는 기대를 갖도록 신뢰관계를 형성해야 한다.

또한 치료의 직접적인 의뢰자인 부모와의 관계형성도 중요하다. 동기가 부족한 내담자에 비해 부모의 동기가 높기 때문에 치료사를 자칫 과외선생님처럼 성적을 올려줘야 하는 의무가 있는 사람으로 오인하지 않도록 치료사의 역할, 내담자의 역할에 대해 명확히 알려줘야 한다.

2 학습문제의 진단

학습문제는 개인적 요인, 가족, 또래, 학교 등 환경적 요인에 의해 유발되며 우울이나 불안과 같은 정서적 요인에도 영향을 받는 등 다양한 원인이 있기 때문에 정확한 진단이 필요하다.

학습문제의 진단은 면접과 심리검사로 이루어진다.

면접을 통해 수집해야할 정보는 다음과 같다(김동일 외, 2020).

- 학습과 관련된 호소문제
- 학습심리치료를 통해 변화하기를 기대하는 것
- 최근 시험에서의 과목별 성적 및 석차
- 성적 및 석차의 변화추이
- 현재의 공부방법
- 형제들의 학습태도 및 성적
- 학교나 교사에대한 태도
- 교우관계

학부모 면접에서의 질문 사항(김동일 외, 2020)은 다음과 같다.

- 학습문제가 무엇이라고 생각하는가?
- 학습문제의 원인은 무엇이라고 생각하는가?
- 학습문제는 언제부터 나타나기 시작했는가?
- 지금 상담을 시작하는 계기나 이유는 무엇인가?
- 학습문제를 해결하기 위해 지금까지 시도한 방법은 무엇인가?
- 그 방법들이 성공하지 못했다면 그 이유는 무엇이라고 보는가?
- 학습문제에 대한 심리치료를 받는 것에 대한 다른 가족들의 반응은 어떠한가?
- 자녀의 학습문제에 영향을 미치는 또 다른 요인이 있는가?

3 치료목표의 설정

치료의 목표는 성적향상이 아니라 학업과 관련된 적응적 행동의 증가임을 내담자와 학부모에게 명확히 해야한다.

구체적이고 도달 가능한 학습목표를 세운다. 증가시켜야 할 행동과 감소시켜야 할 행동의 목록을 작성하여 목표를 단계적으로 설정한다

IV 학업문제의 미술치료 사례

1 사례개요

내담자: 고1 여고생 민주(가명)

(1) 주 호소문제

성적이 계속 떨어져서 자존감이 낮아지고, 자신도 없고, 대학에 진학할 수 있을지 걱정이 너무 되어 불안하고 우울하다.

공부 시간이 부족한 건 아닌데 능률이 오르지 않는다. 게다가 아는 문제를 자꾸 틀리는 실수를 한다.

(2) 발달사

평범한 집안의 막내딸이다. 위로 네 살 위인 오빠가 있다. 오빠는 대학교 2학년에 재학 중이다. 오빠는 모범생이고 공부를 아주 잘했다. 내담자도 오빠 못지 않게 공부를 잘해야 한다는 부담감이 있었다. 초등학교 때는 성적이 우수했다. 그런데 중학교에 입학하고부터 학년이 올라갈수록 성적은 내려가는 추세이다. 고등학교에 와서 더욱 심해진 것 같다.

부모님은 공부에 대해서 내담자를 압박하지는 않는다. 아버지는 회사원으로 성격이 꼼꼼하고 자상하다. 성적에 맞는 대학에 가면 된다고 내담자를 안심시킨다. 어머니도 내담자에게는 공부에 대해 큰 부담은 주지 않는다. 내담자가 성적으로 고민하고 우울해지는 것을 더 걱정한다.

(3) 면담내용

내담자는 잘하고 싶은 마음이 굉장히 컸고, 또한 인정받고 싶은 욕구가 강했다. 내담자는 어려서부터 오빠의 모습을 닮고 싶어했다. 오빠에 대한 질투라기보다 동경에 가깝다. 오빠는 공부를 매우 잘하면서 부모님께도 학교 선생님과 친구들에게도 항상 인정받는 학생이었다. 그런 오빠를 보면서 내담자는 자신도 그렇게 되리라 마음먹었다.

그런데 초등학교 때는 오빠만큼은 아니지만 공부도 꽤 잘했고 선생님들께도 칭찬받는 학생이었는데 중학교에 올라가면서부터 무언가 잘못되고 있다는 생각이 들었다. 성적이 마음만큼 나오지 않았고 그로 인해 자신감이 떨어져서 매사에 의욕이 떨어지고 있는 것 같았다. 그렇지만 내담자는 여전히 모범생이었고 선생님들께도 칭찬받는 학생이었으며 친구들과도 관계가 좋았다.

중학교를 졸업하고 올해 고등학교에 입학하고나서 1학기 중간고사와 기말고사를 보았다. 중간고사를 보고 나서는 사실 많은 충격을 받았다. 생각보다 더 성적이 좋지 않았다. 중학교 때보다 더 떨어졌다. 내담자는 공부시간도 늘렸고 꾸준히 책상 앞에 앉아 많은 시간 공부를 하는 편이다. 그래서 더욱 자신감이 떨어진다. '해도 안되는 건가?' 하는 생각이 든다. 자꾸 위축되고 불안하다.

2 미술치료 진행

1주 1회 60분 총 12회기 진행하였다.

(1) 미술치료 과정

- 목표: 내담자가 학습에 대한 자신의 문제점을 파악하도록 한다. 내담자의 학습 전략의 문제점을 파악하여 수정하도록 돕는다. 학업부진으로 인한 자신에 대한 부정적인 인식을 긍정적으로 변화하도록 한다.
- 초기 1회기~3회기: 이해 공감
- 중기 4회기~8회기: 문제점 파악, 내담자의 강점과 자원파악, 잘못된 학업전략 인식하기
- 종결 9회기~10회기: 그동안의 미술치료를 통해 얻은 자신감, 공부습관 되돌아보기, 미래의 희망에 대해 이야기 하기, 격려하기

(2) 회기별 진행 내용

○● **1회기**
- 주제: 자신의 상징찾기
- 미술할동: 난화 그리기
- 재료: 도화지 그림도구

민주와 이야기를 많이 나누었다. 민주는 자기표현은 잘하는 편이지만 속마음을 금방 털어놓는 타입은 아니었다. 조금 경계하는 듯하기도 했다. 이 시간을 통해 얻고자 하는 것은 무엇인지에 대해 질문했다. 민주는 무엇을 얻을 수 있는지 잘 모르겠지만 도움을 받고 싶다고 했다.

자유롭게 난화를 그리고 그 속에서 상장을 찾아 이야기하면서 자신이 원하는 것이 무엇인지 알아보았다.

○● **2회기**
- 주제: 자기이해, 내면탐색
- 미술활동: 초기기억 그리기

지금 생각나는 가장 초기기억은 무엇인지 생각해보고 그림으로 나타내보는 과정을 통해 자신의 내면에 숨어있는 욕구를 탐색해보는 과정이다.

가장 초기기억에 대해 그려보라고 했다. 민주는 혼자 마당에 쪼그리고 앉아 있는 그림을 그렸다. 이날은 엄마와 오빠가 학교에 가고 할머니와 함께 집에 있었는데 자신도 엄마를 따라가고 싶었지만 할머니가 집에 있으라고 해서 집에 있었다고 이야기를 했다.

민주는 자신은 어릴 때부터 오빠가 가는 곳엔 꼭 같이 가고 싶었고, 오빠를 닮고 싶어하는 마음이 컸다는 이야기를 했다. 오빠와 같은 사람이 되어야 하는데 자신은 너무 부족해서 부끄럽다고 이야기 했다.

성적에 대해 이야기 하면서 민주는 자신에 대해 너무 실망스럽다고 했다. 솔직히 초등학교 때는 우수한 학생이어서 자존감도 높았고 학교가는 게 너무 즐거웠는데 고등학교에 와서는 학교가는 게 싫다는 말을 했다.

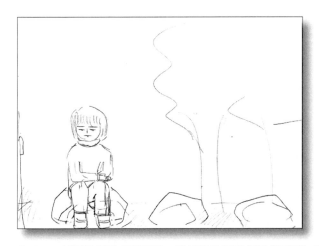

그림 10-1 • 민주가 그린 초기기억 – 집 마당의 돌담 위에 앉아있는 나

○● **3회기**

• 주제: 공부하는 이유찾기
• 미술활동: 10년 후의 자신의 모습 그려보기
• 재료: 도화지, 그림도구

민주의 학업에 대한 긍정적 동기를 파악하였다. 민주는 잘하고 싶은 마음이 굉장히 컸고 또한 인정받고싶은 욕구가 강했다. 여기에는 오빠의 영향이 컸다. 부모님께서 비교하는 건 아니지만 본인 스스로 오빠를 닮고 싶었다고 한다. 그런데 자신은 오빠를 따라갈 수 없다는 걸 알고 실망을 많이 했다.

민주의 마음에 대해 경청하고 충분히 공감해주었다. 민주는 자신이 이해받고 있다는 것을 느끼는 듯 이야기에 열중하였다.

꼭 오빠와 같은 사람이 되어야 한다는 생각, 오빠처럼 되지 못하면 실패한 사람이라는 생각, 공부를 잘해야만 인정받을 수 있다는 생각의 오류에 대해서 다루었다.

○● 4회기
- 주제: 시간 점검
- 미술활동: 만다라

  민다라 도안을 색칠하면서 집중과 몰입의 경험을 해본다.
- 재료: 만다라 도안, 색연필, 싸인펜

시간점검을 하였다. 민주는 공부하는 시간에 비해 성적이 안나온다는 이야기를 많이 했다. 이야기를 들어보니 공부시간은 충분했다. 그런데 더 자세히 탐색해보니 공부하는 시간에 다 집중을 하고 있는 것은 아니었다. 민주는 걱정과 불안 때문인지 시간의 양에 비해 공부의 질은 많이 낮았다. 딴 생각을 하거나 아무 생각 없이 멍하게 있는 시간이 공부시간보다 많았지만 민주는 이를 인식하지 못하고 있었다. 집중할 수 있는 방법에 대해 이야기를 나누었다.

그림 10-2 • **만다라 색칠**

○● 5회기
• 주제: 공부방법탐색
• 미술활동: 자화상 그리기
  거울속에 비친 솔직한 나의 모습을 그려보며 자신의 진정한 모습을 수용하
  는 경험을 한다.
• 재료: 도화지, 그림도구

민주의 실수에 대해 다루었다. 민주는 시험 때마다 아는 문제를 틀린다고 하였
다. 그런데 사실 민주가 틀린 문제는 확실하게 아는 문제가 아니었다. 수학의 경우 풀
이 과정을 제대로 쓰지 못했다. 학생들은 풀이집에 나온 풀이과정을 보고 이해한 것을
그 문제를 풀 수 있는 것이라고 착각한다. 이해한 것과 문제를 풀 수 있는 것이 다르다
는 것을 깨닫게 해주었다. 또한 '내가 아는 것과 모르는 것'을 구분할 수 있는 셀프테
스트 방법에 대해 알려주었다.

○● 6회기
• 주제: 강점탐색
• 미술활동: 하루 일과를 네컷 만화로 그리기

민주가 가지고 있는 강점에 대해 다루었다. 민주는 부모님, 오빠 등 가족관계가
원만하고 학교에서도 선생님들께 인정받는 학생이며 친구관계도 매우 좋았다. 이러한
민주의 인간관계의 긍정적인 부분에 대해 칭찬을 해주었다. 또한 민주의 학습의욕에
대해서도 격려해주었다. 민주가 성적이 떨어져서 고민하지만 그것은 학습 방법의 문
제가 있는 것이고 학업의지와 학업동기는 충분하기 때문에 열심히 하면 어느정도 안
정적인 성적이 될 수 있을 것이라고 희망적인 메시지를 주었다.

○● 7회기
• 주제: 자기탐색
• 미술활동: 남이 보는 나, 내가 보는 나
• 재료: 상자, A4 용지, 가위, 색연필, 싸인펜

상자 안에는 내가 보는 내 모습을, 상자 밖에는 남이 보는 내 모습을 종이에 적어 배열한다.

진정한 나의 모습에 대해 인식하는 기회를 갖는다.

집중력을 향상시키기 위해 실행하고 있는 방법과 내가 정확히 아는지 모르는지 점검하는 셀프테스트를 잘 진행하고 있는지 살펴본 후, 공부하는 것에 대한 이전과의 차이점에 대해 이야기를 나누었다.

민주는 조금 힘들다고 이야기했다. 긴 시간 집중을 하는 게 생각처럼 잘 되지는 않지만 자신이 집중을 못하고 있다는 것을 깨닫고 있기 때문에 차라리 집중하지 못하면 휴식을 취하고 나서 공부를 다시 한다고 이야기 하였다. 셀프테스트방법도 아직 익숙하지 않아 좀 힘들지만 자신이 모르는 걸 안다고 착각하지 않게 되었다고 이야기 하며 이전의 자신은 보여주기 위한 공부, 자신이 안심하기 위한 공부를 한 것 같다는 이야기를 했다.

◯● 8회기
- 주제: 진로탐색
- 미술활동: 미래의 나 콜라주
- 재료: 잡지, 풀, 가위

진로에 대해 다루었다. 민주가 원하는 구체적인 직업은 무엇이고 어떤 공부를 해야하는지에 대해 이야기하며 미래에 대해 생각해보는 시간을 가졌다. 민주는 구체적인 미래의 계획은 아직 없지만 어떤 분야에서 일하고 싶은지에 대한 생각은 가지고 있었다. 그래서 그 분야에서 일하기 위해 어떤 전공을 선택해야 하는지에 대해 탐색해보았다.

◯● 9회기
- 주제: 가족관계 속에서의 나
- 미술활동: 가족화 그리기
- 재료: 도화지, 그림도구

오빠의 이야기를 하였다. 공부 잘하는 오빠를 좋아하고 닮고 싶은데 자신은 오빠만큼 잘하지 못해 속상한 마음에 대해 다루었다. 모든 사람이 다 오빠처럼 될 수는 없다는 것을 인정하고 사람들은 나름대로 잘하는 부분에서 최선을 다하는 게 중요하다는 것을 깨닫는 시간을 가졌다. 민주는 오빠와 사이가 좋고 부모님도 자신에게 공부에 대해 큰 스트레스를 주지 않고, 있는 그대로의 자신을 사랑하는 것 같다고 했다. 그러면서 자신은 행복한 사람인 것 같다며 미래에 대한 희망을 이야기 했다.

○● **10회기**
- 주제: 미래에 대한 희망
- 미술활동: 나에게 주는 선물, 나에게 주는 카드를 만들고 나에게 칭찬의 편지 쓰기
- 재료: 도화지, 색연필, 싸인펜

미술치료를 진행하는 동안 민주에게 어떤 변화가 있었는지 살펴보았다. 민주는 스스로 자신의 변화를 위해 노력하는 모습을 칭찬하고 격려하였다. 민주는 공부시간에 집중하기, 셀프테스트하기 등이 쉽지는 않지만 좀 더 효율적으로 시간관리가 되고 있다며 긍정적인 변화에 만족해했다. 그리고 모르는 것을 모른다고 인정하는 것에서 오는 어떤 해방감 같은 것을 느꼈다고 말하며 홀가분하다고 했다.

청소년 문제와
미술치료 – 진로문제

인간은 살아가면서 매 순간 수많은 선택을 한다. 그중에서 자신의 적성을 알고 능력을 개발하여 그에 맞는 진로를 선택하는 것은 인생에서 매우 중요한 일이다. 자신에게 맞는 진로의 선택은 삶의 전반적인 부분에 큰 영향을 미치기 때문이다. 진로는 전 생애에 걸쳐 이루어지는 중요한 과업이지만 특히 청소년기의 진로발달은 성인기로의 안전한 진입과 독립을 위한 선택이기 때문에 더욱 중요한 과정이다.

최근 심리상담에 대한 인식이 긍정적인 방향으로 변화하여 심리상담센터를 찾는 내담자가 많이 늘어나고 있다. 이 중에서 많은 수를 차지하는 내담자는 아동, 청소년이다. 특히 청소년 내담자의 경우 보호자들은 이들의 문제영역의 개선 외에 진로에 관한 상담을 추가적으로 진행해주기를 희망한다. 그만큼 청소년 시기의 진로 탐색이 중요하기 때문이다.

과거에는 진로선택을 성인기에 단회적으로 일어나는 선택과정(김봉환 외, 2011)으로 생각하였지만, 진로발달 이론이 등장하면서 진로선택이 아동, 청소년, 성인기를 거쳐 평생동안 이루어진다는 전생애적 관점으로 변화했다(Super, 1957).

전생애적 발달론은 발달단계마다 성취해야 할 진로발달 과업을 제시했는데, 수퍼의 진로발달 이론에 의하면 청소년 시기에는 능력을 중요시하며 욕구, 흥미, 능력, 가치, 직업적 기회 등을 고려하기 시작하고 자신의 자아개념을 실천하려고 한다.

즉, 청소년들은 자신의 욕구, 흥미, 능력, 가치관 등을 고려하여 진로를 결정하고 이를 실현하고자 한다. 따라서 청소년 시기에는 진로에 대한 깊이 있는 고민을 통해 자신의 미래를 주도적으로 설계해 나갈 수 있는 역량 함양이 이루어져야 한다.

사회는 급변하고 있고 직업 세계도 급속도로 변화하고 있다. 다양한 직종이 창출되고 또 소멸해가고 있는 현대사회에서 적절한 직업을 선택하기 위해서는 자신의 가치관과 능력, 성격, 적성, 흥미 등에 대해 올바르게 이해하는 것이 필수적이다.

본 장에서는 청소년들의 효과적인 진로문제의 개입을 위해 진로발달이론에 대해 간단히 살펴보고 청소년 내담자가 호소하는 진로문제 유형과 원인, 개입방법, 진로문제에 대한 미술치료적 접근에 대해 살펴보겠다.

I 진로발달이론

1 수퍼의 생애진로발달이론

수퍼(Super)는 진로발달을 전생애 발달개념으로 보았다. 즉, 진로는 삶의 초기부터 노년기까지 이어지는 발달과정이라는 의미이다. 수퍼는 진로발달단계를 5단계로 제시하였다.

1단계, 성장(0~14세)기는 자아개념, 태도, 욕구발달. 일반적인 일의 세계에 대해 인식하는 시기이다. 환상, 흥미, 능력의 세 개의 하위단계로 나누어진다.

2단계, 탐색(15~24세)기는 수업, 일과 취미, 잠정적 선택, 기술발달이 이루어지는 시기이다. 결정화, 구체화, 실행의 세 개의 하위단계로 나누어진다.

3단계, 확립(25~44세)기는 도입수준의 기술을 습득하는 한편 일에 대한 경험을 통해 능력을 발휘하는 시기이다. 안정화, 공고화, 발전의 세 개의 하위단계로 나누어진다.

4단계, 유지(45~64세)기는 직업세계에서 지위가 상승하고 확고한 위치를 유지하기 위해 노력하는 시기이다. 이 시기의 세 가지 핵심과업은 일의 세계에서 확고한 위치를 유지(보유)하거나, 직업관련 지식과 기술을 새로운 내용으로 대체(갱신)하거나, 지금까지의 방식과 다르게 시도하면서 새롭게 과제에 도전(혁신) 하는 것이다.

5단계, 쇠퇴(65세 이상)기는 은퇴 이후의 삶에 관심을 갖는 시기이다(강진령, 2021).

청소년기는 성장기와 탐색기에 걸쳐있다.

성장기 중에서 청소년에 해당하는 시기는 능력기이다. 능력기는 능력을 중요시하며 직업의 요구조건을 고려하는 단계이다.

탐색기 중에서 청소년에 해당하는 단계는 결정화, 구체화 단계이다. 결정화 단계는 직업에 대한 정보가 축적되면서 진로에 대한 선호가 점차 분명해지는 시기이며 구체화 단계는 몇 가지 대안적인 진로 중에서 어떤 것을 결정할지 선택을 하는 시기이다.

따라서 이러한 청소년기의 진로 발달적 특성을 반영한 진로탐색이 이루어져야 하겠다.

2 파슨스의 특성요인이론

진로선택에서 어떤 요인을 고려하는가에 관심을 가지며 사람마다 특정한 직업 또는 몇 가지 직업에 알맞는 특성과 요인을 가지고 있다고 가정한다.

개인적 흥미나 노력이 바로 직업의 특성과 일치할 때 직업의 선택이 가능하다고 보고 있으며, 개인의 특성을 파악하고 직업에 대한 이해의 과정을 거친 뒤 이 두 가지 요소를 연결하게 되면 진로선택이 가능하다고 본다

특성요인이론의 가정

- 사람에게는 측정 가능한 독특한 특성(적성, 흥미, 가치관, 기대, 모험, 포부) 등이 있다.
- 직업마다 성공을 위한 구체적인 특성을 필요로 한다.
- 직업선택은 인지적 과정이며 개인의 특성과 직업의 특성의 연결이 가능하다.
- 개인의 특성이 직업의 특성에 적합할수록 직업적 성공의 가능성과 만족감이 커진다(강진령, 2021).

진로상담 과정에서 특성요인이론은 심리검사 등을 통해 학생의 특성을 분석해 객관적 자료를 제공할 수 있다는 점에서 유용하게 활용된다.

3 홀랜드의 성격이론

홀랜드의 성격이론은 진로상담 분야에서 가장 많은 영향을 미친 이론으로 평가된다(이제경, 2009). 홀랜드의 성격이론에서는 다음과 같은 기본 가정을 제시한다.

- 사람들은 실재적, 탐구적, 예술적, 사회적, 기업적, 관습적 유형 중의 하나로 분류될 수 있다.
- 환경에는 실재적, 탐구적, 예술적, 사회적, 기업적, 관습적 유형이 있다.
- 일반적으로 각 환경에는 그 성격유형에 일치하는 사람들이 머물고 있다.
- 사람들은 자신의 능력과 기술을 발휘하고 태도와 가치를 표현하고 자신에게 맞는 역할을 수행할 수 있는 환경을 찾는다.

개인의 행동은 성격과 환경의 상호작용에 따라 결정된다.

여섯 가지 유형

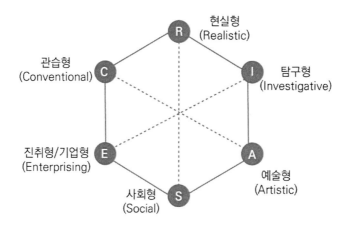

- 실제형: 공구나 기계를 다루는 업무나 현장에서 직접 신체를 움직여서 하는 활동을 선호한다. 사회적 기술은 부족하다.
- 탐구형: 정보를 토대로 새로운 사실이나 이론을 밝혀내며 해석하는 것을 좋아한다. 조직적, 분석적이며 정확하지만 리더십이 부족하다.
- 예술형: 표현력이 풍부하고 독창적이며 비순응적이다. 규범적 기술이 부족하다.
- 사회형: 다른 사람들과 함께 협력하여 일하는 것을 좋아한다. 사람들과 적극적으로 대화, 토론하는 것을 즐기며, 사람들 간에 얽힌 문제를 풀어 주는 일에 앞장선다. 조직적인 활동을 싫어하고 기계적, 기술적인 능력이 부족하다.
- 기업형: 달성 가능하고 대가가 분명한 일을 정하여 목표를 이루기 위해 적극적으로 노력한다. 진취적인 자세로 다른 사람들을 이끌고 목표를 달성하려는 의지가 강하다. 체계적 활동을 싫어하고 과학적 능력이 부족하다.
- 관습형: 기록을 채계적으로 정리하거나 자료의 재상산을 좋아하지만 심미적 활동에는 관심이 없다.

진로상담에서 성격이론은 직업세계를 단순화함으로써 개인의 성격유형과 직업환경 사이의 일치도를 가늠해볼 수 있다는 점에서 유용하다(강진령, 2021).

Ⅱ 진로문제의 원인

1 사회적요인

(1) 진로신화

진로신화는 진로에 관한 사람들이 갖는 부정적 또는 긍정적 신념, 인지, 사고 등을 의미한다. 부모들에 의해 형성된 '열심히 공부해서 성공해야만 훌륭한 인생이다.'라는 편향된 신념을 갖게(김병숙, 2007) 될 수 있는데 이것은 청소년에게 왜곡되고 미성숙한 진로의식을 형성하게 한다. 이렇게 청소년기에 형성된 왜곡된 진로의식으로 인해 청년기 편중된 직업 선호현상이 나타나는 등 이후 시기에도 영향을 미친다.

2 개인적 요인

(1) 자신에 대한 이해 부족

올바른 진로를 선택하기 위해서는 자기자신에 대한 정확하고 객관적인 이해가 필요하다. 자신의 흥미와 적성 능력 신체적 특성, 주변환경 등에 대해 올바르게 이해하고 있어야 자신에게 맞는 직업을 선택할 수 있다(신효정 외, 2016).

(2) 진로성숙도 부족

수퍼에 의하면 진로성숙이란 한 개인이 속해 있는 연령 단계에서 이루어져야 할 진로발달 과업에 대한 준비이다. 청소년기는 자신의 진로를 탐색하고 구체적으로 미래의 진로를 계획하고 준비해야 한다(Super et al, 1996). 그러나 우리나라의 중·고등학교 환경에서는 학업의 성취가 우선시되기 때문에 진로성숙도의 발달이 어렵다.

(3) 직업에 대한 정보탐색과 활용능력

정보화 시대에서 자신에게 맞는 진로를 찾기 위해서는 다양한 정보를 탐색할 수 있는 능력과 활용 능력이 필요하다. 어느 사이트에서 직업군을 살펴볼 수 있는지 등을 모르는 청소년들이 의외로 많다. 또한 그 직업군과 자신의 적성과 능력을 연결시키는 훈련이 필요하다.

3 진로의사결정을 위해 청소년이 갖추어야 할 역량

(1) 진로결정몰입

진로결정몰입(commitmentto a careerchoice)은 특정한 직업에 대한 선호를 명확히 하고, 진로 결정에 강력한 애착을 보이며, 진로목적을 위해 꾸준한 계획을 실행해나가는 과정을 의미한다(Blau,1988:Harren,1979).

진로선택에 대한 확신이 높아진 개인은 그들의 목표를 달성하는데 장애요소를 생각하고 이를 해결하기 위해 준비하게 된다. 즉 진로결정몰입이 높은 사람은 자신의 진로 결정을 자신의 자아개념에 내재화하여 이에 따른 준비를 한다는 것이다(Marcia,1980). 따라서 청소년의 진로결정몰입은 진로의사결정에 중요한 역할을 한다고 볼 수 있다.

(2) 진로결정 자기효능감

진로결정 자기효능감은 개인이 살아오면서 겪게 되는 잠재적인 진로관련 경험에 의해서 형성된다(Lent,1996). 잠재적인 진로관련 경험을 하는 과정에서 다른 사람에게 받는 피드백이 개인이 자기효능감을 인지하는 데 중요한 영향을 미친다(최동민, 2015).

개인의 흥미는 환경에 의해 유도되는 것보다는 자기효능감이라는 인지적인 요인을 중심으로 유도되는데, 개인은 환경과 상호작용하며 흥미를 발달시키고 나아가 목표선택에 이른다.

즉, 개인이 선택을 하고 행동을 하는 데 있어서 자신이 성공적으로 완수할 수 있다는 기대인 자기효능감이 개인이 선택을 하고 행동하는 데에 중요한 역할을 한다(김태환, 2013). 따라서 진로와 관련된 자기효능감 역시 실제 진로결정 및 행동에 영향을 줄 것이다.

Ⅲ 진로문제의 상담적 개입

진로문제의 상담은 내담자가 여러가지 생애 문제인 교육, 직업, 가정, 신체, 사회, 이성, 도덕, 종교적인 문제를 치밀한 방법과 계획을 세워 현명하게 선택하고 적용하여 미래의 불확실한 진로를 개척할 수 있도록 도움을 주는 것이며 또한 진로발달 과정을 통해 자기이해와 자신의 잠재력을 발견하여 합리적인 진로탐색과 진로결정을 할 수 있는 계기를 마련해주는 과정이다.

1 진로상담의 핵심개념의 요소

진로상담의 핵심개념에는 다음의 중요한 네 가지 요소가 있다(김계현, 1997).

① 첫째, 선택과 의사결정이다.

다양한 정보수집, 정보의 평가, 잠정적인 의사결정, 최종적인 의사결정과 선택을 포함하는 복합적인 과정이다

② 둘째, 발달이다.

인지발달, 정서발달, 사회성 발달, 신체발달 등 인간발달 전반을 의미한다.

③ 셋째, 취업이다.

취업정보, 취업절차, 취업에 필요한 준비 등은 진로상담에서 무엇보다 중요하다.

④ 넷째 직업에의 적응이다.

직무와 직업에 대한 만족도, 직장에서의 인간관계와 갈등에의 대처 직무스트레스의 관리 등은 직업적응의 중요한 쟁점이 된다.

2 진로상담의 단계

진로상담에는 다음과 같은 단계로 정리해 볼 수 있다.

① 자신의 생애목표를 명확히 하는 단계

② 위의 목표를 달성을 가능하게 하는 대안을 탐색하는 단계

③ 탐색한 대안들을 다각도로 평가할 준거를 세우는 단계

④ 각 대안을 평가하고 그에 대한 결정을 내리는 단계

⑤ 자신의 잠정적인 진로계획을 세워보는 단계

3 진로상담의 목표

① 자기이해의 향상

자신의 흥미, 성격, 가치관, 능력, 타인과의 관계양상등을 탐색하도록 한다. 또한 의미있는 타인과의 관계가 자신의 꿈에 어떤 영향을 미치는지도 살펴보도록 한다. 이때 개인 진로상담에서는 적성, 지능, 흥미등에 관한 객관적 심리검사를 실시하는 것도 효과적이다.

② 진로와 학업과의 관련성 이해

목표를 이루기 위해 요구되는 역량을 확인하도록 하고, 상급학교의 학과 정보의 파악을 도와준다. 자신이 원하는 직업을 갖기 위해서 필요한 역량이 무엇인지 확인하고 그것을 개발하기 위해서 어떤 전공을 선택해야 하는지 어떤 학교로 진학해야 하는지 등을 파악해야 한다.

③ 직업에 대한 정보활용능력 함양

자신이 선호하는 직업에서 요구하는 능력, 근무환경, 수입, 필요한 교육 등에 대해 조사할 수 있는 능력을 기르도록 한다.

4 진로상담 방법

진로상담 방법에는 개인상담, 소집단상담 프로그램 등이 있다. 대상과 목적에 따라 효과적인 방법을 선택하여 활용하도록 해야 한다. 개인상담은 진로의사결정을 하지 못하는 내담자를 위해 내담자의 성격적 문제를 충분히 고려하여 상담을 진행한다.

진로집단상담은 집단으로 실시하기 때문에 경제적이며 효율적이다. 집단구성원들과 의견을 주고받으며 서로의 생각을 이해하고 자신과의 같은 점, 차이점 등을 발견하여 좀 더 성숙될 수 있는 계기가 된다.

IV 진로문제의 미술치료적 접근

집단미술치료는 같은 주제와 재료를 가지고 활동하더라도 개개인은 자신이 가지고 있는 표현능력과 독창성으로 창의적인 작품을 만든다. 또한 각 구성원은 서로의 작품을 존중하게 되고 지금까지의 생활에서 타인과 비교하면서 얻게 되었던 부정적 자아를 긍정적 자아로 전환시킬 수 있는 힘을 기를수 있게 된다. 특히 자신의 장점이나 능력을 부각시키는 주제의 활동을 할 경우 자신을 가치 있는 존재로 인식하게 됨으로써 자기 효능감 향상과 긍정적 삶의 자세를 갖게 하는 데 도움을 줄 수 있다(전미향, 최외선, 1998). 이와 같은 미술치료의 특성은 진로탐색과 같은 복잡한 주제도 보다 능동적이고 흥미롭게 탐색할 수 있도록 촉진시키며, 매체를 이용해 작업물을 만드는 과정을 통해 진로에 대한 생각을 구체화할 수 있도록 돕는다(임은주, 2016).

또한 미술작업에 몰입하는 과정을 통해 과제를 해결하는 능력이 생길 수 있으며, 미래를 계획한 자신의 작품을 보면서 미래에 대한 확신감을 향상시킬 수 있다. 아울러 집단 내 칭찬과 지지는 진로결정 자기효능감 향상에 긍정적 결과를 가져올 수 있다.

1 학교급별 진로상담과 미술치료의 적용

(1) 초등학교에서의 진로 상담 방법

초등학교에서의 진로상담은 먼저 학생들의 발달적 특성을 고려해서 구성해야 한다. 추상적 사고를 많이 필요로 하는 활동보다는 구체적인 사례중심의 활동, 사고보다는 활동위주의 방법을 활용하는 것이 바람직하다. 이 시기는 직업선택에 필요한 초보적인 지식과 기능을 습득하는 것이 목적이다.

활동의 예를 들면

• **환경에 대한 이해**

초등학생 구성원들에게 지역사회에서 좋아하는 장소들의 그림을 그리도록 한다.

• **일의 세계에 대한 이해**

구성원들에게 자기가 좋아하는 직업목록을 작성하여 미술활동을 하도록 한다 (그리기 또는 콜라주 등). 가장 인기 있는 직업들에 대해 이야기를 나누도록 한다.

• **사람들의 차이점을 이해하기**

구성원들에게 내가 함께 일하고 싶은 사람을 그리게 한다. 그 사람의 특성에 대해 이야기 하며 사람들의 특징에 대해 이해하는 활동을 한다.

• **자아인식발달시키기**

자신이 좋아하는 것, 싫어하는 것에 대한 활동을 통해 자신에 대해 알아가도록 한다.

• **학업과 직업의 관련성 이해하기**

구성원들에게 가장 좋아하는 과목의 목록을 작성하게 하고 그 과목과 관련된 직업을 글과 그림으로 나타내 보도록 한다.

(2) 중학교에서의 진로상담 방법

진로상담의 목적은 초등학교 때와 비슷하지만 일의 역할에 대해 세부적인 지식을 알도록 하는 활동을 한다. 개인들의 차이점을 깨닫도록하고 다양한 직업 영역을 파악하여 능력, 가치, 흥미들에 대해 현실적으로 생각할 수 있도록 한다.

또한 자신의 감정과 태도를 자연스럽게 표현하고 탐색할 수 있는 기회를 제공해주는 것이 좋다.

활동의 예를 들면

• **의사결정 문제해결 기술 습득하기**

구성원들에게 세가지 직업을 선택하게 한다. 그런 후 의사결정 모델을 활용하여 가장 자신에게 어울리는 직업 하나를 선택하도록 한다. 미술활동으로는 콜라주, 만화그리기 등을 활용할 수 있다.

- **자아개념 발달시키기**

  생활선 그리기 활동을 활용해 과거 자신에게 중요한 사건을 탐색하여 자신을
  이해할 수 있도록 한다. 활동을 통해 자신에 대한 인식과 통찰을 이끌 수 있다.

- **장점과 능력 이해하기**

  자신의 장점과 직업을 연결하는 활동을 통해 자신이 원하는 직업을 선택하기
  위해 어느 교과목의 공부를 열심히 해야하는지 이해하도록 한다.

(3) 고등학교에서의 진로상담

진로준비 단계의 시기이다. 구성원 개인의 욕구, 흥미, 능력, 가치관 등을 고려하
여 잠정적인 진로를 선택하도록 돕는다. 고등학생은 졸업 후 바로 진로 선택뿐 아니라
장래의 진로선택을 준비할 수 있도록 돕는 과정을 제공해야한다.

- **직업의 세계를 이해하고 준비하기**

  구성원들에게 자신에게 적절한 직업을 선택하게 하여 이력서 써보기, 자기소
  개서 작성하기 등을 해보도록 한다.

- **개인 사회적 기술 함양하기**

  학생들이 선택한 직업에 어울리는 모습을 잡지에서 찾아 콜라주 작업을 하며
  미래의 역할과 일에 대해 이야기를 나누도록 한다

V 직업 탐색 집단 미술치료 사례

(1) 집단의 구성과 회기

대상은 고등학교 1학년 남학생 4명, 여학생 4명이다. 총 10회기 주 1회, 1회에
60분씩 진행하였다.

회기	주제	목적	활동내용
1	자기소개	친밀감 형성, 구성원과 친해지기	별칭짓기. 집단에서 사용할 별칭을 짓고 도화지에 별칭과 관련된 그림을 그리고 발표한다.
2	자기 탐색	내가 좋아하는 것과 싫어하는 것	도화지를 반으로 나누어 좋아하는 것과 싫어하는 것을 그린다.
3	자기 탐색	나의 장점과 단점	손본뜨기 작업을 하면서 자신의 장점과 단점에 대해 생각해본다.
4	나의 흥미와 직업 연결 기	나의 흥미찾기, 흥미유형별 직업 알아보기	콜라주 작업을 통해 자신의 흥미에 맞는 직업을 찾아본다.
5	나의 적성과 직업연결하기	나의 적성 알아보기 적성과 알맞은 직업 찾아보기	콜라주 작업을 통해 자신의 적성에 맞는 직업을 찾아본다.
6	나의 성격과 직업 연결하기	나의 성격알아보기 나의 성격과 알치하는 직업 찾아보기	콜라주 작업을 통해 자신의 성격과 관련된 직업을 찾아본다.
7	나의 성취경험	자기효능감 증진	어떤 것을 이루고 기뻤던 기억에 대해 그림 그립다.
8	나의 꿈을 방해하는 것	자기이해	자신이 원하는 것을 방해하는 것들은 무엇이 있는지 그림으로 표현해 본다.
9	내가 원하는 나의 모습	진정한 나의 모습 찾기	소망나무 꾸미기 활동을 하면서 내가 내가 원하는 것, 바라는 것을 표현하며 그것을 이루기 위해 노력해야할 것들에 대해 생각해본다.
10	미래 일기	미래를 희망적으로 만들기 위한 노력에 대해 생각하기	나는 미래에 어떤 사람이 되어 하루를 보낼지 생각해본다.

(2) 회기별 미술치료 진행 내용

■ 1회기: 재료는 도화지와 그림도구

도입단계로 집단지도자는 프로그램의 전반적인 내용을 소개하며 활동동기를 유발시킨다.

집단구성원들은 자신과 어울리는 별칭을 짓고 관련되거나 상징이 되는 그림을 그려 한 사람씩 발표한다. 이런 과정을 통해 서로 간의 이해와 친밀감을 형성하며 친해진다.

그림 11-1 • 1회기 집단원 중 남자고등학생의 별칭짓기

그림 11-2 • 1회기 집단원 중 남자고등학생의 별칭짓기

■ 2회기: 재료는 도화지와 그림도구

도화지를 반으로 나누어 좋아하는 것과 싫어하는 것을 표현하며 나에 대해 생각하는 시간을 갖는다. 내가 좋아하는 것의 공통점과 싫어하는 것의 공통점을 찾아보며 나에 대한 이해를 넓힌다.

■ 3회기: 재료는 도화지, 그림도구, 필기도구

도화지에 자신의 손을 본뜬다. 오른손과 왼손을 모두 본뜬 후 한 쪽 본에는 장점을, 다른 한 쪽 본에는 단점을 쓰고 꾸미도록 한다. 구성원들과 자신의 장점·단점에 대한 이야기를 나누고 피드백을 주고받는 시간을 가지며 장점은 더욱 발전시키고 단점은 보완할 수 있는 방법에 대해 생각해본다.

■ **4회기**: 재료는 잡지, 가위, 풀

'나의 흥미탐색 활동지'를 통해 자신의 흥미에 대해 알아보고 흥미와 관련된 직업에 대해 탐색해본다. 잡지책에서 자신의 흥미와 연관된 사진을 오려 콜라주 작업을 한다. 서로 이야기를 나누며 피드백을 주고 받는다.

■ **5회기**: 재료는 잡지, 가위, 풀

'나의 적성 탐색 활동지'를 통해 자신의 적성에 대해 알아본다.

진로 선택에 있어 적성의 중요성과 진로와의 관계를 이해하고 적성 탐색 활동지를 통해 알게 된 자신의 적성에 맞는 직업은 어떤 것들이 있는지 잡지책에서 관련 사진을 찾아 오려 붙이는 콜라주 작업을 한다. 작업을 한 후에 자신의 적성에 맞는 직업을 갖기 위해서 어떤 노력을 해야하는지 구성원들과 이야기를나눈다.

■ **6회기**: 재료는 잡지, 가위, 풀

'나의 성격 탐색 활동지'를 통해 자신의 성격을 탐색해본 후 자신의 성격과 어울리는 직업에 대해 알아본다. 잡지책에서 자신의 성격과 관련된 직업의 사진을 찾아 오려 콜라주 작업을 한다. 구성원들과 이야기를 나누며 자신이 몰랐던 자신의 성격에 대해서도 생각해본다.

■ **7회기**: 재료는 도화지, 그림도구

지금까지 살면서 자신이 했던 일이나 행동 중에 성취감을 느꼈던 경험을 이야기해본다. 그때의 감정에 대해서도 이야기해보며 그때의 그 느낌을 그림으로 표현하도록 한다. 미술활동을 마친 후 구성원들과 그때 느꼈던 성취감, 그것을 이루기 위해 했던 노력 등에 대한 이야기를 나눈다.

■ **8회기**: 지난 회기동안 자신의 성격, 적성, 흥미 등에 대해 생각해보면서 자신의 꿈이 무엇인지, 자신과 어떤 직업이 어울리는지 탐색해보았다. 이번 회기에서는 자신의 꿈을 향애 나아갈 때 방해가 되는 것들(예를 들면 게으른 성격, 부모님의 반대 등)에 대해

탐색해보고 그림으로 표현하여 구성원들과 이야기를 나눈다.

■ **9회기:** 재료는 플라스틱 용기, 흙 또는 돌, 나뭇가지, 포스트잇 , 스카치 테이프, 가위, 펜 등

집단미술치료에 참여하면서 알게 된 내가 원하는 나의 모습에 대해 생각해보며 소망나무를 만든다.

플라스틱 용기에 흙이나 화분용 돌을 담고 나뭇가지를 꽂는다.

포스트 잇에 자신의 소망을 적어 나뭇잎 뒤에 붙인다. 진로에 대해 자신에게 해주고 싶은 말, 노력해야 할 것들에 대해 적는다. 구성원들과 자신에 대해 새롭게 알게 된 것, 앞으로의 희망 등에 대해 이야기를나눈다. 이러한 과정을 통해 구성원들은 미래에 대한 긍적적인 기대감을 가질 수 있다

그림 11-3 · **9회기 소망나무**

■ **10회기:** 재료는 도화지, 색연필, 싸인펜, 파스텔

'미래의 어느 하루의 나'를 주제로 그림과 글로 일기 쓰기를 해본다. 미래의 어느 하루, 일과를 모두 마친 후 잠들기 전 쓰는 자신의 일기이다. 일기 속에는 미래의 자신의 생활, 직업, 연령대, 가치관, 흥미 등이 드러난다.

자신이 어떤 모습으로 살고 있을지 그림으로 그려보고 글로 써보며 미래의 자신의 모습을 생각해본다. 활동을 통해 구성원들은 자신이 원하는 미래의 모습을 위한 희망과 동기를 갖게 된다.

나의 흥미 유형 탐색 활동지

내가 흥미를 느끼는 유형의 ( )안에 ○표를 해보자

실재형( ): 솔직, 성실, 검소, 소박, 신체활동적. 말수가 적은, 기계 · 운동선호

탐구형( ): 탐구적, 논리적, 분석적, 지적호기심, 수학 · 과학 선호

예술형( ): 상상력, 감수성, 개방적, 창의성, 자유분방, 예술 선호

사회형( ): 친절한, 이해심 많은, 공감적, 봉사직, 대인관계 원활

기업형( ): 지도력, 설득력, 경쟁적, 외향적, 야심만만, 화술이 뛰어남

관습형( ): 책임감, 신중함, 보수적, 조심성, 계획성, 사무능력이 뛰어남

이전에 시간 가는 줄 모를 만큼 신나게 몰두해본 경험이나 활동은?

_____

_____

_____

_____

좋아하는 과목은?

_____

_____

_____

_____

이제까지 내용을 종합해볼 때 나의 흥미와 관련이 깊은 직업은?

_____

_____

_____

_____

앞으로 나의 흥미를 더 개발할 수 있는 방안을 적어보자

_____

_____

_____

_____

_____

_____

나의 적성 유형 탐색 활동지

나의 적성 유형을 스스로 생각해보고 상중하 중에서 해당하는 칸에 ○표를 해보자

	적성유형	상	중	하
신체 운동능력	기초체력을 바탕으로 하여 효율적으로 몸을 움직이고 동작을 학습할 수 있는 능력			
손재능	손으로 정교한 작업을 할 수 있는 능력			
공간·시각능력	머릿속으로 그림을 그리며 생각할 수 있는 능력			
음악능력	노래 부르고 악기를 연주하며 감상을 할 수 있는 능력			
창의력	새롭고 독특한 방식으로 문제를 해결하고 아이디어를 내는 능력			
언어능력	말과 글로써 자신의 생각과 감정을 표현하며 다른 사람의 말과 글을 이해할 수 있는 능력			
수리·논리력	복잡한 현상을 수식화하거나 논리적으로 사고하여 문제를 해결하는 능력			
자기성찰능력	자신의 생각과 감정을 알며 자신을 돌아보고 감정을 조절할 수 있는 능력			
대인관계능력	다른 사람들과 더불어 살아갈 수 있는 능력			
자연친화력	인간과 자연이 서로 여관되어 있음을 이해하며 자연에 대하여 관심을 가지고 탐구 보호 할 수 있는 능력			

나의 성격 탐색 활동지

나의 성격경향성을 ( )안에 부등호로 나타내보자

에너지를 얻는 방향: 외향성 ( )내향성
정보를 인식하는 방법: 감각형 ( )직관형
판단 및 결정을 내리는 방식: 사고중심 ( )감정중심
생활양식: 판단형 ( )인식형

나의 성격을 가장 잘 나타내는 단어 3가지와 그 이유를 적어보자

_____

_____

_____

부모님 - 친구 - 선생님이 본 나의 성격은?
부모님 _____
친구 _____
선생님 _____

이제까지 내용을 종합해 볼때 나의 성격에 적합한직업은?
_____

나의 성격의 단점을 극복하기 위한 노력을 적어보자
_____

_____

_____

_____

_____

청소년 문제와
미술치료 – 섭식장애

섭식장애는 보통 청소년기에 시작되며 섭식이나 섭식 관련 행동의 심각한 장애로 기능을 손상시키거나 건강을 해치는데 특히 여자 청소년의 경우 섭식장애의 위험성이 더 크다. 급격한 신체적 성장, 자아 정체감의 발달과 대인관계 등이 섭식장애의 위험을 증가시킬 수 있다.

섭식장애를 가진 청소년들의 치료는 쉽지 않다. 치료받은 사람들 중 절반은 섭식 문제와 심리적 문제를 계속 보인다. 회복된 경우에도 사회적 관계가 원만하지 못하고 우울하며 섭식과 체중에 대한 왜곡된 태도가 지속된다. 따라서 장기적이고 집중적인 치료를 하더라도 만성적으로 되는 경향이 있다.

사람들은 사회관계망 서비스 등 인터넷상에서 자신의 예쁘고 아름다운 모습만을 보여주고자 한다. 올린 사진도 포토샵을 하여 실제의 자신의 모습과는 전혀 다른 모습을 하고 있는 경우가 많다. 청소년들은 이렇게 인위적으로 만들어진 사진을 보고 날씬하고 예쁜 모습을 동경하고 식단을 조절하는데 그러다 섭식장애의 늪에 빠지게 된다.

이 장에서는 신경성 식욕부진증과 신경성 폭식증에 대해 알아보고 치료적 방법에 대해 살펴본 후 섭식장애의 미술치료 사례를 제시하여 미술치료적 접근 방법을 소개하도록 하겠다.

I 신경성 식욕부진증

1 특징

- 음식섭취를 거부한다는 의미에서 거식증이라고도 하는데 체중 증가와 비만에 대한 극심한 두려움을 지니고 있어서 음식섭취를 현저하게 감소시키거나 거부함으로써 체중이 비정상적으로 저하 되는 경우를 말한다. 최저 정상 체중보다 적어도 15% 이상의 체중 감소가 나타나며, 저체중임에도 불구하고 체중 증가와 비만에 대해서 매우 큰 두려움을 느낀다.

- 식욕부진증을 가진 청소년들은 배고픔을 정상적으로 느끼나 먹고 싶은 충동에 굴복하게 될까 두려움을 느낀다. 정상적으로 다이어트를 하는 사람들과 달리 이상적인 수준의 날씬함을 추구하다가 위험할 정도로 쇠약해진다. 식욕 부진증을 가진 사람들은 종종 자신이 음식섭취를 통제할 수 있다는 것을 매우 자랑스러워 한다.

- 체중과 체형에 체험되는 방식이 왜곡되어 있고 체중과 체형이 자기평가에 지나친 영향을 미친다. 현재 나타나고 있는 체중 미달의 심각성을 부정한다. 식단에 제한이 심해지고 낮은 칼로리의 몇 가지 음식만을 섭취한다.

- 식욕부진증은 죽음에까지도 이를 수 있는 몇몇 정신병리 중 하나이다. 약 5% 정도가 장애에 수반되는 합병증이나 자살로 인하여 사망하는 것으로 추정된다.

- 본질적으로 신경성 식욕부진증을 갖는 개인의 자기개념과 자존감은 신체상과 사실상 동일하다. 그들은 체중 감량을 성취로, 단식을 성격의 강점으로 본다. 그들은 신체비율에 대한 왜곡된 인식 때문에 영양실조가 되고 해골 같은 모습이 되어도 인지하지 못한다.

- 식욕부진증 청소년은 우울 증후와 기분장애를 가지며 또한 공통적으로 불안을 나타낸다.

2 신경성 식욕부진증의 하위유형

(1) 제한형

제한적 식단, 단식 또는 과도한 운동을 통해 낮은 체중을 유지한다. 일반적으로 폭식과 제거 과정이 나타나지 않는다.

(2) 폭식/제거형

자신이 먹을 수 있는 양보다 더 많이 먹은 후 스스로 구토를 유도하는 활동, 변비약을 먹고 설사를 하는 행동 등의 제거 활동에 뒤이어 먹는 행동을 하는 폭식과 제거 과정과 관련된다. 이들은 적은 양을 먹더라도 제거 활동을 병행하며 먹는 행동을 한다. 이러한 활동은 주기적으로 나타난다.

3 신경성 식욕부진증의 발병요인

(1) 생물학적 원인

유전적 특질이 원인 될 수 있다. 신경성 식욕부진증은 가계에 내재하는 경향이 있다. 신경성 식욕부진증을 가진 사람들은 식욕부진증을 가진 가족이 있을 확률이 11.3배 높다. 쌍생아 연구에서도 신경성 식욕부진증의 유전적 요인을 발견했다.

(2) 심리적요인

○● **신체상**

사춘기가 되어 신체의 변화를 경험하면서 자신의 신체상에 대해 재개념화하는데 자신에 대해 생각하는 능력이 발달하면서 청소년들은 자신의 신체와 자신의 신체에 대한 타인의 반응에 집착하게 된다. 이러한 사춘기의 변화가 다이어트에 몰두하게 한다.

○● 성격특성

신경성 식욕 부진증을 가진 청소년들은 낮은 자존감을 가지고 있는 경우가 많다. 이들은 자신을 가치 없는 존재로 여기며 불안과 강박적 사고, 완벽주의의 특성이 두드러지게 나타낸다.

제한형은 경직되어 있고 순종적이며 강박적이고 통찰력이 부족하다. 폭식/제거형은 더 외향적이고 사교적이지만 정서적으로 불안정하고 배고픔을 더 강하게 느낀다.

인지적 왜곡이 있는데 부정적 자기평가, 음식에 대한 강박적 집착은 부적응적인 사고의 전형이다. 행동적 특성으로는 부적 강화를 받는다.

(3) 가족요인

가족 구성원들이 병리적으로 뒤엉켜 있어 서로의 일에 끼어들어 영향을 주고 반응한다. 이렇게 뒤엉킨 가족 구성원들은 서로를 개별화하지 못한다. 또한 부모의 과잉보호로 인해 자율성을 키우지 못한다. 이렇게 개별화가 안 되고 자율성이 발달하지 못한 청소년은 지속적인 감시를 당한다고 느끼며 받는 스트레스를 단식으로 해결하려한다. 또한 청소년들은 음식을 거부함으로써 은밀하게 부모에 반항한다. 부모의 학대도 섭식장애의 원인이 된다.

신경성 식욕부진증 가족의 특성은 밀착된 과잉보호, 경직성, 갈등의 부정이다. 이러한 가족은 외모에 과도한 관심을 가지며 여자아이들은 음식섭취를 통제하게 되고 성숙이 지연되며 의존적인 상태가 지속된다.

(4) 사회문화적 요인

섭식장애는 서구 문화권에서 많이 발생하였는데 마른 몸매가 이상적 여성상으로 강조되어 왔기 때문이다, 이들 문화권에서는 극도의 마름, 완벽함, 신체적인 매력을 아름다움, 행복과 동일시한다. 우리사회에서도 여성들의 날씬함은 사회문화적으로 매력, 유능한, 건강함, 성공 등을 의미한다.

또한 사생활을 노출하여 개인의 일상에 깊이 관여하는 소셜네트워크서비스가 보편화되면서 많은 젊은 여성들이 섭식장애에 빠져드는 계기가 되었다.

4 신경적 식욕부진증의 치료

(1) 신경성 식욕부진증의 치료목표

- 체중 증가
- 기저의 부적응적인 사고, 행동, 대인관계의 해결
- 체중 증가의 유지

(2) 약물치료

약물치료가 불안이나 우울과 같은 공병된 정신병리를 완화시키는 데 도움이 될 수 있으나 섭식 행동이나 체중 증가에는 거의 효과가 없다. 따라서 약물치료는 일반적으로 심리치료와 함께 보조적으로 사용된다.

(3) 심리치료

① 정신분석적 치료

식욕부진증에 가장 많이 사용되는 치료 중 하나이다. 식욕부진증의 청소년은 불안과 고통스러운 심리적 갈등, 가족 갈등 등을 가지고 있다. 이러한 심리적 문제를 다루어 섭식문제의 해결에 도움을 받는다.

섭식장애에 대한 정신분석적 관점은 빈약한 자아기능이다. 자아방어기제를 적절히 사용하지 못하며 약한 자아를 가지고 있는 청소년은 내면의 정서상태를 알아내고 표현하고 조절하는 것에 어려움을 느낀다. 정신분석적 심리치료에서의 목표는 자아기능을 강화하고 수용될 수 없는 감정에 대해 이해하며 표현할 수 있도록 하는 것이다.

○● 신경성 식욕부진증 내담자의 저항 다루기

신경성 식욕부진증 내담자의 치료는 몇 가지 중요한 목표를 가진다. 내담자의 체중과 습관이 적절한 기준으로 회복되고 체중과 섭식에 대한 불안이 정상적인 범위 내로 들어오고 신경성 식욕부진증을 유발했던 여러가지 공포나 갈등, 발달상의 결핍이 충분히 해소되어 정상적인 생활을 유지할 수 있게 되었을 때 내담자의 신경성 식욕부진증 장애가 충분히 회복되었다고 할 수 있다.

내담자의 섭식행동을 변화시키지 못 했을 때에는 지속적인 심리치료 진행이 어렵다. 내담자가 음식과 체중, 다이어트에 대해 계속 관심을 집중한 상태에서는 진정한 회복을 위한 방법들에 집중하지 못 하기 때문이다

신경성 식욕부진증 내담자를 치료하는 경우, 내담자는 치료사를 자신을 돕는 사람이 아니라 자신이 마른 상태를 유지하는 것을 방해하는 사람으로 여긴다. 더하여 치료사를 자신을 살찌게 만드는 사람으로 지각할 수도 있다. 대부분의 신경성 식욕부진증 내담자에게는 날씬한 신체가 중요하기 때문에 치료에 저항심을 갖고 치료를 시작하게 된다.

신경성 식욕부진증 내담자들의 심한 저항을 다루는 것은 치료에서 가장 어렵고 중요한 부분이다. 저항을 극복하지 못하면 증상의 변화를 가져오기 어렵고 회복이 불가능해진다. 따라서 신경성 식욕부진증 내담자의 심리치료에서 저항의 극복은 가장 핵심적인 과제이다.

저항을 다루기 위해서 치료사는 저항을 피하지 않고 직면해야 한다. 신경성 식욕부진증 내담자의 저항은 내담자 자신이 주로 경험하는 것을 방어해야할 필요를 느끼는 것으로 이해해야 한다. 치료사가 보기에 저항이지만 내담자 자신에게는 건설적인 노력일 수 있기 때문에 내담자는 치료사를 좌절시키려고 한다. 치료사는 이러한 내담자의 저항을 이해하고 대비해야 한다.

신경성 식욕부진증 내담자들은 인간관계가 단절되었거나 진정한 의사소통이 어려운 상태에 있기 쉽다. 그렇기 때문에 자신들은 다른 사람들로부터 이해받지 못한다고 생각하고 치료관계에서도 저항을 보이게 된다.

② 인지행동치료

인지기반 치료 과정 구성요소들로는 인식독려, 적당한 체중목표와 태도형성, 목표달성과 보상의 연합, 식습관관찰, 부적응적인 사고 패턴에 대한 인식촉진, 이완기술의 습득, 신경성 식욕부진증의 재발방지 등이 있다.

개인치료와 집단치료를 기본으로 하는 데 종종 가족도 치료에 참여시킨다.

③ 가족체계치료

가족치료의 목표는 섭식장애 행동을 지속시키는 역기능적 상호작용 유형을 변화시키는데 있다. 다음의 3단계로 진행된다

- 1단계: 부모는 청소년의 무질서한 섭식을 통제하도록 돕는다.
- 2단계: 부모가 청소년의 섭식을 통제하게 되면 치료는 체중, 몸매에 관한 잘못 된 신념을 수정하게하고 부적응적인 가족의 상호작용을 변화시키는 데 초점을 둔다.
- 3단계: 청소년이 목표체중에 도달하고 가족의 상호작용이 향상되면 재발을 예 방하고 의사소통기술과 문제해결능력을 가르친다.

Ⅱ 신경성 폭식증

1 특징

- 신경성 폭식증은 영양실조로 고통받지는 않기 때문에 신경성 식욕부진증보다 는 덜 심각하다. 짧은 시간 내에 많은 양을 먹는 폭식 행동과 이로 인한 체중 증 가를 염려해 구토 등의 보상행동이 반복되는 경우를 말한다. 이때에 음식섭취 량을 스스로 조절할 수 없게 된다.
- 진단기준은 폭식삽화와 체중 증가를 막기 위한 보상전략의 반복적 사용을 포함 하며 폭식과 보상행동이 적어도 한 주에 한 번 이상, 적어도 3개월 동안 일어나 야 한다. 또한 자기평가에 있어 체형과 체중을 지나치게 강조해야 한다.
- 폭식행동, 구토, 설사약, 이뇨제, 관장약 등 약물의 남용과 금식, 과도한 운동 과 같이 체중 증가를 억제하는 행동이 반복적이고 부적절한 행동으로 나타나 며 우울증 동반한다.
- 주로 밤에 혼자 있을 때 집에 있을 때 우울하거나 스트레스를 받을 때 자주 일 어나며 반복적인 구토로 인한 치아손상, 무월경 증상이 나타난다.
- 이뇨제의 만성적 사용으로 수분 전해질 장애로 치명적인 합병증을 유발할 수 있다.

2 신경성 폭식증의 하위유형

(1) 제거형

스스로 구토하거나 이뇨제 변비약, 관장약 등을 사용하여 먹은 것을 제거하고자
한다.

(2) 비제거형

단식이나 적절한 운동을 한다.

3 신경성 폭식증의 발병요인

(1) 생물학적 원인

유전적 특질이 원인이 될 수 있다. 신경성 식욕부진증은 가계에 내재하는 경향
이 있다. 신경성 식욕폭식증으로 진단된 청소년들의 가족 중 어머니의 비만력이 있을
가능성이 높다.

(2) 심리적 요인

○● 성격특성

완벽주의, 자기비판, 인정받고자 하는 욕구, 낮은 자존감 등의 성격적 특성을 보
인다. 완벽주의는 신경성 폭식증 발달에 위험요인이 될 수 있으며, 자신이 부적절하
다는 느낌과 낮은 자기가치감은 6학년과 중학교 1학년부터 혼란된 섭식행동과 관련
된다.

신경성 폭식증을 가진 청소년들은 거부되는 것에 민감하고 날씬해지기 위해 끊
임없이 노력한다. 신경성 폭식치료 중인 남자 청소년의 일부는 자신을 양성애자 또는
동성애자라고 보고하기도 한다. 또한 주요 우울장애, 물질남용 등으로 고통받고 있으
며 성격장애와 불안도 나타났다.

○● 정서조절

신경성 폭식증을 가진 청소년은 섭식 패턴과 같이 자기조절에 문제가 있음을 나타낸다. 연구에 의하면 폭식행동을 하기 2시간 전에는 분노와 죄책감을 나타냈고 폭식행동 기간에는 분노, 죄책감, 통제력 상실이 증가하는 양상을 보였다. 폭식행동 후에는 우울감, 혐오감, 자기비하가 두드러졌다.

한편 학자들은 토하는 것에 대해서 '빈', '멍한', '깨끗한'이라는 표현을 하기도 하고 평온함과 자기절제의 회복과도 관련성이 있다고 주장하기도 한다. 이러한 주장은 청소년들이 토하는 행동을 하는 것이 자신들의 부정적인 정서에서 탈피하고 감정을 조절하도록 도와주는 하나의 자기위안일 수 있다고 보기 때문이다.

○● 인지

흑백사고와 완고한 인지 스타일을 갖는다. 신경석 폭식증을 가진 여자 청소년들은 자신의 체중에 대한 비현실적 기대, 체중과 외모에 대한 왜곡된 믿음, 음식과 섭취에 대한 잘못된 개념을 가지고 있다. 신경성 폭식증을 가진 사람들은 자신들의 장애에 대해 쉽게 인정하고 변화시키려고 노력한다.

(3) 가족요인

가족의 역동은 섭식문제의 촉발과 유지에 중요한 영향을 준다. 섭식문제가 있는 여자의 어머니는 완벽주의 성향을 가지는 경향성이 있어 자녀는 스스로 다이어트를 한다.

효율적인 부모는 자녀의 요구에 민감하게 반응하고 생물학적 요구인 배고픔과 정서적 요구인 양육에 대해 적절한 반응을 보인다(Bruch, 1991). 그런데 비효율적 부모는 자녀가 배고플 때가 아니라 불안하고 과민한 반응을 보일 때 음식을 주는 것으로 위안을 준다. 이러한 부적절한 반응은 아이들 스스로 배고픔을 느끼는 신호체계의 형성을 막고 아이들은 음식과 위안을 연합한다(Bruch, 1991).

4 신경성 폭식증의 치료

(1) 정신역동치료

○● 탐색과 직면

치료사는 내담자의 폭식, 하제 사용 행동에 영향을 줄 수 있는 환경적 요인들과 심리적 요인들에 대해 탐색한다. 폭식이 일어나기 바로 이전 생각이나 감정 상호작용들을 살펴보는 것이 치료의 첫 단계이다.

내담자는 원하지 않는 초조한 상태나 감정에 대처하기 위한 수단으로 폭식행동과 제거행동을 하게되었다는 것을 이해하게 된다. 이때 치료사는 내담자에게 설명을 자세히 해주고 그들이 경험하는 정서에 관해 지지해줌으로써 내담자들이 먹는 행동을 통해 불편한 정서상태를 회피하지 않도록 도와주어야 한다.

치료의 초기목표는 내담자들이 자신의 불안을 회피하지 않고 직면하도록 하는 것이다.

내적 스트레스가 생길 때, 섭식 행동을 통해 불안을 피하려고 하는데 그것은 현실적인 대처가 되지 못한다는 것을 내담자가 깨닫도록 한다.

○● 치료계획 세우기

폭식증의 치료는 우울증, 성격장애, 약물남용 등 공존하는 심리장애에 대한 것도 치료 계획의 일부로 포함시켜야 한다.

폭식증은 가족치료나 가족의 개입이 필요하다. 내담자가 나아지는 것이 다른 가족 구성원에게는 위협이 될 수 있고 이에 대한 방어로 내담자의 치료를 교묘하게 방해할 수 있다. 따라서 가족들이 내담자의 치료를 중단시키지 않도록 가족들의 욕구를 존중하고 가족들의 어려움을 이해해야 한다.

○● 폭식증의 전이 다루기

폭식증 내담자를 치료할 때 전이, 역전이 문제가 나타난다. 종종 폭식증 내담자들은 매우 교묘한 방식의 전이를 나타내는데, 여러 감정에 대해 말하며 분위기를 산만하게 한다. 이때 치료사는 내담자의 혼란함 속에서 무슨 일이 일어나고 있는지를 물어보아서 내담자가 자신이 치료에 집중하지 못하고 있다는 것을 깨닫게 해야 한다.

(2) 신경성 폭식증의 인지행동치료

일반적으로 인지행통치료는 폭식증의 효과적인 치료법으로 알려져 있다.

인지치료는 인지적 왜곡, 과잉 일반화, 부정적 자기지각 그리고 내가 날씬하기만 하면 완벽할 텐데 와 같은 자신과 섭식에 대한 비합리적 생각을 변화시키는 데에 그 목적이 있다.

이 기법은 치료 과정에서 청소년의 자동적 사고와 비합리적 신념을 밝혀내고 이에 대해 논의하는 과정에서 치료사와 협동한다.

인지적 접근은 신체와 부적응적인 다이어트 행동에 대한 태도를 변화시키는 데 효과적이다.

- 자기모니터링은 혼란된 섭식행동을 야기시키는 상황, 사고, 정서에 대한 인식을 높이기 위해 사용한다.
- 행동계약은 섭식행동을 정상화하는 큰 목표에 도달하기 위한 작은 단계들을 조정하고 정상화하는 데 사용된다
- 인지 재구조화는 섭식에 대한 생각을 넘어서 청소년이 숨기고 있는 일반적인 부적응적 도식들 즉, 자신, 다른 사람과의 관계, 완벽하겠다는 욕구 등과 관련된 부적응적 도식을 다룬다.

Ⅲ 신경성 폭식증의 미술치료 사례

1 사례개념화

(1) 내담자 인적사항 및 가족관계

① 내담자: 고2 여학생 윤서(가명)

- 고등학교 2학년 여학생으로 유복한 가정의 1남 1녀 중 외동딸이다.
- 예쁜 외모에 키가 크고 날씬한 몸매를 가지고 있다.
- 어려서부터 늘 공부를 잘했으며 열심히 하는 학생이었다.
- 고등학교에 들어와서 대학입시를 위해 밤 늦게까지 여러 학원을 다니며 열심히 공부했다.

- 여태까지 이성친구를 사귀어 본 적이 없다.
- 또래 친구들은 남학생에게 관심이 많고 이성친구를 여러 번 사귀었지만, 내담자는 남자친구를 사귀는 것에는 관심이 없고 사귀자고 고백해오면 부담스러워 피하였다.
- 위로 두 살 터울의 오빠가 있다.

② 가족

▸ 아버지
  - 유능한 대기업 고위간부이다. 꼼꼼한 편이지만 자상하고 편안한 성격이다.
  - 내담자에게 따뜻하게 대하지만 늘 바빠서 가족과 함께 보낼 시간이 없다.
  - 어머니의 신경질적이고 자기중심적인 성격이 감당이 안되어 이에 질린 아버지는 가정은 유지하지만 아내와는 남처럼 살아가고 있다.

▸ 어머니
  - 꽤 부잣집의 딸로 무척 미인이다.
  - 자기중심적이며 감정기복이 심하고 잘해주다가도 신경질과 짜증, 화를 잘 낸다.
  - 살찌는 것을 매우 싫어하며 내담자가 어린 시절 너무 많이 먹는다고 화를 내곤했다.
  - 학원을 많이 다니게 하고 학원에도 치맛바람을 일으키며 꼭 잘하라고 하였다.
  - 내담자의 공부에 신경을 많이 쓰고 기대를 하지만 실제 가장 믿고 사랑하는 자식은 내담자의 오빠이다.
  - 외모에 무척 관심이 많아 내담자가 어려서부터 내담자를 예쁘게 꾸며주는 것을 좋아했지만 내담자가 아주 어렸을 때는 살이 쪘기 때문에 내담자와 옷을 사러 갔을 때 예쁜 옷을 입힐 수가 없다고 많이 화를 내고 짜증을 냈다.
  - 자기마음에 들지 않으면 잘해주다가도 상상할 수 없는 분노를 폭발시키며 '네가 어떻게 나한테 그럴 수 있어. 너처럼 하고 싶은 거 다하고 사는 애들이 얼마나 돼? 내가 안해준게 뭐 있어?'라고 소리를 지르곤 했다.

(2) 치료 의뢰 경위

- 감정조절이 잘 안 되는 어머니에 대해 이제까지는 어머니의 신경질에 당하기만 했지만 고등학교에 오면서부터 조금씩 반항하게 되고 화가 나면 말을 안 하고 외면하거나 어머니가 싫어할 일을 은근슬쩍 해버리는 등 수동적인 공격적 양상을 보이게 되었다.
- 그러던 중 어느 날 친구들과 약속이 있어 나가야 하는데 어머니가 꼬치꼬치 캐묻고 그런 곳에 왜가냐고 하여 어머니와 다투게 되었고 내담자가 처음으로 언성을 높여 대들었으며 어머니와 말을 하지 않고 지내게 되었다. 이 시점에 폭식 행동이 시작되었다.
- 1년여 동안 굶고 폭식하고 토하기를 반복하다가 어머니가 알게 되었고, 어머니에 의해 의뢰되었다.

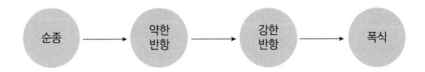

(3) 행동관찰

- 매우 지치고 탈진한 상태로 보였다.
- 예쁜 얼굴이었지만 피부가 까칠하고 몸매는 늘씬해 보이는 정도로 심하게 마르지는 않았다.
- 무척 지친 표정이었고 어머니와의 갈등을 이야기 할 때는 울기도 했다. 어머니가 자신에게 잘해주는 것 같지만 진심이 느껴지지는 않는다. 오빠와 자신을 대할 때 다르다. 오빠에게는 다정하고 사랑이 넘쳐 보이는데 자신에게는 그렇게 대해준 적이 없다고 말했다.
- 검사와 면담 과정에서 무기력해 보였지만 자신의 이야기를 한다는 것에 대해 기뻐하였으며 대체로 협조적이었다.
- 다소 애매모호하거나 추상적인 말이나 '느낌이 그냥 그래요'라고 말하는 경향이 있어 이야기를 많이 들어도 구체적으로 어떤 상황인지 파악하기가 어려운 경우가 종종 있었다.

(4) 주 호소증상

① 증상이 발생하기까지

내담자는 예쁘고 늘씬한 외모를 가졌는데 항상 더 말라야 한다는 강박관념 같은 것이 있었다. 어려서 통통한 외모에 굉장히 식탐이 많아 많이 먹었다. 그런데 어머니는 그걸 매우 싫어했다. 많이 먹는 것을 창피해했으며 살이 쪄서 예쁜 옷을 사주지 못했을 때 신경질을 많이 냈다.

어머니는 내담자와 같이 외출했을 때 예쁜 엄마의 예쁜 딸이라는 말을 들어야 기분 좋아지곤 했다.

요즘 급격히 마른 몸이 유행하고, 걸그룹 가수들을 보면 얇은 종이처럼 말라 있어 그게 예뻐 보여서 식사를 절제해 더욱 날씬해지고자 하였다.

그러던 어느 날 어머니와 심하게 다투고 난 뒤 너무 화가 나는데 이것을 어떻게 풀어야 할지 몰라 충동적으로 피자를 시켜 한 판을 다 먹었다. 이후 스트레스를 받거나 짜증이 나면 심하게 허기가 몰려왔고 폭식을 하게 되었다. 인터넷이나 방송에서 먹고 토하는 내용을 본 것이 생각나 폭식을 한 후 토를 해보니 괴롭긴 하지만 한결 가벼워진 느낌이라 폭식 후 토하는 습관이 생겼다.

폭식 후 구토를 하면서 먹어도 몸매가 유지가 되는 것 같아 좋았지만 좀 겁이 나기도 해서 굶거나 식사량을 조절하다가 또 다시 폭식 구토를 하는 악순환 속에 살고 있다.

② 주 호소증상

이런 생활(폭식과 구토, 빈도는 1주 2회 정도, 1회 폭식의 양은 컵라면 두개, 많은 양의 빵 또는 치킨, 피자 한 판)을 1년을 하다 보니 몸도 마음도 탈진하게 되고 공부할 힘도 없다. 이런 증상에 빠진 자신이 한심하고 아무것도 할 수 없을 것 같은 무력감에 빠졌다.

(5) 심리검사 실시

mmpi-A, 문장완성검사, 집 - 나무 - 사람그림 검사, 로샤검사

① MMPI-A검사결과 우울, 불안, 스트레스 상황에서 신체증상을 보일 수 있음을 확인하였다. 내담자의 경우 신체화증상은 보이지 않았지만 먹고 토하는 행동이 이와 유사한 맥락이라고 볼수 있다

② 문장완성검사의 결과 섭식문제, 대인관계문제, 투사경향성, 정서조절의 어려움 및 어머니에 대한 지각이 나타났다.

- 나의 너머니는 - 잘해주다가도 갑자기 화를낸다.
- 어머니와 나는 - 가깝고도 먼 사이
- 나에게 가장 문제가 되는것은 - 먹고 토하는 거, 너무 마르고 싶어하는 마음
- 나를 괴롭히는 것은 - 뚱뚱해질 것 같은 공포

③ 로샤검사에서는 내담자가 현재 정서적 고통상태이며 스스로에 대해 비판적이고 스트레스가 매우 심하며 상황과 현실에 대한 합리적 판단이 어려울 것으로 나타났다.

④ 집-나무-사람검사
- 집은 종이의 중간에 그려 허공에 붕 뜬 것처럼 그렸다. 현실 지각력이 낮아 보인다. 벽에는 창문 대신 벽돌이 가득 차있다. 자아가 강하다고 볼 수도 있지만 외부와의 단절이라고 볼 수 도 있다.
- 나무는 매우 크게 그려 지면을 넘겨 그렸다. 그런데 허공에 뜬 형태이다. 내담자의 자신감 부족 불안정성에 대한 과잉보상이라 생각된다. 줄기의 선이 반복되어 그려진 것 또한 자신감 부족과 불안정을 나타낸다.
- 사람그림은 내담자를 상징적으로 나타내주고 있다. 왼쪽에 치우쳐 있고 다른 그림과 마찬가지로 허공에 붕 떠있는 느낌이며 아주 작게 그렸다. 손은 주먹은 쥐고 있는 듯하기도 하고 처리가 잘 안된 것 같기도 한다. 주먹을 쥐었다면 공격성과 방항심을 나타낸다고 할 수 있고 처리가 잘 안 되었다면 스트레스 상황에 적응적으로 대처하기 어려운 것으로 해석할 수 있다.

그림 12-1 · **집그림**

그림 12-2 • **나무그림**   그림 12-3 • **사람그림**

(6) 가설 세우기

① 인지행동적 관점에서 볼 때

- 어머니는 내담자가 건강하기를 바라면서도 많이먹고 살이 찌면 그것을 싫어했다. 외모적으로 날씬하고 예쁜 것을 선호하였고 자신의 딸은 그래야 한다고 생각했다. 이러한 점은 내담자가 몸매와 체중에 대한 역기능적 신념을 내면화하고 몸매와 체중에 대한 평가로 자기가치를 평가하게 만들었을 것이다.

- 몸매와 체중을 이상적으로 유지하고 이를 통제해야만 자기를 통제할 수 있고 타인에게 인정받을 수 있으며 자신이 가치 있는 사람이라는 조건적 역기능적 신념이 핵심문제일 것이다.

- 어머니는 아버지와의 관계 약화로 인한 히스테리를 내담자에게 퍼부었으며 이로 인한 갈등은 내담자에게 커다란 스트레스를 가져왔고, 부정적 감정과 생각에 휩싸이게 만들었을 것으로 보인다.

- 이러한 부정적 감정은 폭식 행동의 동기가 되었을 것이다. 부정적 감정을 해소하기 위해 폭식행동을 하고 폭식 행동에 대한 불안은 토하는 행동을 유발했을 것이다. 처음엔 이 과정이 내담자의 스트레스를 어느 정도 해소하는 역할을 하여 행동을 강화시켰을 것이다. 이 과정의 반복이 습관화되면서 현재 상태에 이르렀을 것이다.

② 정신역동적 관점에서 볼 때

• 어린 시절 변덕스럽고, 예측 불가능하고, 요구가 많은 자기중심적인 어머니와 불안정 애착을 형성했을 것이다. 과도하게 예쁜 딸을 원했던 어머니의 요구에 부응하기 위해 내담자는 건강한 신체 이미지를 형성하지 못한 채 청소년이 되었을 것이다.

• 내담자는 어머니의 과한 애정과 무관심이 교차되는 성장과정을 겪으면서 갈등이 폭발적으로 드러나게 되었을 것이다.

• 이러한 갈등에서 오는 스트레스와 채워지지 않는 애정 욕구를 먹는 것으로 풀고 먹은 다음에는 살이 찔 것이 두렵고 참지 못하고 많이 먹었다는 죄책감이 구토 행동으로 이어졌을 것이다.

(7) 치료목표와 전략

① 치료목표

좋은 섭식 습관을 확립하는 것을 목표로 한다.

‣ 내담자가 가지고 있는 자신의 몸매와 식사에 대한 부정적이고 잘못된 신념을 찾아내어 수정한다.

‣ 폭식행동의 근원적 문제인 어머니와의 관계에서 오는 갈등적인 감정을 적절하게 관리할 수 있는 법을 모색하고 연습하도록 하며 어머니와 서서히 분리 개별화 하도록 한다.

② 치료전략

• 초반부에는 먹고 토하는 것의 반복이 건강에 어떤 영향을 미치는지에 대해 교육한 후 현재 내담자 자신의 행동에 대해 정확히 인식하도록 한다. 먹고 토하는 것이 주는 장점은 무엇인지, 단점은 무엇인지 생각해보고 어머니와의 관계가 어떤 부정적 감정을 일으키는지에 대해 탐색하도록 한다.

• 어느 정도 자아 강도가 회복되면 내담자가 보이는 몸매와 식사에 대한 부정적이고 잘못된 신념들을 찾아내어 수정하는 작업을 한다.

- 내담자의 폭식행동은 몸매에 대한 불만족보다는 어머니와의 갈등이라는 대인 관계 스트레스이므로 이에 대한 개입이 필요하다. 어머니와의 갈등이 어떻게 폭식 행동으로 이어지는지 객관적으로 인식하게 하고 이러한 갈등 상황에서 폭식행동 대신할 수 있는 긍정적인 대처방안에 대해 모색한다.

- 폭식과 토하기 행동이 어느 정도 통제되면 어머니에 대한 복잡하고 갈등적인 감정의 정서처리 과정에 대한 개입이 필요하다.

- 만성적으로 내담자를 불안정하게 했던 분노감과 양면감정을 덜어주고 어머니에 대해 거리를 두 고 객관적으로 생각할 수 있는 심적 여유를 갖게 하며 어머니와의 관계에서 적절하게 감정을 관리하고 행동하는 법을 모색하고 연습해보는 작업도 유의하다.

2 미술치료계획

(1) 치료계획

- 우선 인지행동 미술치료를 통해 내담자의 건강을 회복시키는 데 초점을 맞추도록 한다.
- 내담자의 왜곡된 신체 이미지는 섭식장애로 이어져 먹고 토하기를 반복하는 신경성 폭식증에 이르게 되었다. 이외에도 내담자는 우울과 불안을 보이고 있다.
- 인지행동 미술치료에서는 섭식장애 내담자에게 이미지를 통해 그들의 신체상이 부정적이고 왜곡되었다는 것을 깨닫게 하고 이를 수정하도록 할 수 있다.
- 섭식장애를 가진 여자 청소년이 자신을 뚱뚱하고 추한 존재로 여기고 있다면 이러한 생각은 자신에 대한 이미지로 떠오를 것이고 그러한 이미지는 자신을 무가치한 사람이라는 믿음을 갖게 할 것이다. 미술치료는 미술재료를 이용해 회화적인 방식으로 이미지를 탐구할 기회를 제공한다.
- 이후 새롭게 치료계획을 세워 어머니와의 근원적인 문제점을 다루도록 한다.

(2) 미술치료 진행과정과 효과

○● 1회기 자유화 그리기: 내담자의 자기소개, 치료사와의 신뢰 관계 형성

그림 12-4 · 1회기 자유화

첫 회기인 만큼 윤서가 그림에 대한 거부감을 가지고 있을 수 있어서 자유화를 선택했다. 면담을 할 때, 윤서는 그림을 잘 못 그리는 것에 대해 걱정을 많이 했다. 그래서 치료 회기 동안 그림만 그리는 건 아니고 만들기도 하고 여러 가지를 표현하기도 하는 등의 다양한 내용을 구성할 테니 너무 걱정 말라는 이야기를 해주었다.

그래서 이번 회기에는 그리고 싶은 걸 마음대로 그려보라고 했다. 그림을 그리기 전 생각하는 시간을 얼마 동안 갖고 나서 윤서는 바다를 그렸다. 고요한 바다가 아니라 파도치는 거센 바다를 그렸다. 그림을 그릴 때, 윤서는 굉장히 열중했다. 다 그리고 나서

"선생님 이게 저에요."

"제 마음이요. 제 마음은 마음대로 자유롭게 흐르는 바다가 되고 싶은데 그렇지 못해요. 이 바다는 누군가에 의해 떠밀려서 이렇게 파도가 쳐요. 그래서 마음이 너무 나빠져서 색깔도 예쁜 파란 색이 아니라 이런 색이에요."

윤서는 처음에 파란 바다를 그리려다가 그 위에 빨간색 검은색을 덧칠해서 검붉은 바다를 그렸다.

○● 2회기 나의 이미지: 콜라주

잡지에서 자신과 비슷하다고 생각되거나 자신을 상징한다고 생각되는 이미지들을 골라 오려서 도화지에 붙이는 작업을 하였다. 윤서는 잡지를 굉장히 열심히 뒤적거렸다. 그러면서 더 없냐고도 했다. 오리고 붙이고를 반복하다가

"선생님, 이건 제가 아니라 제가 되고 싶은 사람인 거 같아요."

"저를 찾으려고 했는데 저와 닮은 걸 붙이면 꼭 제가 그렇게 될 거 같아서 그러기 싫어요. 겁나요."라고 말했다.

괜찮다고 그냥 하라고 하자 윤서는 다시 작업에 몰입했다.

자신이 완성한 작품을 설명을 하는 시간에

"이렇게 멋진 여자가 되싶어요. 저는 꼭 이런 사람이 되어야 하는데...."

이렇게 말하는 윤서와 여러 가지 이야기를 나누었다. 왜 그런 사람이 꼭 되어야 하는지, 그런 사람이 어떤 사람인지 말로 구체적으로 이야기 하게 했다. 그리고 윤서가 가지고 있는 잘못된 생각에 대해서도 이야기를 나누었다.

○● 효과

모든 회기가 진행된 후 윤서는 어느 정도 자신의 문제점에 대해 인식하게 되었고 신체에 대한 왜곡된 신념을 수정할 수 있게 되었다. 섭식행동이 잘못되었음을 인식한 이후 윤서의 섭식행동이 어느 정도 안정이 되면 새로운 치료계획을 세워 윤서와 어머니와의 관계에 대해 탐색하는 시간을 가져볼 예정이다.

(3) 전체의 미술치료 과정을 간단히 요약하면 다음과 같다.

■ 표 12-1 **미술치료의 전체과정**

회기	주제	활동
1	자기소개 , 친밀감형성	자유화 작업을 하였다. 내담자의 자기소개, 치료사와의 신뢰 관계 형성. 첫 회기인만큼 내담자의 그림에 대한 거부감이 있을 수 있어 자유화를 택했다.
2	나의 이미지	콜라주 작업을 하였다. 잡지에서 자신과 비슷하다고 생각되거나 자신을 상징한다고 생각되는 이미지들을 골라 오려서 도화지에 붙이는 작업을 하였다.

3	자기 탐색 과정	특별히 기억나는 과거 그리기 작업을 하였다 과거의 어느 시점의 기억을 떠올려 그 기억과 지금의 내 모습과의 연결점을 찾아본다. 그런 과정을 통해 자신의 내면을 탐색해보았다.
4	어머니에 대한 이미지	콜라주 작업을 하였다. '어머니' 하면 떠오르는 이미지에 대해 생각하는 시간을 가져본 후 잡지에서 어머니를 상징하는 사진을 오려 도화지에 붙였다. 이러한 작업을 통해 어머니와 자신의 관계를 탐색하는 시간을 가져보았다.
5	가족역동 탐색	동물 가족화 작업을 하였다. 가족을 상징하는 동물을 그려보았다. 동물의 이미지를 보면서 내담자 자신이 자신의 가족에 대해 어떻게 생각하고 있는지 탐색해보았다
6	역기능적 신념 탐색	'버리고 싶은 나'라는 주제로 작업하였다. 자신이 가장 가치 없어 보이는 상황과 그 상황속의 나를 그려보았다. 이러한 작업을 통해 언제 자신이 가 가장 가치없는 존재로 느껴지는지에 대해 생각해보고 그런 생각이 어디서 비롯되었는지 탐색해 보았다.
7	억압된 분노표출	신문지 찢기 작업을 하였다. 먼저 스트레스 상황에 대해 떠올린 후 신문지를 잘게 또는 크게 마구 찢어 날리면서 스트레스가 발산됨을 느껴보는 활동이었다. 예전에 스트레스 상황에서 자신의 행동을 생각해보고 스트레스에 대한 긍정적 대처방법에 대해 알아보는 시간을 가졌다.
8	자동적 사고 수정하기	'화난 내모습'이라는 주제로 작업하였다. 화가 난 자신의 모습을 그려보며 언제, 왜 화가 나는지, 화의 원인은 무엇인지에 대해 탐색해보도록 하였다. 이러한 과정을 통해 부정적인 사고를 하게하는 왜곡된 신념을 수정하고 긍정적 사고로 전환하는 것을 연습하였다.
9	자신에 대한 재인식	9분할법 작업을 통해 폭식행동을 왜 하는지 어떤 감정일 때 하는지 어느정도 하는지에 대해 구체적으로 표현해보며 잘못된 부분에 대해 탐색하였다.
10	자신의 긍정성 찾기	'자신을 광고하는 광고지 만들기.' 활동을 통해 자신의 긍정적인 면을 찾아봄으로써 자아존중감의 결여로 생긴 부정적 감정을 변화시킬 수 있도록 하는 작업을 하였다.
11	변화된 나	지금까지 함께한 시간 동안 느낀 것들을 자유롭게 그림으로 표현하도록 하였다. 지난 회기 동안 느꼈던 것들, 배웠던 것들에 대해 생각해보고, 또한 연습하기로 한 행동들이 잘 되고 있는지 점검하며 자신의 변화를 인식하는 시간을 가졌다.
12	긍정적 자아상, 미래상 확립	자신의 신체를 본뜬 그림 안에 원하는 이미지를 만들어 넣는 '신체 본뜨기' 작업을 통해 진정한 자신의 모습을 바라보고 인정할 수 있게 하는 시간을 가졌다.

청소년 문제와 미술치료
- 자살/비자살적 자해

우리나라는 경제 선진국임에도 개인이 체감하는 삶에 대한 만족도가 매우 낮아 2022년 조사에서 행복지수가 OECD국가 중 최하위이며 자살률은 1위로 나타났다. 게다가 청소년 자살률이 급증하고 있어 그 예방적 대책이 시급한 실정이다.

　　청소년들은 부정적인 감정과 그로 인해 발생하는 여러 가지 스트레스에 취약한 반면, 적절한 해결방법을 모르고 있어 부적절한 방법으로 이를 해결하고자 한다. 이 중 최근 청소년의 자해가 크게 늘고 있어 새로운 사회문제가 되고 있다.

　　이 장에서는 청소년의 자살과 비자살적 자해에 대해 알아보고 예방과 치료적 개입 방법에 대해 살펴볼 것이며 미술치료적 접근의 이해를 돕고자 사례를 제시하고자 한다.

I 청소년의 자살

일반적으로 자살은 스스로를 죽이는 행위를 의미한다. 프로이드는 자살을 자신에게 향한 죽음본능의 극적 표출로 여겼고, 아들러는 환경 내에서 타인을 조종하기 위한 시도로 보았다. 이렇게 자살은 스스로를 상하게 하려는 의도뿐만 아니라 실망 절망, 분노 등의 복잡한 감정을 극단적으로 표현하거나 자신의 극단적 정서를 전달하기 위한 방법으로 사용되기도 한다(keinhorst, De Wide, & Diekstra, 1995).

계속적인 증가추세를 보이고 있는 청소년 자살의 유형과 특징, 자살 행동에 영향을 미치는 요인과 예방에 대한 심리 치료적 개입전략과 미술치료적 접근방법에 대해 살펴보도록 하겠다.

청소년 자살 현황

• 2022 자살예방백서에 따르면, 최근 연도 기준 OECD 회원국의 청소년 자살률(인구 10만 명당) 평균은 6.4명이고, 한국은 10.4명(2019년)으로 4위이며, OECD 평균보다 1.6배 높다. 나이 구간별 중 10대의 자살률은 2016년과 2017년에는 4명대였으나 2018년(5.8명)과 2019년(5.9명)에는 5명대였고 2020년(6.5명)에는 6명대로 꾸준히 증가 추세를 보이고 있다(김석환, 정현정, 2023).

• 최근 5년간 자살률을 살펴보면 2020년 9세~24세의 자살자 수, 자살률 모두 증가하였다(자살자 수는 전년대비 9.2% 증가, 자살률은 전년 대비 12.2% 증가). 자살 원인은 정신적·정신과적 문제(39.8%), 경제생활 문제(24.2%), 육체적 질병 문제(17.7%) 순이었다(김석환, 정현정, 2023).

• 청소년에 해당하는 11세~20세 역시 정신적·정신과적 문제가 57.8%로 가장 높았고, 이로 인한 자살 비율이 다른 연령대보다 상대적으로 높았다(김석환, 정현정, 2023). 정신적·정신과적 문제와 관련이 있는 정신건강은 자살 생각을 예측하고 자살로 발전할 수 있는 주요 변수로 확인되고 있으며, 자살충동이 있는 청소년 집단은 우울, 불안, 공격, 분노 등의 정신건강 상태가 나쁘게 나타난다(김석환, 정현정, 2023).

1 청소년 자살의 특징

청소년기는 사회적, 심리적, 신체적으로 성인으로 진입하기 위한 급격한 발달이 이루어지기 때문에 과도기적 혼란을 경험한다. 이러한 발달단계 상의 고유한 특성으로 인해 성인들과는 다른 의도나 유형으로 자살을 시도할 수 있다.

첫째, 정신장애의 원인보다는 충동적인 욕구, 남을 조종하려는 의도, 가족이나 친구들에 대한 보복 등이 자살의 동기가 될 수 있다(정우영, 1996). 또한 반드시 죽겠다는 의지보다는 갈등 해결을 위한 하나의 방편, 자신이 극단적 정서 상태임을 알리는 신호로 사용된다는 특징이 있다.

둘째, 대부분 사전 계획 없이 감정적이고 충동적으로 시도된다는 점이 청소년 자살의 특징이다. 청소년은 호르몬의 변화, 심리적 불안정 등으로 인해 스트레스가 많은 반면 그에 대한 대응능력은 성인에 비해 극히 부족한 상태이고 아직 인지적으로 미성숙하기 때문에 어떤 문제나 갈등에 처했을 때 충동적으로 자살을 시도할 가능성이 높다.

(1) 청소년 자살의 취약 요인

① 우울

우울은 무망감을 동반하고 다른 부정적 정서를 유발하여 자살사고나 자살시도로 쉽게 이어진다. 청소년 우울은 학교성적과 학교에서 받는 스트레스와 관련이 있기 때문에 학업문제나 학교부적응 문제들이 청소년 자살에 영향을 미칠 것이라고 추정할 수 있다.

② 낮은 자존감

로젠버그(1979)의 정의에 따르면 자존감은 개인이 자기자신을 존중하며 자신이 가치 있다고 느끼는 동시에 자신의 한계를 인식하여 성장을 예상하는 것이다. 즉, 자아존중감이란 스스로 가치 있는 존재임을 느끼고 필요한 것과 원하는 것을 주장할 자격이 있으며 행복해질 수 있고 삶에서 얻어진 성취들이 자신의 노력에 의한 결과임을 믿을 수 있는 자기자신에 대한 믿음이라고 정의할 수 있다.

자존감이 낮은 청소년은 스스로 가치 있는 존재임을 느끼지 못하고 원하는 것과 필요한 것을 요구할 자격이 없다고 믿으며 자신을 불만족스러워 한다. 또한 자존감이 낮은 청소년은 자신의 노력의 결과에 대해 부정적으로 기대하거나 자신의 미래 모습에 대해 부정적으로 생각하는 경향이 있으며 위기에 취약하여 자살 행동으로 이어지는 원인이 될 수 있다.

③ 가정문제

많은 연구에서 가정의 문제가 청소년 자살의 환경적 변인으로 제시되고 있다. 가정의 문제는 경제적, 구조적, 기능적 측면으로 나누어 그 원인을 살펴볼 수 있다.

경제적 측면에서는 가정의 소득이 낮을수록 청소년이 자살 충동을 느끼는 것으로 나타났다(김은정, 2002). 구조적 측면에서는 부모가 결혼상태를 유지하고 있는 경우 청소년의 자살 생각이 가장 낮았으며 사별, 별거, 이혼, 재혼 순으로 자살 생각의 정도가 높았다. 기능적인 측면에서는 부모가 권위적이거나, 체벌 정도가 강하거나 부모와 심한 긴장 상태 혹은 갈등 상태를 유지하고 있거나 정서적으로 분리되어있는 경우 청소년의 자살 위험이 높았다. 부모가 약물, 알코올, 우울 같은 문제가 있는 경우에도 청소년의 자살 위험성이 높아졌다.

④ 학교문제

학교문제에는 학업 문제, 입시에 대한 부담, 교우 관계, 이성 관계, 교사와의 관계 등이 있다. 학업 문제로는 학업성적이 낮을수록 청소년들은 자살 생각을 많이 하는 것으로 나타났다(김은정, 2002). 대부분의 청소년들에게 학업성적은 자기 가치감과 밀접하게 관련되어 있어 학업성적이 낮은 학생은 낮은 자아존중감을 갖게 되고 이것은 우울이나 무망감에 영향을 주어 자살생각으로 이어질 가능성이 높다.

또한 입시에 대한 부담으로 어려서부터 또래와 경쟁을 해야 하는 우리나라의 교육 현실상 청소년들은 심한 스트레스를 받을 수 있다. 이러한 스트레스는 학생의 심리적 갈등의 원인이 된다.

학교에서의 대인관계도 청소년의 자살생각이나 자살시도에 영향을 미친다. 학교에서 또래 집단과 어울리지 못하고 따돌림을 당한다거나 친구를 사귀지 못해 하루종일 혼자 보내는 청소년들은 자존감이 낮아지고 이것은 자살 생각으로 이어질 수 있다. 또한 교사와의 갈등, 이성교제의 문제는 자살을 포함한 문제행동을 유발시키는 원인이 될 수 있다.

(2) 청소년 자살의 보호요인

① 사회적 지지

사회적 지지는 개인이 사회적 관계로부터 제공되는 지지에 대해 갖게 되는 주관적 지각과 평가의 측면을 말한다. 또한 사회적 관계를 맺고 있는 타인들의 구체적인 지지행동까지 포함하는 개념이다.

사회적 지지 행동에는 위로와 공감, 충고나 조언, 물질적 자원 등이 있다. 사회적 지지는 타인과의 상호작용의 결과로 얻게 되는 것이며 스트레스를 완충시킬 수 있고 개인의 심리적 적응을 도와 위기를 극복할 수 있게 해준다.

사회적 지지의 주요 자원으로는 가족, 친구, 교사가 있다. 가족은 청소년이 성장 발달에 직접적인 영향을 주는 집단으로 부모를 비롯한 가족의 지지는 청소년의 안녕감에 영향을 미친다(Malecki & Demaray, 2003).

청소년기는 자신의 문제나 고민을 또래 집단과 의논하고 해소하는 경향이 있다. 따라서 친구로부터 받는 정서적 지지와 위로는 자살 위험의 완충 역할을 한다. 교사의 지지는 청소년의 학교적응을 돕는 데 중요한 역할을 한다. 또한 교사로부터 받는 지지는 청소년의 사회기술을 향상시키고 학교적응을 감소시킨다.

② 가족 간 정서적 유대 및 응집력

청소년의 자살 행동에는 가족 요인의 영향이 매우 크다. 가족 간에 정서적으로 밀접할수록 청소년의 자살률이 감소한다. 즉, 가족 간의 유대가 청소년 자살 행동의 보호 요인이 된다.

가족의 유대와 응집력은 부모-자녀 간의 개방적인 의사소통을 가능하게 하며 이는 부모-자녀 간의 갈등을 감소시킨다. 즉, 가족 간의 유대와 화목한 가정 분위기는 자살로부터 청소년을 보호하는 요인으로 작용한다.

③ 자아존중감

자아존중감이 높은 청소년은 자신을 가치 있는 존재로 여기는데 이것은 자살의 보호 요인이 된다. 자아존중감이 높은 청소년은 스스로를 믿고 존중하며 가치 있게 여긴다. 또한 이러한 자기에 대한 평가는 여러 분야에서 자신이 중요한 역할을 수행하고 있는 것으로 타인이 믿어준다고 인식하게 한다.

반대로 자아존중감이 낮을 때 청소년은 자기에 대한 무가치감, 자기학대 등을 느끼게 되고 이것은 자살행동으로 이어질 수 있다.

2 청소년 자살 예방을 위한 개입

자살은 가까운 사람들이 전혀 예상하지 못했던 경우도 있지만 대체로 그 이전에 자살의 가능성을 알려주는 신호를 보낸다. 사람들은 이들이 보내는 신호를 알아채지 못하고 사건이 일어난 뒤 후회를 한다.

따라서 자살은 자살을 예측하는 단서, 요인들을 조기에 발견하고 평가하여 즉각적이고 강력한 위기개입을 통해 예방하는 것이 무엇보다 중요하다. 자살을 예견하는 행동으로 볼 수 있는 다음과 같은 행동이 갑자기 반복적으로 나타나는 것에 대해 주의와 적극적인 관심을 기울이고 자살방지를 위한 적극적 개입을 해야 한다.

(1) 청소년 자살을 예견할 수 있는 위험 증후들

① 행동단서
- 부모 몰래 약을 사모으거나 위험한 물건을 감춘 것이 발견된다.
- 죽음과 관련된 활동(자살, 시도, 자해)를 하겠다고 위협한다.
- 중요한 소유물(일기장, 노트, 메모지)을 남에게 주거나 주변을 정리한다.
- 극도의 불행과 무기력을 보인다.
- 잠을 너무 많이 자거나 너무 적게 잔다. 혹은 더 많이 먹거나 너무 적게 먹는다.
- 머리나 옷차림에 신경을 안쓰거나 지저분해진다.
- 체중이 급격히 증가하거나 감소한다.
- 화, 불안, 공격적 행동, 안절부절 못하는 행동을 한다.
- 또래, 가까운 가족과 거리를 둔다.
- 죽음이나 내세에 관한 이야기를 한다.
- 눈빛에 생기가 없고 어둡다.
- 얼굴표정이 무감각해 보이고 변화가 없다.
- 갑작스럽게 종교에 관심을 갖는다.

- 안절부절못하고 전전긍긍한다.
- 갑작스러운 성적 하락이 나타난다.

② 자살위험 청소년의 언어적 메시지
- "내가 죽으면 넌 슬플거야."
- "사는 게 왜 이렇게 희망이 없지?"
- "자살해버릴거야."
- "차라리 죽어버렸으면 좋겠어."
- "정말 피곤해."
- "예전의 내가 아닌 것 같아."
- "이젠 날 볼 수 없을 거야."

(2) 자살위기 청소년에 대한 심리치료

- 초기평가를 통해 내담자의 현재 자살 위험 수준을 평가하고 내담자의 안전성을 확보하기 위한 전략을 세워 즉각적으로 개입한다. 동시에 내담자의 환경에 대한 초기평가를 통해 주변 자원의 수준을 평가하고 이를 활용하거나 자원화하는 전략을 수립하여 개입한다.
- 내담자의 안전이 확보되면 2차 평가를 통해 내담자의 자살 위험성을 유지·악화시키는 위험요인과 자살 위험성을 감소시킬 수 있는 보호요인을 파악한다.
- 내담자의 문제, 위험요인 보호요인에 대한 평가를 바탕으로 치료의 목표와 전략을 수립한다.
- 자살위기 청소년의 심리치료는 주기적으로 자살 위험성을 체크하여 자살 문제를 우선적으로 관리하는 것이 중요하다.
- 자살 위험이 없어지고 자살 문제를 야기시키는 위험요인이 감소하고 보효요인이 강회되어 스스로 자신의 안전을 지킬 수 있게 되면 종결평가를 한다.
- 종결을 준비하여 종결한 후 약 6개월간 추수활동을 통해 자살위험성 재발을 방지한다(한국청소년 상담원, 2007).

① 자살위기 청소년에 대한 심리치료의 특징

• 자살위험을 직접적으로 다룬다.

• 다른 일반적 상담에서는 선 평가, 후 개입으로 이루어지는 것이 일반적인 반면 자살위험성의 긴급성, 위급성을 고려하여 평가와 개입을 동시에 진행한다.

• 자살위기를 보이는 청소년의 경우 내담자가 정서적고통을 호소하는 증상, 혹은 스트레스 상황을 최우선적으로 고려하여 그에 대한 개입을 통해 즉각적인 정서적 고통을 약화시지는 개입부터 시작한다.

• 자살위험은 대부분 복합적 요인에 의해 상승하는 경우가 대부분이다. 그렇기 때문에 내담자의 가족을 비롯한 지역사회 자원을 활용하고 연계한다.

② 자살상태의 심층면접

현재 내담자의 자살 상태에 대해 파악하기 위해서는 심층면접이 필요하다. 심층면접에서는 자살상태 기록 양식을 사용하여 다음의 행동을 탐색한다.

자살행동탐색(Jobes, 2006)

• **자살 생각의 빈도, 시간, 내용**

　하루에 몇 번, 한 주에 몇 번 한 달에 몇 번 했는가?

　자살에 대해 생각하기 시작하면 한 번에 얼마나 오랫동안 하는가?

　어떤 상황에서 하며 그 주된 내용은 무엇인가?

• **자살계획의 시기, 장소, 준비도, 내용 등**

　언제 어디서 어떤 방식으로 할 계획인가?

　자살에 사용할 도구를 현재 가지고 있는가?

　자살하려고 어떤 준비를 했는가? (유서 쓰기, 특정 물품 구입, 계획, 리허설, 돈 갚기, 자신이 구조될 수 없도록 어떤 조치를 해두었는지 등)

• **자살시도의 빈도, 시간, 강도 내용 등**

　자살을 시도한 적이 있다면 몇 번 정도 언제 어떤 방식으로 했는가?

　가장 최근에 자살을 시도한 적은 언제인가?

　자살을 시도한 다음 결과는 어떻게 되었고 어떠한 심정이었는가?

• **스트레스 및 취약성 요인**
　학교: 친구문제, 이성문제, 교사와의 관계, 기타 학교 환경적 문제 등
　가족: 가족의 병력(자살력), 가족과의 관계, 부모 간 관계 등
　개인: 내담자 자신의 병력, 학업수준 및 학업 스트레스, 음주 및 흡연 여부, 비
　　　　행경험, 자아 및 성 정체감 등

③ 치료관계 형성

청소년 자살 위험은 고립감, 외로움 가족이나 또래의 지지 부족 등의 요인으로 증가된다. 따라서 치료사는 내담자와 치료관계 형성에 노력해야 한다. 신뢰가 있는 관계를 형성하기 위해서는 내담자로 하여금 따뜻함, 보호받고 있다는 느낌을 받도록 해야 하며 치료사가 자신을 수용하고 있다는 것이 전달되고 비밀 보호에 대해 확신을 주어 안전감을 느끼도록 해야 한다.

④ 부정적인 정서 다루기

내담자의 취약성 요인 중에서 부정적인 정서문제를 다룬다. 약물치료가 필요하다고 생각되면 이를 병행할 수 있다.

3 자살시도 청소년의 미술치료

미술치료의 중요한 치료적 기제는 기억의 재구성, 점진적인 노출, 외재화, 각성 감소, .긍정적인 감정의 재활성화, 정서적 자기효능감 강화, 자존감 향상이다(Collie K, et al. 2006). 따라서 미술활동은 청소년의 내면의 억압된 감정을 표출할 수 있고 청소년의 내면의 에너지 발산을 도울수 있으며 부정적인 자아상과 긍정적인 자아상을 인식하도록 도울 수 있다.

말하자면 미술치료를 통해 타인에 대한 분노감, 우울감, 불안한 감정을 표현하고, 자신에 대한 부정적 인식을 표현하는 등 자기표현을 통해 카타르시스를 경험할 수 있으며, 공격성을 표출하고 통찰함으로써 자아의 힘을 키우고 대처하는 방법을 배워 자신에 대한 긍정적 인식을 가질 수 있다. 또한 미술치료는 무의식에 있는 문제들을 의식화하여 자존감을 향상시키고 손상된 기능들을 통합하여 무력감, 상실감 등을 효과

적으로 극복할 수 있도록 도와준다(전영희, 2007).

이렇게 부정적인 정서로 인해 심리적으로 위축되어 있는 자살시도 청소년 내담자에게 미술치료는 효과적인 심리치료 방법이 될 수 있다.

(1) 자살사고가 높은 청소년을 위한 자아탄력성 향상 미술치료의 과정

청소년의 자살을 예방하기 위해서는 자살사고에 영향을 미치는 요인들을 파악하여 위험요인은 감소 또는 제거하고 보호요인은 증가시킬 필요가 있다. 청소년의 자살사고에 영향을 미치는 요인으로 우울, 절망감 등 심리적 요인을 들 수 있다.

그런데 자살의 위험에 동일한 수준으로 노출되더라도 자살 위기에 처하지 않고 이것을 잘 극복하는 청소년들이 있다. 이들에게는 자살의 위험요인과 자살 위기 사이에서 완충 역할을 하는 자아 탄력성이 높다는 것이 여러 연구에서 밝혀졌다. 따라서 청소년의 자살사고를 감소시키기 위한 치료방법으로 자아탄력성을 향상시키는 미술치료를 진행하는 것은 효과적이라고 할 수 있다.

이에 자살사고가 높은 청소년을 위한 자아탄력성 향상 미술 치료 과정과 중학생을 대상으로 미술치료를 실시한 결과(허민주, 2016)에 대해 소개하고자 한다.

다음은 청소년 자살 감소를 위해 선행연구를 기반으로 자아탄력성의 하위요인인 대인관계, 활력성, 감정통제, 호기심, 낙관성 향상을 위한 단계별 목표를 수립하여 수정 보완한 자아탄력성 향상 미술치료(허민주, 2016) 과정이다. 기관이나 학교에서 집단 미술치료를 실시하게 될 경우에는 미리 이러한 프로그램을 계획하는 것이 일반적이다. 그렇다고 어떠한 상황에서도 계획한 프로그램을 고집할 필요는 없다. 집단원들의 요구와 상황, 성격에 따라 집단지도자는 융통성 있게 프로그램을 변형하여 구성할 수 있다. 단 초기, 중기, 후기에 어떤 식으로 미술치료를 진행할지 미리 생각해보고 계획해보는 준비과정은 꼭 필요하다.

■ 표 13-1 표로 정리한 미술치료 과정

단계	회기	주제	활동 내용	기대효과
초기	1	자아탄력성 검사, 프로그램안내 및 칼리그래피	자아탄력성 검사를 실시한 뒤 프로그램에 대해 소개한다. 자신의 이름과 인생모토 혹은 꿈과 관련된 단어를 선정한 뒤 자신의 개성과 느낌을 살려 표현한다.	호기심
	2	새로운 시작	재활용할 수 있는 물건에 석고붕대를 감아 재탄생시키는 활동을 통해 사고의 전환을 돕는다.	호기심
	3	나	잡지 속 이미지를 활용하여 나의 모습을 표현한다.	호기심
	4	나의 장점	알지네이트를 사용하여 원하는 형태의 손 모양을 본뜬 뒤 나의 장점 한 가지를 찾아본다.	활력성 호기심
중기	5	나의 감정1	감정을 나타내는 단어들을 작성한 뒤 긍정적, 부정적 및 중간 감정으로 분류하여 다양한 감정을 인식한다. 각각의 감정들을 한가지씩 선택한 뒤 파스텔을 활용하여 트레싱지에 해당 감정들을 표현하며 과거의 경험을 떠올려 본다.	대인 관계 호기심
	6	나의 감정2	부정적 스트레스를 작품에 표현하며 감정 표출의 시간을 갖는다. A4용지에 스트레스 순위를 적고 스트레스 경험에 대한 대화를나눈뒤 1, 2년 뒤에도 남아 있을 스트레스는 어떤 것들이 있는지 분류하고 대처방안을 모색한다.	대인 관계 활력성 감정통제
	7	나의 감정 3	두꺼운 전지에 크게 원을 그린 뒤 그곳에 없애고 싶은 자신의 부정적인 감정 단어를 작성한 뒤 점토를 던지는 활동과정을 통해 감정 표출의 시간을 가진다	대인 관계 활력성 감정통제
	8	내가 보는 나 남이 보는 나	자아상을 그린 뒤 내가 인지하고 있는 현재 나의 모습과 타인에게 듣는 나의 모습을 작성하며 차이를 인식한다.	대인 관계 호기심
	9	희망을 찾아서	행복과 관련된 색을 떠올리며 선택한 크레파스들을 사용하여 16절지 위에 1차로 색칠한다. 그 위에 절망과 슬픔에 관련된 색 크레파스를 선택하여 도포한 뒤 이쑤시개로 긁어내며 희망과 행복에 대한 연상되는 이미지를 표현하며 의미를 찾는다.	활력성 감정통제 호기심
	10	행복 항아리	내가 원하는 행복을 휘해 필요한 것들과 불필요한 것들을 분리한다.	대인관계 낙관성
	11	나의 과거, 현재, 미래	나의 과거, 현재, 미래모습을 색한지로 표현하다. 원하는 미래 모습을 충족할 수 있도록 현실적이고 실천가능한 목표를 세운다.	대인관계 낙관성

후기	12	타임캡슐	타임캡슐을 꾸민 뒤 나를 위한 긍정적 메시지 혹은 힘이 되는 말을 적어 보관하며 응원의 말이 필요할 때 하나씩 꺼내 볼 수 있도록 한다.	활력성 낙관성
	13	미래의 내모습	미래에 어떠한 사람이 되어 있을 지 어떤 직업을 가지고 있을지를 상상하며 콜라주로 표현해 본다.	활력성 호기심 낙관성
	14	명함	미래의 모습을 상상하며 명함을 디자인해본다.	호기심 낙관성
	15	작품 앨범	그동안 활동한 작품 사진을 앨범으로 제작한 뒤 프로그램에 참여한 소감을 나눈다.	낙관성

◯● **초기단계: 1~4회기**

자살사고를 경험하고 있는 내담자의 경우 동기저하 및 자발적인 참여의 어려움을 고려하며 다양한 미술매체를 경험하게 하는 호기심 향상에 중점을 두었다. 호기심 향상을 통해 긴장을 완화시키고 활동에 대한 관심과 흥미를 유발할 수 있도록 구성하였다.

◯● **중기 단계: 5~11회기**

다양한 매체 사용을 통해 미술치료 활동과 자신에 대한 호기심, 프로그램에 자발적으로 참여할 수 있는 활력성, 자기와 타인의 생각을 이해할 수 있는 대인 관계, 부정적 감정표출과 스트레스의 원인을 찾을 수 있는 감정통제에 중점을 두었다.

◯● **후기단계: 12~15회기**

미래에 대한 희망, 긍정적인 가치관 형성을 위해 낙관성 영역으로 구성하여 긍정정서를 경험할 수 있도록 구성하였다.

(2) 치료의 효과

이와 같은 미술치료 과정을 자살사고가 높은 중학생을 대상으로 실시한 결과 우울, 스트레스, 자살사고에 긍정적인 변화가 나타났다. 또한 자살사고가 높은 중학생의 자아탄력성에도 긍정적인 변화가 나타났는데 자아탄력성의 위험요인인 대인관계, 활력성, 감정통제, 호기심, 낙관성의 요소에서 모두 긍정적인 변화를 보였다.

Ⅱ 청소년의 비자살적 자해

자살의 목적 없이 수행하는 비자살적 자해는 최근 심각한 청소년 문제로 대두되고 있다. 자살시도는 고통스러운 감정을 끝내고자 하는 행동이지만 자해에는 기분을 좋게 만들고자 하는 의도가 포함돼 있다. 자해를 하는 청소년들은 감정적으로 폭발하지 않고 균형을 찾으려고, 죽지 않으려고 스스로에게 고통을 가해 감정을 조절하는 것이다.

비자살적 자해는 단기적인 위험성은 적지만 장기적으로 볼 때, 자살 생각이나 자살 충동으로 이어질 수 있다. 자해 문제를 근본적으로 해결하려면 겉으로 나타나는 행위보다 그것을 유발한 마음속 원인에 집중해야 한다. 따라서 치료적 개입이 필요하다.

1 개념과 특징

(1) 개념

비자살적 자해는 죽고자 하는 의도 없이 고의적으로 자신의 신체를 손상시키는 행동(Nock, 2009), 또는 의도적으로 자신의 신체를 파괴하는 행동으로 사회적으로 용인되지 않으면서 자살할 의도가 없는 행위(ISSS, 2018)로 정의된다. 의도적인 자해, 자살극, 자살 제스처 등의 용어로도 사용되기도 하였지만 최근 비자살적 자해라는 용어로 주로 사용되고 있다.

(2) 특징

때리기, 심각한 긁기, 태우기 행동이 있다. 이외에도 신체를 칼로 긋기, 신체 일부를 자르기, 피가 나도록 긁기, 머리카락 뽑기, 피부 그을리기, 상처 딱지를 뜯거나 상처의 치료를 방해하기, 피부 벗기기, 깨물기, 바늘이나 핀 등을 찔러 넣기 날카롭거나 독성이 있는 물질을 삼키기 등의 행동들이 나타난다.

청소년의 80%는 날카로운 것으로 피부를 찌르거나 베는 자해행동이 주로 나타나는데 게보린, 수면제, 타이레놀 등을 다량 복용하기도 한다.

보통 자해를 시작하는 연령은 12~14세로 10대 초기에 시작되며 수년간 지속될 수 있다. 18~19세에 가장 많이 나타난다고 보고되어 있다.

자해는 죽고 싶고 관심을 얻고 싶어서 하는 행동이 아니라 타인에게 피해 없이 스스로 스트레스나 아픈 마음을 해소하기 위한 방법으로 시도된다. 이들은 자해행동을 함으로써 고통스러운 순간에서 벗어나 심리적 안도감을 느낀다

비자살적 자해의 유병률의 성별 차이는 여성이 남성에 비해 높았으며 빈도 역시 여성이 남성보다 높았다. 이는 정서를 경험하는 방식의 남녀차이에서 비롯된다고 볼 수 있다.

DSM-5의 비자살적 자해 진단기준

- **A.** 지난 1년간 5일 또는 그 이상 신체 표면에 고의적으로 출혈, 상처, 고통을 유발하는 행동(예, 칼로 긋기, 불로 지지기, 찌르기, 과도하게 문지 르기)을 자신에게 스스로 가하며, 이는 단지 경도 또는 중등도의 신체적 손상을 유발할 수 있는 자해 행동을 하려는 의도에 의한 것이다(즉, 자살 의도가 없음).
  - ▸ 주의점: 자살 의도가 없다는 것이 개인에 의해 보고된 적이 있거나, 반복적인 자해 행동이 죽음에 이르게 하지는 않을 것이라는 점을 개인이 이미 알고 있었거나 도중에 알게 된다고 추정된다.

- **B.** 개인은 다음 중 하나 또는 그 이상의 기대하에 자해 행동을 시도한다.
  1. 부정적 느낌 또는 인지 상태로부터 안도감을 얻기 위하여
  2. 대인관계 어려움을 해결하기 위하여
  3. 긍정적인 기분 상태를 유도하기 위하여
  - ▸ 주의점: 개인은 원했던 반응이나 안도감을 자해 행동 도중에 또는 직후에 경험하게 되고, 반복적인 자해 행동에 대한 의존성을 시사하는 행동양상을 보일 수 있다.

- **C.** 다음 중 최소한 한 가지와 연관된 고의적인 자해 행동을 시도한다.
  1. 우울, 불안, 긴장, 분노, 일반화된 고통, 자기비하와 같은 대인관계 어려움이나 부정적 느낌 또는 생각이 자해 행위 바로 직전에 일어남

2. 자해 행위에 앞서, 의도한 행동에 몰두하는 기간이 있고 이를 통제하기 어려움

3. 자해 행위를 하지 않을 때에도 자해에 대한 생각이 빈번하게 일어남

- D. 행동은 사회적으로 제재되는 것이 아니며(예, 바디 피어싱, 문신, 종교적 또는 문화적 의례의 일부), 딱지를 뜯거나 손톱을 물어뜯는 것에 제한되지 않는다.

- E. 행동 또는 그 결과는 대인관계, 학업 또는 다른 중요한 기능 영역에 서 임상적으로 현저한 고통이나 방해를 초래한다.

2 비자살적 자해의 심각성

- 비자살적 자해를 경험한 청소년들의 대부분은 한 가지 이상의 자해 행동을 사용한다. 임상 집단을 대상으로 한 연구에서는 1년간 비자살적 자해의 평균 횟수가 50회 이상인 것으로 나타났다. 주로 핀이나 작고 날카로운 물체 등을 피부 속에 삽입하거나 피부에 화상을 입히는 것, 칼이나 날카로운 물체 등을 이용하여 팔, 다리, 복부 등을 찌르거나 긋는 방법과 같은 중등도에 해당하는 자해 방법들이 주로 사용되었다(Klonsky & Muchlenkamp, 2007).
- 비임상 집단을 대상으로 한 연구에서는 비자살적 자해 행동이 평생 행해지는 횟수가 3, 4회(Soloff et al.,1994)에서부터 10회 이하(Whitlock et al., 2008)로 임상 집단에 비하여 비교적 적게 나타났다. 방법으로는 고의로 신체 일부를 부딪치거나 입술 깨물기, 자신을 때리는 등의 경도 수준에 해당하는 자해 방법을 많이 사용하는 것으로 나타났다.

3 비자살적 자해와 자살시도와의 차이점

- 비자살적 자해는 자살과 질적으로 다른 형태와 기능을 가진다. 자살은 치명성이 높은 한 가지 방법을 선택해 죽음에 이르지만 비자살적 자해는 치사율이 낮은 여러 가지의 방법에 의해 행해지고 반복적인 습관이 된다 또한 삶을 끝내고

자 하는 의도가 없다.

4 청소년 비자살적 자해의 원인

(1) 심리적 요인

- 불안, 분노, 슬픔, 우울증, 죄책감, 수치심 또는 고립감의 압도적인 부정적 감정이나 고통을 관리하기 위해 자해 행동이 시도된다. 강한 감정을 경험함으로써 자극을 주고, 공허감을 없애는 것이 목적이다.
- 자해 행동을 통해 정신적 고통을 육체적 고통으로 전환시킴으로써 정신적 고통으로부터 벗어나 생명을 보존 및 유지하기 위해 시도된다.

(2) 생물학적 요인

- 비자살적 자해의 생물학적 요인에 대해서는 아직까지 밝혀진 바가 많지 않다. 주로 알려진 생물학적 요인 중에 세로토닌이 비자살적 자해에 관여한다는 연구들이 있다. 세로토닌이 잘 전달되지 않을 때, 자살시도를 포함하여 자신 및 다른 사람들에 대한 공격성을 나타낼 수 있다. 여러 연구를 통해 세로토닌이 감소와 우울, 비자살적 자해와의 높은 상관이 있음이 나타났다.

(3) 사회 환경적 요인

- 초기 주 양육자와의 불안정한 애착 형성이 자해의 원인이 될 수 있다. 애착의 영향력은 청소년기, 성인기에까지 미칠 만큼 중요하다. 생애 초기 안정적인 애착을 형성한 아동은 타인에 대한 기본적인 신뢰감이 형성되었기 때문에 이후의 발달 시기에서의 대인관계를 기능적으로 유지할 수 있다. 그러나 생애 초기 불안정 애착을 형성한 아동은 자신에 대한 무가치함, 타인에 대한 불신 등이 형성되어 대인관계에서 부적응적인 패턴을 보여주게 된다. 이것은 성인기에까지 지속될 수 있다. 불안정 애착을 형성한 청소년은 비행, 폭력적 행동을 할 확률이 높으며 자해 행동과 연결될 수 있다.

- 주 양육자의 신체적, 성적, 정서적 학대 및 방임 등의 외상이 반복되고 장기화된 복합외상은 청소년의 자해 행동에 영향을 줄 수 있다. 특히 청소년의 자해 행동과 아동기의 성적 학대와의 관계를 밝힌 연구들은 상당수 존재한다.
- 미디어, 인터넷, 사회관계망 서비스 등도 청소년 자해에 영향을 미칠 수 있다. 이러한 매체들을 통해 청소년들은 자해에 대해 많은 정보들을 습득한다. 자해에 대해 생각해본 적이 없거나 관심이 없었던 청소년들도 미디어에서 본 자해를 유발하는 비슷한 상황이 되거나 자극을 받았을 때 자해를 시도해 볼 수 있다.

5 청소년 비자살적 자해의 치료적 개입

- 자해의 심리치료에서 무엇보다 중요한 것은 비자살적 자해에 대한 충동을 통제하고, 부정적인 정서가 자해에 미치는 영향을 조절하거나 생산적이고 적응력 있는 대안적 기술을 습득하도록 돕는 것이다.
- 인지행동치료적 접근이 효과적이다. 내담자의 역기능적 인지 양식을 평가 및 수정하고 대안적 정서조절 및 대처 양식에 대해 다루는 점에서 인지행동치료는 비자살적 자해의 심리치료에 효과적인 치료방법이다
- 적합한 대처 행동을 탐색함으로써 자해 행동을 대신할 수 있는 방안을 제시해준다. 손목에 고무줄을 착용하여 자해 욕구가 발생할 때 이를 튕기거나 창문 열기, 밖으로 나가기, 가족이나 친구 등 가까운 사람에 게 연락하기 등의 대안 행동을 생각해볼 수 있다.

6 비자살적 자해의 미술치료 사례

(1) 사례 개요

○● **내담자: 은지(가명), 고등학교 1학년 여학생**

내담자는 어머니에 의해 의뢰되었다. 학교에서 타이레놀을 50알 복용하고 병원에 실려갔다. 그런 이유로 학교상담을 받았으며 어머니에 의해 본 센터에 의뢰되었다.

내담자는 현재 어머니와 세 살 터울의 오빠와 살고 있다. 부모는 내담자가 초등학교 5학년 때 이혼했다. 내담자의 수차례에 걸친 자해행동으로 인해 내담자의 어머니는 매우 지쳐 있었다.

○● 내담자 관찰과 면접, 어머니 면접

내담자는 눈에 띄게 예쁜 외모를 가지고 있었다. 키는 보통인데 매우 말랐으며 창백한 하얀 얼굴에 무표정이었다.

질문에 반응은 하지만 내용은 없는 피상적인 대답을 했다. 처음 "너 참 예쁘구나"라는 말을 했더니 내담자는 무표정한 얼굴로 "저보다 예쁜 애들 많아요."라고 답했다.

• 내담자에 의하면

연예인이 되려고 연습생 생활을 했다. 그런데 가고자 하던 예고에 못 가고 연습생도 그만두고 지금은 학교에도 적응 못하고 있다. 친구도 없고 매사에 의욕도 없으며 재미도 없다.

"친구가 없어서 학교가기 싫으니?" 하고 물으니 "아니요. 그런건 상관없어요."라고 대답했다. 내담자에게는 보통의 아이들이 가지고 있는 고민은 자신과 상관없다는 식의 말을 했다.

손목에도 자해의 흔적이 있었고 몸 여기저기에 있었다. 약을 먹은 건 이번이 세 번째다. 처음엔 30알 다음 번에 40알 이번엔 50알을 먹었다.

주로 손목이나 안보이는 몸의 여기저기를 칼로 긋는 행동을 하였다. 몸을 칼로 긋고 피가나면 극도로 심했던 스트레스가 풀어지고 마음이 편안해지며 잠이 잘 오곤 했다.

• 어머니의 보고에 따르면

내담자는 매우 외향적인 성격으로 어려서부터 관심받는 것을 즐겼다. "예쁘다.", "연예인 해야겠다"는 말을 너무 많이 들어 그쪽으로 저절로 진로를 결정하게 되었다. 그래서 준비 중이었는데 그때부터 성격의 변화가 오기 시작한 것 같다. 연습생 생활을 하면서 짜증과 화를 많이 냈고 소리를 지르기도 했다.

본래 자신에게 치대거나 어리광을 부리는 아이가 아니었는데 연습생을 그만두고부터는 심하게 의존적인 상태가 되어 너무 자신을 찾아 힘들다고 했다. 자신은 사업을 하는 사람으로 출장도 가야하고 회사일도 바빠 내담자와 많은 시간을 보내지는 못한다. 언제부터 자해를 했는지는 잘 모르겠고 알게 된 건 올해인데 이번에 가장 심했던 것 같다.

남편과는 내담자가 초등학교 5학년 때 이혼을 하고 자신이 내담자와 내담자의 오빠를 양육하고 있다. 내담자는 가끔 아빠를 만나지만 아빠와도 사이가 좋지 않다. 아빠는 재혼을 하여 그 부분이 내담자의 마음에 들지 않는 것 같다.

예쁜 외모로 어려서부터 어디에서나 주목받는 아이였지만 친구관계는 좋지 않아서 초등학교 때부터 친구가 거의 없었다.

(2) 미술치료의 시작 - 면담과 심리검사

① 면담:
면담의 내용은 위에 기술한 내용과 같다.

② 심리검사
MMPI-A, TCI, 로샤검사, 문장완성검사, 집 - 나무 - 사람검사, 빗속의 사람그림 검사, 동적 가족화

MMPI검사 결과
우울척도는 70T 이상, Hy, PD, Pt 척도는 70T 이상은 아니지만 60T 이상으로 대체로 높게 나타났다.

TCI검사 결과
기질적인 면에서 자극추구가 높게 나타났고 위험회피는 낮게 나타났다. 사회적 민감성은 낮았고 인내력도 낮았다. 성격적인 면에서는 자율성이 높은 편으로 나타났고 연대감은 낮았으며 자기초월이 높게 나타났다.

로샤검사 결과
정서적으로 심한 상실감과 우울로 고통을 겪고 있음을 나타내고 있다. 감정을 적절히 조절하고 통제하는 것에 취약성을 보인다. 스트레스에 대한 직면을 최대한 회피하려 한다. 대인관계가 원만하지 못하며 만성적 우울감과 좌절감을 느끼고 있는 것으로 나타났다. 자기가치감이 낮으며 자기 중심적 애정욕구는 강해 공감능력이 부족해보인다. 스트레스 상황에서 스스로 문제를 해결할 내적 자원이 부족한 것으로 나타났다.

문장완성검사 결과

나는 / 끝났다

나의 좋은 점은 / 있었지만 이제는 하나도 없다

나의 어머니는 / 바쁘다

어머니와 나는 / 같이 살지만 따로 사는 것 같다

나에게 가장 문제가 되는 것은 / 모르겠다, 복잡하다.

나를 괴롭히는 것은/ 지금은 모두 다 나를 괴롭히는 것 같다

문장완성 검사 결과 사고의 혼란함, 자신의 무가치함 등이 나타났다.

집-나무-사람검사 결과

전체적으로 필압이 낮고 흐리다. 선을 여러 번 반복해서 그렸다. 집은 창문은 있지만 까맣게 칠해져 있고 전체적으로 초라한 모습의 집을 그렸다. 내담자는 이 집은 어렸을 때 놀러간 할머니 집이며 자신과 할머니가 살고 있다고 말했다. 나무는 허공에 떠있는 듯 하며 마른가지가 가득하다. 사람은 지면에 비해 작게 그렸으며 불안정하고 손 등이 생략되어 있다.

그림 13-1 • **집 그림**

그림 13-2 • **나무 그림**

그림 13-3 • **사람 그림**

빗속의 사람 그림검사

그림 13-4 · **빗속의 사람 그림**

비는 세차게 내리는데 내담자는 비를 막을 방어물이 없다. 우산도 없고 우비를 입지도 않았다. 고스란히 비를 맞고 있다. 신발은 장화를 신어서 그나마 발은 젖지 않을 것 같아 보인다.

무기력하고 힘이 없어 보이며 얼굴의 이목구비가 생략되었고 손도 생략되었다. 스트레스 상황에 대한 대처능력이 현저히 떨어져 보인다.

(3) 치료목표와 전략

검사 결과와 내담자와의 면접의 내용을 바탕으로 다음과 같은 치료목표와 전략을 수립하였다.

① 치료목표

내담자의 정서적 안정감의 회복과 정서조절능력 향상을 통해 스트레스 대처방법을 형성시킬 수 있도록 하는 것이 치료의 목표이다. 즉, 자해행동을 적응적인 행동으로 전환시킬 수 있게 하는 것이 목표이다.

② 치료전략

내담자의 자해에 영향을 주는 부정적인 정서의 원인이 되는 왜곡된 신념과 자동적 사고-내담자는 연예인이 되는 길이 막히자 자신의 인생은 끝났다고 생각하고 있다. 이러한 부정적 사고와 그 근원이 되는 왜곡된 역기능적 신념- 에 대해 탐색하고 긍정적인 사고로 수정하는 작업을 하여 자해를 통제할 힘을 길러주도록 한다. 또한 자해 행동을 대신할 수 있는 대안적 행동을 찾도록 한다

③ 진행과정

1회기 60분 주 1회, 총 24회기의 미술치료를 진행하였다.

④ 단계별 목표

초기: 치료사와의 친밀감형성, 긴장이완

중기: 감정표출, 자기탐색, 자기이해

후기: 긍정적 미래 구상, 긍정적 자기상 확립

(4) 미술치료 진행 내용

• **1회기:** 콜라주 작업을 통해 자기소개를 하는 활동을 하였다. 잡지 속의 사진들 중에서 자신과 비슷하거나 자신을 상징할 수 있는 이미지들을 골라 도화지에 붙이는 작업이다. 다 붙이고 난 후 한장의 도화지에 꾸며진 내용을 보며 자신을 소개한다.

은지는 의욕 없이 잡지를 뒤적이다 자기를 나타낼 만한 사진들이 없다고 하며 하기싫다고 하였다. 필자가 "너는 어떤 스타일의 옷을 좋아해?", "어떤 머리 스타일을 좋아해?", "내가 볼 땐 너는 이런 게 잘 어울리는 거 같은데?" 그리고 "산이 좋아, 바다가 좋아?"라고 같이 잡지를 보면서 이야기를 하자 알았다는 듯이 잡지를 보고 사진을 오려 콜라주를 완성했다. 은지가 혼자 하는 것을 부담스러워 하여 필자도 같이 작업을 했다. 만들어진 작품을 보고 필자와 은지가 번갈아 가며 자신에 대한 소개를 했다. 은지는 조금씩 자기표현을 하기 시작했다.

• **5회기:** 색종이 찢어 붙이기와, 신문지 찢어 날리기 작업을 하였다.

자신이 좋아하는 캐릭터가 프린트된 종이를 골라 색종이를 잘게찢어 붙이면서 캐릭터의 칸을 채우는 방법이다. 작업을 하기 전에 이 작업을 하면서 자신에 대해 생각해볼 것을 말해주었다. 색종이를 고르는 작업, 찢는 작업, 붙이는 작업을 하는 동안 자신애 대해 생각하면서 내면 탐색의 시간을 갖는다.

다음 작업은 신문지를 찢어 날려버리는 작업이다. 작업을 하기 전 자신이 받는 스트레스를 떠올리고 그때의 기분을 느끼도록 하였다. 이후 스트레스를 날린다는 기분으로 신문지를 찢고 날리도록 하였다.

• **15회기:** 가지고 싶은 나와 버리고 싶은 나를 주제로 작업하였다. 빈 상자와 색종이를 준비해 가지고 싶은 나의 모습들을 각 색종이에 적고 버리고 싶은 나의 모습들도 색종이에 적었다. 가지고 싶은 나를 표현한 색종이들은 상자 안에, 버리고 싶은 나를 표현한 색종이들은 상자 밖에 늘어놓았다.

이렇게 자신의 긍정적인 부분과 부정적인 부분의 사고와 행동들을 분류하면서 자신을 객관적으로 바라볼 수 있도록 하였다.

작업을 한 후 자신의 행동 양상을 탐색하고 부정적인 모습들이 어떤 왜곡된 신념에서 비롯되었는지 왜곡된 신념에 대해 깨닫고 수정하기 위한 노력에 대해 생각하는 시간을 가졌다.

• **24회기:** 종결의 회기로 자신과 어머니에게 편지를 쓰는 활동을 하였다. 은지는 자신의 어린시절부터의 꿈, 꿈의 좌절, 그 좌절로 인한 혼란으로 인해 했던 잘못된 행동들에 대해 솔직하게 표현하면서 그러한 모습을 변화시키기 위해 찾은 대안 행동이 무엇이며 앞으로 어떤 노력을 할 것인지에 대해 자신에게 주는 편지와 어머니에게 쓴 편지에 구체적으로 표현했다.

(5) 치료의 효과

은지는 자신의 자해행동의 원인이 되는 부적정 사고와 부정적 사고를 하게 하는 비합리적이고 왜곡된 신념에 대해 이해했으며 그것을 긍정적 차원으로 수정하는 연습을 하고 있다. 자해행동의 대안행동으로는 본인이 잘 할 수 있는 춤추기를 선택했다. 연습생을 그만두고 춤추는 것과 노래하는 것을 멀리했는데 사실 춤을 출 때 가장 기분이 좋았던 것을 깨닫게 되며 스트레스가 너무 심해 자해행동을 하고 싶을 때는 이어폰을 끼고 음악을 크게 틀어놓고 방에서 춤을 추기로 했다. 은지는 이 방법을 몇 번 시도해 봤으며 효과가 좋았다. 앞으로도 계속 유지하기로 약속하였다.

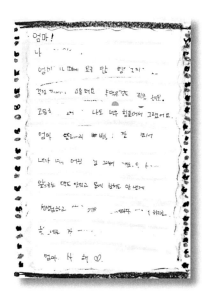

그림 13-5 · 은지가 어머니께 쓴 편지

참고문헌

강진령(2021). **학교상담과 생활지도**. 서울: 학지사.

교육부(2016). 학교폭력 실태조사.

교육부(2020). 학교폭력 사안처리 가이드북.

구미례(2007). **가족 미술치료가 가족 구성원간의 의사소통과 상호존중및 가족 건강성에 미치는 영향**. 백석대학교 대학원 석사학위논문.

구진선(2007). **인물화검사와 표준화성격검사와의 관계성 연구**. 한양대학교 대학원 석사학위논문

권기덕 김동연 최외선 (2000). **가족미술치료**. 대구: 동아문화사.

권기덕(2000). **가족미술치료**. 서울: 동아문화사.

권석만(2023). 성격심리학. 서울: 학지사.

김갑숙, 전영숙(2004). 여고생의 동적 가족화에 나타난 인물상의 특성과 신경증과의 관계. **가족과 가족치료. 12**(2).197-223.

김경희(2007). **아동과 청소년의 이상심리학**. 서울: 박영사.

김경희(2011). **고등학생의 우울과 풍경구성법(LMT) 반응특성에 관한 연구**. 영남대학교 대학원 석사학위논문.

김계현(1997). **상담심리학**. 서울: 학지사.

김계현, 김동일, 김봉환, 김창대, 김혜숙, 남상인, 천성문(2021). **학교상담과 생활지도**. 서울: 학지사.

김동연, 공마리아, 최외선(2006). **HTP와 KHTP 심리진단법**. 대구: 동아문화사.

김동일, 김지연, 김형수, 박승민(2020). **청소년 상담학 개론**. 서울: 학지사.

김미경(2024. 1. 7). [오늘의 DT인] "자살률 1위의 오명, 개인의 문제아냐...국가적 해결의지 있어야". 디지털 타임즈.

김서연(2010). **청소년을 위한 학교 미술치료에 대한 고찰**. 고려대학교 대학원 석사학위논문.

김선미(2009). **청소년 상담 구조화가 상담자 및 상담 회기평가에 미치는 영향**. 아주대학교 대학원 석사학위논문.

김성희(2009). **미술치료가 정서장애 아동의 불안과 위축에 미치는 영향**. 우석대학교 대학원 석

사학위논문.

김재훈, 허선욱(2023). 미술치료사 역량 평가척도의 개발과 타당화 연구. **미술치료연구, 30**(2), 549-566.

김정욱(2016). **섭식장애.** 서울: 학지사.

김준혜(2009). **상담자 발달수준, 마음챙김 및 역전이 관리능력과의 관계.** 이화여자대학교 대학원 석사학위논문.

김지영(2010). **방어기제유형에 따른 인물화검사의 상관관계연구.** 한양대학교 대학원 석사학위논문.

김태환(2013). **대학생의 진로선택몰입과 가족지지, 진로결정자율성, 진로결정 자기효능감의 인과적 관계.** 서울대학교 대학원 석사학위논문.

김해인(2016). **협동작업 중심의 집단미술치료가 학교폭력 가해 청소년의 자기통제력 향상에 미치는 효과.** 평택대학교 대학원 석사학위논문.

김향임(2013). **아동 풍경구성법에 나타난 색채심리 연구.** 수원대학교 대학원 석사학위논문.

김형욱(2016). **섭식장애-먹는 것에 가려진 심리적 문제.** 서울: 학지사.

김효숙(2007). **가족의 자아존중감, 의사소통 및 가족관계 개선을 위한 가족미술치료 사례연구.** 영남대학교 대학원 박사학위논문.

문용린, 최지영, 백수현, 김영주(2007). 학교폭력 발생과정에 대한 남녀차이분석= 피해자 상담사례분석을 중심으로. **교육심리연구, 21**(3), 703-722.

박강화(2009). **정신분열증 환자의 풍경구성법 표현 특징 비교.** 건국대학교 대학원 석사학위논문.

박아청(2003). 한국형 자아정체감검사의 타당화 연구. **교육심리연구, 17**(3), 373-392.

박은혜(2016). **가족미술치료가 사별가족의 애도와 정서안정에 미치는 효과.** 조선대학교 대학원 석사학위논문.

박초이(2006). **학교폭력의 유형별 상담기법에 관한 연구.** 경기대학교 대학원 석사학위논문.

백지숙, 김혜원, 김영순, 방은령, 임형택, 주영아 (2009). **청소년 상담.** 서울: 도서출판 신정.

서미, 김지혜, 소수연, 이자영, 이태영(2020). **청소년 자해상담 이론과 실제.** 서울: 학지사.

서은경, 원수경, 김수정(2021). **상담 첫 회기 축어록을 활용한 사례개념화 및 목표 전략 워크북.** 서울: 학지사.

성복순(2008). **미술치료가 청소년의 우울 및 감정표현에 미치는 영향.** 순천향대학교 대학원 석사학위논문.

손수정(2017). **선택적 함묵증 경향을 보이는 유아를 위한 가족미술치료 단일사례연구.** 경기대학교 대학원 석사학위논문.

송재홍, 김광수, 박성희, 원이환, 오익수, 정종진(2013). 학교폭력의 예방 및 대책에 관한 교대생의 인식과 요구 분석. **초등상담연구, 12**(1), 109-131.

신효정,송미경, 오인수, 이은경, 이상민, 천성문(2018). **생활지도와 상담**. 서울: 박영스토리.

신효정,송미경,오인수,이은경,이상민(2022). **생활지도와 상담**. 서울: 박영스토리.

안명현, 강민수, 김민지, 김영애, 송민영(2020). **재미있고 쉬운 인지행동 미술치료**. 서울: 학지사.

양미진(2005). **질적 분석을 통한 비자발적 청소년 내담자의 상담지속요인 연구**. 숙명여자대학교 대학원 석사학위논문.

양지원 (2016). **처음시작하는 미술치료**. 서울: 소울메이트.

여성가족부 (2017). 학교 성희롱 성폭력 사건처리 표준 매뉴얼 개발.

오상원(2011). **치매노인의 집단미술치료 효과 연구**. 한양대학교 대학원 석사학위논문.

오윤서(2020). **비자살적 자해 청소년을 대상으로 한 상담 개입: 상담자 경험을 중심으로**. 한양대학교 대학원 석사학위논문.

옥금자(2017). **집단미술치료방법론 임상적 실제**. 서울: 하나의학사.

유미(2013). **미술치료의 이해**. 서울: 이담북스.

윤미연(2013). **모래상자 놀이가 비자발적 청소년내담자의 상담지속에 미친 영향 분석**. 대구대학교 대학원 석사학위논문.

윤숙희(2013). **청소년 미술치료사의 경험에 대한 연구**. 영남대학교 대학원 석사학위논문.

이미원(2017). **비자발적 청소년내담자의 상담관계 체험 의미와 구조**. 단국대학교 대학원 박사학위논문.

이은영(2001). **집단미술치료 프로그램이 중학생의 스트레스에 미치는 효과**. 건국대학교 대학원 석사학위논문.

이현림(2006). **인간발달과 교육**. 서울: 교육과학사.

이형득(1999). **상담이론**. 서울: 교육과학사.

이혜선(2010). **미술치료사의 치료경험과 역전이 관리능력이 치료성과에 미치는 영향**. 영남대학교 대학원 석사학위논문.

이호정(2010). **사례개념화의 상담자 자기 평가와 수퍼바이저 평가와의 관계연구**. 고려대학교 대학원 석사학위논문.

이효림(2011). **부적응 초기청소년을 위한 창조적 작업 중심의 미술치료 사례연구**. 명지대학교 대학원 석사학위논문.

임영아(2010). **가족미술치료가 다문화가족의 자아존중감과 의사소통의 향상에 미치는 효과.** 조선대학교 대학원 석사학위논문.

임효희(2014). **가족미술치료가 입양아동의 문제행동과 사회성에 미치는 효과.** 경기대학교 대학원 석사학위논문.

장미경, 정태연, 김근영(2023). **발달심리.** 서울: 한국방송통신대학교출판원.

장희영(2015). **청소년기(중고등학생)의 미술심리치료에 관한 연구.** 동아대학교 대학원 석사학위논문.

전미향, 최외선(1998). 집단미술치료가 청소년의 자기존중감과 사회적응력에 미치는 효과. **미술치료연구, 5**(1), 75-90.

전순영(2009). 정신분석적 관점에서 본 르네 마그리트의 작품에 나타난 아동기 트라우마의 상징적 이미지 재현. **미술치료연구, 16**(5), 861-881.

전영희(2007). 성 학대 피해 아동의 외상 후 스트레스 감소를 위한 미술치료 사례. **미술치료연구, 14**(4), 691-709. 미술치료연구, 5(1), 75-90.

정샘(2012). 정샘미술이론, 서울: 박문각.

정여주(2003). **미술치료의 이해-이론과 실제.** 학지사.

정여주(2018). **.학교폭력예방 및 학생의 이해.** 서울: 학지사.

정현희(2020). **실제적용중심의 미술치료.** 서울: 학지사.

정혜리(2013). **집단미술치료가 저소득 가정 중학생의 자기효능감과 우울에 미치는 영향.** 한남대학교 대학원 석사학위논문.

조미경(2014). **청소년의 우울 감소를 위한 사이코드라마 프로그램 개발과 효과.** 중앙대학교 대학원 박사학위논문.

지민희(2018). **미술작품 사례를 통한 창조성 함양 교육 연구.** 상명대학교 대학원 석사학위논문.

청소년 폭력예방재단(2014). 학교폭력 실태조사.

최동민(2015). **고등학생이 지각한 부모진로관련 행동이 진로결정몰입에 미치는 영향:진로결정자율성과 진로결정자기효능담의 매개효과.** 고려대학교 대학원 석사학위논문.

최외선, 김갑숙, 최선남, 이미옥(2007). **미술치료기법.** 서울: 학지사.

최외선, 이근매, 김갑숙, 최선남, 이미옥(2006). **마음을 나누는 미술치료.** 서울 : 학지사.

최외선.이근매.김갑숙.최선남.이미옥(2006). **마음을 나누는 미술치료.** 서울: 학지사.

최윤정(2020). **학교상담과 생활지도-학교폭력의 예방.** 서울: 학지사.

최정윤(2019). **심리검사의 이해.** 서울: 시그마프레스.

하혜숙 장미경(2017). **청소년 상담**. 서울: 방송통신대학교 출판문화원.

한상철(2004). **청소년 학: 청소년 이해와 지도**. 서울 : 학지사.

한숙자. 2004. 청소년 집단미술치료에 관한 연구. **교수논문집**. 8(2004), 241-269.

허선욱(2014). **르네 마그리트의 철학적 사유와 회화작업의 의미**. 건국대학교 대학원 석사학위 논문.

Beck, A. T. (1964). Thinking and depression: II. Theory and therapy. *Archives of general psychiatry, 10*(6), 561-571.

Beck, A. T. (1970). Cognitive therapy: Nature and relation to behavior therapy. *Behavior therapy, 1*(2), 184-200.

Beck, A. T. (1976). *Cognitive therapy and the emotional disorders*. New York: International Universities Press.

Berndt, T. J., & Perry, T. B. (1986). Children's perceptions of friendships as supportive relationships. *Developmental psychology, 22*(5), 640.

Blau, G. J. (1988). Further exploring the meaning and measurement of career commitment. *Journal of vocational behavior, 32* (3), 284-297.

Blos, P. (1977). When and how does adolescence end: Structural criteria for adolescent closure. *Adolescent psychiatry*, 5, 5-17.

Cane, F. (1951). *The artist in each of us Craftsbury Common*. VT : Att Therapy.

Chapman, L., & Appleton, V. (1999). CHAPTER TEN ART IN GROUP PLAY THERAPY. *The handbook of group play therapy: How to do it, how it works, whom it's best for*, 179.

Christine Kerr, Janice Hoshino, Judy Sutherland Sharyl Thode ParashakLinda Lea McCarley (2010). 가족 미술치료. [*Family Art Therapy*] (오선미 역). 서울: 시그마프레스.

Collie, K., Backos, A., Malchiodi, C., & Spiegel, D. (2006). Art therapy for combat-related PTSD: Recommendations for research and practice. *Art Therapy: Journal of the American Art Therapy Association, 23* (4), 157-164.

Corey, G. (2001). *Theory and practice of counseling and psychotherapy. Wadsworth*. California: Brooks/Cole .

Corey,M.,Corey,G.(2012). *The Art of Integrative Counseling*. Thomson Learing.

De Wilde, E.J., Keinhorst, I.C., Diekstra, R.F., & Wolters, W.H.(1993). The specificity of psychological characteristics of adolescent suicide attempters. *Journal of the American Childand Adolescent Psychiatry, 32,* 51-59.

Freud, A. (1946). The psycho-analytical treatment of children.

Freud, S. (1900). The interpretation of dreams Sigmund Freud (1900).

Freud, S. (1917). Mourning and melancholia. *The standard edition of the complete psychological works of Sigmund Freud, 14*(1914-1916), 237-58.

Freud, S. (1924). The passing of the Oedipus complex. *The International Journal of Psycho-Analysis, 5,* 419.

George, R., & Cristiani, T. (1995). *Counseling: Theory and practice Needham Highest.* MA: Simon and Schuster.

Guy, J. D. (1987). *The personal life of the psychotherapist.* John Wiley & Sons.

Hall, C. S., & Nordby, V. J. (2004). 융 심리학 입문. [*A primer of Jungian psychology*](김 형섭 역). 서울: 문예출판사

Hall, G.S.(1904). *Adolescence..* New York: Applection.

Harren, V. A. (1979). A model of career decision making for college students. *Journal of vocational behavior, 14* (2), 119-133.

Hill, C. E. (2005). Therapist techniques, client involvement, and the therapeutic relationship: Inextricably intertwined in the therapy process. *Psychotherapy: theory, research, practice, training, 42*(4), 431.

Hill, J. P., & Lynch, M. E. (1983). The intensification of gender-related role expectations during early adolescence. *In Girls at puberty: Biological and psychosocial perspectives* (pp. 201-228). Boston, MA: Springer US.

Hogan, S. (2015). 상담이론과 미술치료. [*Art therapy theories: A critical introduction*].(정 광조, 이근매, 원상화, 최예나 공역). 서울: 전나무 숲.

International Society for theStudyofSelf-Injury. (2018). *What is s elf-injury?* https:// itriples.org.

Isaksson, C., Norlén, A. K., Englund, B., & Lindqvist, R. (2009). Changes in self-image as seen in tree paintings. *The Arts in Psychotherapy, 36*(5), 304-312.

James, A, (2010), *School builying London NSPCC*, www, spec, org, uk/infonm

Jobes, D.A. (2006). *Managing suicidal risk: Ac ollaborative approach.* NewYork: Guilford.

Kerr, C. (Ed.). (2008). Family art therapy: *Foundations of theory and practice.* Routledge.

Kienhorst, I. W., De Wilde, E. J., & Diekstra, R. F. (1995). Suicidal behaviour in adolescents. *Archives of Suicide Research, 1* (3), 185-209.

Klonsky, E. D., & Muehlenkamp, J. J. (2007). Self-injury: A research review for the practitioner. *Journal of clinical psychology, 63* (11), 1045-1056.

Kovacs, M. (1989). Affective disorders in children and adolescents. *American Psychologist, 44*(2), 209.

Kwiatkowska, H. Y.(1978). *Family therapy and evaluation through art.* Springfield, IL: Charles C Thomas.

Landgarten, H. (1987). Family art psychotherapy: A clinical guide and casebook. New York: Brunner/Mazel.

Lent, R. W. (1996). A Social Cognitive Framework for Studying Career Choice and Transition to Work. *Journal of Vocational Education Research, 21* (4), 3-31.

Lewinsohn, P. M. (1974). A behavioral approach to depression. *Essential papers on depression*, 150-172.

Luborsky, L., Crits-Christoph, P., McLellan, A. T., Woody, G., Piper, W., Liberman, B., Imber, S., & Pilkonis, P. (1986). Do therapists vary much in their success?. findings from four outcome studies. *American Journal of Orthopsychiatry, 56* (4), 501-512.

Malchiodi, C. A., & Rozum, A. L. (2012). Cognitive-behavioral and mind-body approaches.

Malecki, C. K., & Demaray, M. K. (2003). What type of support do they need? Investigating student adjustment as related to emotional, informational, appraisal, and instrumental support. *School psychology quarterly, 18* (3), 231.

Marcia, J. E. (1980). Identity in adolescence. *Handbook of adolescent psychology, 9* (11), 159-187.

May, Rollo. (1975). *The Courage to Create.* New York: W. W. Norton & Company, Inc.

Mazor, A., & Enright, R. D. (1988). The development of the individuation process from a social-cognitive perspective. *Journal of adolescence, 11*(1), 29-47.

McNiff, S. (2009). *Integrating the arts in therapy: History, theory, and practice.* Charles C Thomas Publisher.

Mendelson, M. J., & Aboud, F. E. (1999). Measuring friendship quality in late adolescents and young adults: McGill Friendship Questionnaires. *Canadian Journal of Behavioural Science/Revue canadienne des sciences du comportement, 31* (2), 130.

Minuchin, S., Rosman, B. L., & Baker, L. (1978). *Psychosomatic families: Anorexia nervosa in context.* Harvard University Press.

Naumburg, M. (1966). *Dynamically oriented art therapy: Its principles and practices, illustrated with three case studies.* Grune & Stratton.

Nock, M. K. (2009). Why do people hurt themselves? New insights into the nature and functions of self-injury. *Current directions in psychological science, 18* (2), 78-83.

Nock, M. K., & Prinstein, M. J. (2004). A functional approach to the assessment of self-mutilative behavior. *Journal of consulting and clinical psychology, 72* (5), 885.

Olweus, D, (1991). Bully/victim problems among schoolchildren: Basic facts and effects of a school based intervention programme, Ia D, Pepler & K. Rubin (Hds.), *The development and treatnent uf childhood aggression* (pp. 411-448), Hillscale, NJ: Erlbaum.

Olweus,D, (1993), *Bullying at school: What we know and what we can do*, MA: Blackwell.

Rice, F. P., & Dolgin, K.G. (2009). 청소년 심리학. [*The adolescent: Development, relationships, and culture*] (정영숙 외 공역). 서울: 시그마프레스.

Rogers, C. R. (1977). *Carl Rogers on personal power*. New York: Delacorte.

Rosenberg, M. (1965). Rosenberg self-esteem scale (RSE). *Acceptance and commitment therapy. Measures package, 61* (52), 18.

Rubin, J. A. (1999). *Art therapy: An introduction.* Psychology Press.

Rubin, J. A. (2012). *Approaches to art therapy: Theory and technique*. Routledge.

Rubin, J. A. (2012). *Approaches to art therapy: Theory and technique.* New York: Routledge.

Savin-Williams, R. C., & Berndt, T. J. (1990). Friendship and peer relations. In S. S.

Feldman &G. R. Elliott (Eds.), *At the threshold: The developing adolescent* (pp. 277-307). Harvard University Press.

Scharff, J. S., & Scharff, D. E. (2006). 대상관계 가족치료1.[*New paradigms for treating relationships*] (이재훈 역). 서울: 한국심리치료연구소.

Soloff,P.H.,Lis,J.A.,Kelly,T.,Cornelius,J.,& Ulrich,R.(1994). Self-mutilation and suicidal behavior inborderline personality disorder. *JournalofPersonalDisorder,8*,257-267.

Sullivan, K. (2013). *Family Art Therapy: Foundations of Theory and Practice: by Christine Kerr, Janice Hoshino, Judy Sutherland, Sharyl Thode Parashak, and Linda Lea McCarley*, New York, NY: Routledge.

Super, D. E. (1957). *The psychology of careers; an introduction to vocational development.* New York: Haper & Row.

Tatarkiewicz, W.(2017). 미학의 기본 개념사. [*History of Aesthetics*] (손효주 역). 서울: 미술문화.

Wadeson, H. (1987).*The dynamics of art psychotherapy.* New York: John Wiley & Son.

Wadeson, H. (2000). *Art therapy practice: Innovative approaches with diverse populations.* John Wiley & Sons Inc..

Wadeson, H. (2010). *Art psychotherapy.* John Wiley & Sons.

Wadeson, H. (2016). An eclectic approach to art therapy. *In Approaches to art therapy* (pp. 479-492). Routledge.

Wadeson, H.(1980). *Art psychotherapy.* New York: John Wiley & Sons.

Walsh, B. W. (2006). *Treating self-injury: A practical guide.* New York: Guilford.

Wenar, C., & Kerig, P. (2000). 발달정신병리학. [*Developmental psychopathology: From infancy through adolescence*]. (이춘재, 성현란, 송길연 공역). McGraw-Hill.

Whitlock, J., Muehlenkamp, J., & Eckenrode, J. (2008). Variation in nonsuicidal self-injury: Identification and features of latent classes in a college population of emerging adults. *Journal of Clinical Child & Adolescent Psychology, 37* (4), 725-735.

Wilmshurst, L., Kaufman, A. S., & Kaufman, N. L. (2014). 발달정신병리학. [*Essentials of child and adolescent psychopathology*]. (최은실, 김호정 역). 서울: 학지사.

Wood, J(2006) Effect of anxiety reduction on children's school performance and social adjustment, *Developmental Psychology, 42*(2), 345-349.

색인

저자약력

허선욱

건국대학교 예술디자인 대학원 미술치료전공 석사
홍익대학교 대학원 교육학과 상담심리전공 박사
현 글로벌사이버대학교 상담심리학과 겸임교수
현 피그말리온 학습심리센터 대표
미술치료 전문가
심리치료 전문가
임상심리사 (국가공인)

청소년 미술치료

초판발행   2024년 2월 29일

지은이   허선욱
펴낸이   노 현

편 집   조영은
기획/마케팅   허승훈
표지디자인   이은지
제 작   고철민·조영환

펴낸곳   (주) 피와이메이트
                서울특별시 금천구 가산디지털2로 53 한라시그마밸리 210호(가산동)
                등록 2014. 2. 12. 제2018-000080호
전 화   02)733-6771
f a x   02)736-4818
e-mail   pys@pybook.co.kr
homepage   www.pybook.co.kr
ISBN   979-11-6519-112-2   93180

정 가   22,000원

박영스토리는 박영사와 함께하는 브랜드입니다.